见识城邦

更新知识地图　拓展认知边界

THE MISINFORMATION AGE:
HOW FALSE BELIEFS SPREAD

James Owen Weatherall
Cailin O'Connor

错误信息如何传播

[美] 詹姆斯·欧文·韦瑟罗尔

[美] 凯林·奥康纳————— 著

张晓芳 王辉—————— 译

中信出版集团 | 北京

图书在版编目（CIP）数据

以讹传讹：错误信息如何传播 /（美）詹姆斯·欧
文·韦瑟罗尔,（美）凯林·奥康纳著；张晓芳, 王辉译
. -- 北京：中信出版社, 2024.2
书名原文：The Misinformation Age：How False
Beliefs Spread
ISBN 978-7-5217-6197-9

Ⅰ. ①以… Ⅱ. ①詹… ②凯… ③张… ④王… Ⅲ.
①传播学－研究 Ⅳ. ①G206

中国国家版本馆CIP数据核字(2023)第 237111 号

以讹传讹——错误信息如何传播

著　　者：[美] 詹姆斯·欧文·韦瑟罗尔　[美] 凯林·奥康纳
译　　者：张晓芳　王辉
出版发行：中信出版集团股份有限公司
　　　　　（北京市朝阳区东三环北路 27 号嘉铭中心　邮编　100020 ）
承 印 者：三河市中晟雅豪印务有限公司

开　　本：880mm×1230mm　1/32　　印　张：8.25　　字　数：175 千字
版　　次：2024 年 2 月第 1 版　　　印　次：2024 年 2 月第 1 次印刷
京权图字：01－2020－0236
书　　号：ISBN 978－7－5217－6197－9
定　　价：78.00 元

献给伊芙和维拉

目　录

致读者

　　我们将使用复数代词"他们"（they and them）指代社会学研究中数学与计算机模型内的个体（例如，单数的）"行为人"（agent）。这种用法遵循了相关学术文献中的惯例。虽然一些读者会不理解，但此法既可避免谈及抽象个体的性别，也可在指代不同群体时保有复数含义，因为如果使用单数代词"它"就会失去该含义。

引言

植物羊

14世纪中叶起,出自据称是英格兰骑士约翰·曼德维尔爵士 (Sir John Mandeville) 的游记的一段经历令欧洲学者津津乐道。[1] 曼德维尔在游记中记述他曾穿越小亚细亚、北非,进入印度,经历了许多当时西欧居民从来没有听说过的事。其中一段描述着实让人震惊,那就是他在印度时碰到过一棵树,这棵树上结着像葫芦一样的果实,果实里面竟然有完整的、有血有肉的微小羊羔。曼德维尔声称自己还吃过这种果实,并且发现它"很奇妙"。

整个14世纪,并不是只有曼德维尔提到过这种神奇的树。一个名叫鄂多立克 (Odoric) 的意大利修士在曼德维尔的游记发表之前约30年,就写过类似的文章。他声称自己曾穿越东方[2],但他并没有吃过这种果实,只是从"值得信赖的人"那里听说过这件事。[3]

各式记录中的羊羔树,后来被称为"植物羊"(the Vegetable Lamb of Tartary),一度激发了中世纪人的想象力,其中不乏一些知名的博物学家和植物学家,他们还声称自己对此进行过研究,有人甚至说自己见过植物羊的羊毛。类似的描述层出不穷，一直持续到17世纪。有的文献还专门记载了有关植物和动物、动物和动物杂交的研究，植物羊仅仅是其中一个有名气的例子。[另一个例子是一种不存在，却出现在多篇科学文献里的野兽。它是一种长角的兔子，貌似鹿角兔（jackalope）——美国西南部的神话动物，传说这家伙喜欢喝威士忌，还会模仿牛仔的声音。][4]

即使已经名声大噪，对于植物羊的存在照样有怀疑论者。出身贵族的冯·赫伯斯坦（von Herberstein）是16世纪神圣罗马帝国驻俄国大使，他报告说，植物羊一说最初让他感到震惊，但经过深入了解后，他也逐渐成了一个对此坚信不疑的人，特别是在许多"信得过的人"进行描述后。这些人品尝过植物羊那鲜美的果肉，抚摸过它雪白的绒毛。[5]赫伯斯坦称，他听到的各种描述版本"差别微不足道"，这使得他认为"这件事的真实性比他想象的还要大"。

当然了，世界上没有这样的树，而且从来没有。世界上也没有其他类型的动植物杂交体。但是在中世纪，在曼德维尔的游记问世之后，欧洲植物学家和生物学家花了将近四个世纪的时间，才真正认识到植物羊只是一个传说。1683年，瑞典博物学家恩格尔贝特·肯普弗（Engelbert Kaempfer）受国王卡尔十一世委派，在小亚细亚进行了系统深入的调查，最终断定世界上根本没有植物羊。

几个世纪以来，很多欧洲学者都以明确肯定和严肃的态度坚称羊羔可以从树上长出来，为什么会这样？考虑到当时所有的有关动植物的可用经验，这样一个没有证据的观念，一个显而易见的（错误）观念不停出现简直是荒谬透顶。为什么这样的观念持续存在了几个世纪？

更重要的是，这种观念的形成和传播机制，竟然在所谓的专家中也照样存在。今天类似植物羊的观念又有哪些呢？我们中又有多少人相信它们呢？

2016年9月26日，在唐纳德·特朗普当选美国总统前约6周，美国一家自称"ETF新闻"的网站（endingthefed.com）发表了标题为《震惊世界，教皇发表声明支持特朗普当总统》的报道。报道甚至附有一份所谓的教皇声明，表述教皇决定支持特朗普的原因是FBI（美国联邦调查局）并没有对特朗普的竞选对手希拉里·克林顿提起刑事指控。[6]［FBI局长詹姆斯·B.科米（James B. Comey）在2016年7月5日宣布，FBI已经结束了针对希拉里担任国务卿期间使用的个人电子邮箱服务器的调查，因为调查发现没有证据表明希拉里意图违反任何法律，所以FBI不建议起诉。］[7]

根据ETF新闻的报道，"FBI……的行为已经暴露了他们被十分强大的政治势力腐化，"教皇写道，"尽管我不同意特朗普先生在某些问题上的观点，但我认为，对致使整个美国联邦政府腐化的强大政治势力投反对票，是一个渴望真正民有、民治的国家的公民的唯一选择。"从发表到大选期间，此文在脸书上被转发或者点赞了96万次（看到该报道甚至点击阅读的用户数量可能是这个数字的10倍多）。[8]这也是当年美国大选前3个月中脸书上转发最多的与选举相关的单条新闻。[9]同一时期来源于知名新闻媒体的被转发最多的报道，是《华盛顿邮报》的一篇评论，题目为《特朗普的腐败历史令人惊愕，那么，为什么希拉里会被认为是

腐败的？》。这篇评论先后被转发84.9万次（当然了，此评论也带
有赤裸裸的党派色彩，算不上标准意义上的"新闻"——虽然此
文比ETF新闻编造的新闻更符合新闻标准）。与此形成对比的是，
希拉里以不到25万票之差输掉了美国18个州，并在威斯康星州、
密歇根州和宾夕法尼亚州各输掉了将近5万票。假如希拉里在这
三个州翻盘，她将赢得大选。[10]

　　如果教皇真的表示支持特朗普当总统，那势必会成为重大新
闻，引发关注，受到各新闻机构的广泛报道。但是，这一切根本
没有发生过，全部内容都是编造的。

　　教皇支持事件是那个选举周期中最大的"假新闻"事件，但
绝非唯一的。蜂鸣器新闻（BuzzFeed News）的克雷格·西尔弗
曼（Craig Silverman）分析发现，在大选前的三个月里，热度排
名前20的假新闻在脸书上被转发或点赞的总次数达870万次。而
在同一时期，源自知名媒体的热度排名前20的新闻，在脸书上
仅获得730万次转发或点赞。在另一项研究中，经济学家、纽约
大学的亨特·奥尔科特（Hunt Allcott）和斯坦福大学的马修·根
茨科（Matthew Gentzkow）汇编了一个数据库，其中包含115篇
支持特朗普的假新闻和41篇支持希拉里的假新闻，在大选前的
几周，这些假新闻被转发了3800万次。他们估计，这些转发带
来了数亿次点击。他们还列出了一个假新闻网站名单，这些网站
在10月8日至11月8日之间的访问量总计1.59亿次。[11]

　　ETF新闻做得尤为出色，有5篇ETF新闻的报道位列热度榜
前20名，而且这些报道在传播期间共获得了350万次转发或点
赞。[12]ETF新闻可能是大选之前的几个月中互联网上最受欢迎的
"消息"发源地。这些"消息"包括指控希拉里直接向"伊斯兰

国”出售武器，美国联邦司法机构取消她担任公职的资格，FBI
前局长詹姆斯·B. 科米从克林顿基金会拿了数百万美元，总统贝
拉克·奥巴马下令削减美国军人的薪水，等等。

　　一个值得注意的例子，是ETF新闻事件中有关电视节目主持
人梅根·凯利（Megyn Kelly）的报道。这条新闻一度成为脸书上
的“热门话题”，受到站方的积极推广。报道声称凯利作为“叛
徒”已经暴露，并因支持希拉里而被福克斯新闻解雇。[13]（特朗
普与凯利之间的积怨始于2015年8月6日的共和党初选辩论，凯
利就特朗普过去贬损女性的言论向他提出了一个尖锐的问题。特
朗普后来发表的言论被广泛解读为，他暗示凯利之所以在辩论中
提出批评，是因为她处于月经期。）

　　这些新闻都不是真实的，许多甚至不是原创的，而是直接从
其他假新闻网站上抄来的。如教皇支持特朗普的新闻，最初发布
在一个名为“WTOE 5新闻”的网站上，该网站隶属于一个由假
新闻网站组成的网络矩阵，曾经通过声称名流们正计划搬迁到美
国的各个小镇来增加访问量[14]（该网站已不存在）。其他文章是
从“超级爱国者”（supremepatriot.com）和“骗局”（proudcons.
com）等网站上一字不差地复制过来的，并且没有注明出处。不
知为何，ETF新闻网站上发布的版本在社交媒体上的转发次数要
远远高于最初发布的版本。

　　对植物羊一说信以为真并加以传播，最终成为一段无伤大雅
的历史插曲。但如今，“植物羊”不仅已在美国，而且已在英国
和欧洲大陆成为一股重要的政治力量。[15]有近10亿人生活在美国
和欧盟，还有数十亿人受到这些国家军事、贸易和移民政策的
影响。无论人们如何看待特朗普的当选或者英国退出欧盟（“脱

欧"）的好处，一想到这些重大政治事件是由各种谎言构成的，就会让人深感不安。这也引出了一个深刻且令人不安的问题：民主能在假新闻充斥的时代存活下去吗？[16]

本书是一本关于公众观念的书，也是一本关于真理与知识、科学与证据的书。但最重要的是，本书是一本有关错误观念的书。[17]人们如何形成观念，特别是错误观念？它们如何持续存在？为什么会传播？为什么即使面对大量相反的证据，错误观念依然不会改变？也许最主要的是，我们如何才能改变这种情况。

这听起来像是老生常谈，但是值得一提的是，我们关于世界的观念很重要。我们的观念关乎我们每天做出的决定。你怀孕时吃寿司吗？这取决于你是否相信鱼中的 $\Omega-3$ 脂肪酸会促进宝宝的大脑发育，是否相信鱼含有的汞会伤害宝宝的大脑，以及这家餐厅有李斯特菌的概率有多大。

观念同时关乎社会决策——包括经济政策、公共卫生和环境等方面的决策。我们会限制汽车排放量吗？这取决于我们如何考虑汽车排放对公众健康的影响以及加以限制后对社会经济增长的影响。我们会限制政府债务吗？这取决于我们对债务是否影响我们的未来福利的看法。

这些观念并非可有可无。事实上，基于这些观念所做的决策会产生深远的影响。如果你相信了谬误，并且根据这些观念做出决定，那么这些决定不大可能产生你所预期和渴望的结果。对于你所坚持的观念，这个世界也会予以回应。如果你不相信大型海鱼体内含有大量汞，或者你不认为汞对身体有害，那么你会在怀孕时吃寿司——这样可能会增加胎儿汞中毒的概率。如果你相信政府债务高企会拖累经济，那么即使利率很低，你也会投票赞成减少政府债务的政策，哪怕是以减少政府服务或者刺激支出为代价。

观念的影响如此重要，这意味着如果持有错误观念，我们会受到伤害。观念的持续影响力更令人惊讶。

想要理解为什么错误观念会持续存在并传播，我们首先需要搞清楚观念的来源。有些观念和我们的亲身经历有关。我们吃过很多次番茄，没有明显的不适，所以我们认为番茄并不危险。（顺便说一下，在两百多年的时间里，欧洲人自己竟然没有发现番茄可食用；一直以来，番茄被认为是"毒苹果"，食用是很危险的。）[18]我们相信经常运动和有效睡眠有助于稳定情绪，寒冷会引起嘴唇干裂，地鼠是花园的祸害。这些观念都是基于我们对周围世界的直接经验。

你可能会认为，人们之所以会持有错误观念——这些观念与现有证据相矛盾，而且这种矛盾众所周知——是因为未能正确处理已获取的信息。[19]也许错误观念是认知偏差或盲点导致的，人类的心理怪癖会阻止我们从经验中得出可靠的结论。也可能是因为经验太少或者受教育水平低，或者即使证据摆在眼前，持有错误观念的人也因为太笨而看不到真相。我们常常认为智力只用于衡量一个人在面对各种情况时做出可靠推断的效率。错误观念大概表明一个人没有做出正确的推断。

当然，这类因素在解释错误观念如何形成的过程中发挥了一定作用。但是，把形成错误观念仅归咎于个人心理或智力，会使我们严重误判错误观念持续存在和传播的原因，这种不全面的解释也会导致我们采取错误的补救措施。我们的许多观念——可能是大多数——的形成都有较复杂的渊源。我们根据他人的描述来形成第一印象，我们往往相互信任并愿意相互学习。大鱼体内到底有无汞？大多数人其实不知道如何检测汞含量，我们必须依靠别人提供的信息做出判断。

我们所持有的每一个科学观念都是这样来的。如果你问美国人是地球绕着太阳转还是太阳绕着地球转，他们中的大多数会回答地球绕着太阳转（美国国家科学基金会2012年进行的一项民意调查显示，至少有74%的美国人这样认为）[20]。他们（或多或少）是正确的。他们之所以这么说仅仅是因为曾有人这么告诉他们。即使是在专业领域有成就的科学家，也倾向于只针对特定的主题进行研究，以求解答人类未知的一小部分问题，所以他们其他方面的科学认知同样深深地依赖于别人。这意味着，即使是公认的最精英的专家，也可能基于他人的判断而产生错误观念。还记得吗，正是中世纪欧洲的科学家和思想家对植物羊及其"鲜美的果肉"深信不疑。

人类的一个特别之处是具有共享信息并影响彼此观念的能力。在科学和艺术上如此——实际上，在以各种形式存在的文化上都如此。但这也导致了一个难题。我们如何知道是否应该相信他人告诉我们的事情？如果是你"信得过的人"告诉你植物羊毋庸置疑是真的——或者教皇支持唐纳德·特朗普当总统——你会相信吗？再比如，你所知的聪明、受过良好教育的人都相信植物羊存在，那么你呢？如果你的朋友在社交媒体上发布文章，嘲笑那些否认植物羊存在的人无知，你又该怎么办？对于大多数人来说，在大多数时候，这些足以使他们确信，这件事的真实性可能比他们想象的还要大。

进行社会交往时我们会面对各种信息，需要即刻做出取舍。如果你想拥有尽可能多的正确观念，那就应该相信你听到的一切。如此，我们在社交中接触到的每个正确观念都将成为我们的观念体系的一部分。如果你希望将错误观念的数量降到最低，那就不应相信任何事情。如此，我们自然就不会相信所谓的植物羊了。虽然最好的做法是只相信真实的信息而非虚假的信息，但是仅根据从别人那里听到的信息来做判断，你很难区分真假。大多数人在同一个地方得到错误观念和正确观念，所以如果我们想得到正确观念，那么也有可能得到错误观念。[21]

中世纪文献中的植物羊主题经久不衰，与植物学或自然界没有任何关联，它纯粹是一种社会现象。在分析植物羊以及假新闻时，我们需要理解观念的社会属性，还需要认识到，普遍存在的虚假信息是我们学习真理的强有力工具产生的必要但有害的结果。

我们生活在错误信息时代——一个充斥着杜撰、营销和彻头彻尾的谎言的时代。当然，说谎并不是什么新鲜事，但是在过去的一个世纪中，故意传播虚假或误导性信息的行为激增，原因是新的信息传播技术——广播、电视、互联网——被投入使用，以及有意误导我们的人愈发老练。[22]

错误信息大多以宣传的形式出现。这种宣传材料通常由政府或政治组织来制作，目的是宣传某个特定观点，或挑战某个观点。一直以来，大众媒体宣传都是政府控制本国公民，并影响国内外竞争者政治命运的工具。（当然了，受众也要面对国内政府资助的媒体，如英国的BBC。）有政治动机的媒体类似于为国家做宣传的机器。它们是带有左倾或右倾色彩的"新闻"的来源，也是别有用心的言论以及谣言和假新闻的来源。

政治宣传只是问题的一部分，行业（商业）广告宣传通常是更危险的——因为人们对它宣传的东西不太了解。行业广告宣传无所不包，从明目张胆意图改变人们观念的广告，到旨在将已有可靠证据削弱为错误信息的宣传活动。

后者的一个典型例子，是烟草公司在20世纪下半叶发起的运动，旨在降低证明吸烟与肺癌有联系的研究的可信度（我们将在第三章中详细讨论）。烟草公司重金聘请"专家"制造了这样一种印象，即吸烟与肺癌之间关系的不确定性远超实际情况，相关共识也比实际情况少得多。这场运动成功地在一代人或更长的时间里使得戒烟法规和公共卫生倡议被无限期推迟。正如科学史研究者内奥米·奥利斯克斯（Naomi Oreskes）和埃里克·康韦（Erik Conway）在他们合著的《贩卖怀疑的商人》（*Merchants of Doubt*）一书中详尽记录的那样，卷烟制造商开创的宣传方法，已为能源行业以及相关科学家和政界人士所效仿，以使公众产生气候变化的严重性和原因存在不确定性的印象。[23]

所有这些故意提供片面、扭曲和不准确的信息的来源——从政治宣传机构到具有政治动机的媒体，再到受行业利益驱动的科学研究——都在错误信息的起源和传播中扮演重要的角色。正如曼德维尔的虚假游记导致植物羊一说被广泛接受一样，假新闻和假科学研究仍然是错误观念的重要来源。

但是，对错误信息进行描述或者介绍，并不足以解释它们为什么能广泛传播并被接受。与相信植物羊的存在不同，对吸烟的健康风险持有错误观念会导致严重的后果。虽然确定癌症发生和吸烟之间的联系需要大规模的流行病学证据和严谨的实验数据，但事实上，在过去的一个世纪中，许多人看到他们深爱的人——吸烟者——过早、痛苦地死去。正是这种眼见为实的直接经验，使人们停止纠结吸烟有害健康的观念是否可信，除非还有其他因素凌驾于直接经验之上。

那么，宣传者是如何颠覆人们的生活经验、推翻严谨的科学研究得出的证据，从而塑造我们的观念呢？

我们认为，宣传通常会利用相同的社会因素，正是这些社会因素使得植物羊以及教皇支持特朗普当总统这样的谣传得以持续存在和传播。在对待吸烟是否有害这件事情上，那些希望相关研究得出不确定性结论的势力利用观念在社交网络中传播的方式，诱导人们产生吸烟不一定有害的印象，其结果是数以百万计的人死于吸烟导致的本来可以预防的疾病。

在本书中，我们认为社会因素对于观念的传播至关重要，尤其是错误观念的传播。我们会描述错误观念传播的主要机制，并讨论为什么同样的机制在试图获得真理的过程中非常宝贵。只有合理阐释这些社会因素，才能充分理解对现实世界具有重大影响的错误观念是如何持续存在的，即使已经有证据表明它们是错的。在这个假新闻可以否定真新闻、可以影响选举和政府决策的时代，理解这些是成功应对上述问题、做出准确判断的前提。

在某种程度上，我们的讨论借鉴了历史上（以及当今）的错误观念案例，这些错误观念已经在试图了解世界的人群中传播开来。至少在本书第一章中，我们选择的大多数案例来自科学界。我们会讨论科学家群体是如何坚持错误观念的，以及在能证明这些错误观念根本不属实的可靠证据出现后，这些错误观念是如何持续存在的。我们也会谈到一些科学家，他们摒弃了自己先前持有的某个观念，认为其是错误的。正如我们所讨论的那样，科学家和其他人一样，也容易受到社会关系网的强烈影响。[24]

虽然我们研究的大多数例子来自科学界，但这并不意味着我们的关注点仅限于科学家所持有的观念。相反，我们想要说的是，本书讨论的各种社会因素对于理解几乎所有错误观念的持续存在和传播至关重要。我们专注于科学家，是因为大多数科学家大多数时间都在尽最大努力使用现有最佳方法来研究世界，他们对现有证据予以密切关注。他们接受过收集和分析证据的训练，通常对自己研究的问题有充分的了解。换句话说，科学家是我们最接近理想的研究对象。正是因为有上述前提，科学家群体也可能会坚持错误观念的事实着实令人震惊。既然科学家也会受到社会因素的影响，那么其他人受到影响也就不足为怪了。

关注科学家还有另一个原因。事实上，无论是个人还是集体，任何人类活动都离不开这个世界，行动能否成功，客观世界的影响因素更多一些，这毋庸置疑。如果想正确预测我们的行为将产生什么结果——当然，我们是这样做的——正确的做法就是仔细研究现有的证据。当人们这样做时，通常会像科学家一样行事：试图了解过去发生的事情，了解事情为什么以这种方式发生，并预测如果做出某种选择，将来会出现什么结果。人们都有生活经验，记住这些经验，并根据这些经验的积累来改变已有的观念。科学家进行科学活动，也是用类似的步骤，只不过他们努力做得更系统。因此，科学活动也可以被理解为大部分时间里我们所有人在世界中为努力前进所做的事情的一个极端版本。

　　分析特定事例只是研究的一种方式。我们还会借鉴科学工具：计算机模拟和数学建模。近20年以来，科学哲学家借鉴了经济学和进化生物学等领域的模型和思想，用以研究"认知共同体"——试图获取有关世界的知识的人类群体。使用这些研究模型的科学哲学家更喜欢将科学家群体作为他们的主要研究对象。但是，正如我在本书中所论证的那样，他们开发的研究模型具有更广泛的应用空间：可以帮助我们了解任何收集证据并分享他们的观念的人类群体。

　　为什么要使用数学模型来研究诸如人类学习之类的复杂事物呢？这是因为想要研究大规模的社会效应，通过观察或使用传统的实验方法很难完成。相关研究过程在时间和空间上分布广泛，通常会涉及数百至数千人，利用科学家常用的方法，很难干预和询问在稍有不同的情况下，事情会如何发展。模拟和建模可以提供的帮助之一是通过构建简单的计算机程序来模拟分享观念的人群，这样就可以检验关于哪些可能因素在影响人群的学习方式的假说，进而引导人们去解释在现实世界中看到的东西，甚至可以提出新的研究方式来全面了解人类互动的复杂性。

　　分析这些模型可以改变我们对自身的一些基本看法。西方文化中普遍存在一种观念，即人类本质上是理性的，能够熟练地将事实与虚构区分开来，并最终得出关于世界的永恒真理。根据这种观念，人们遵循逻辑规则，准确地计算概率，并根据所有可用信息完美地做出决定。相反，未能做出有效而明智的决定往往被归咎于人们理性思考的失败——比如心理影响或认知偏差所致。[25]这种观念认为，成功或失败取决于个人的理性和智慧。如果想获得更好的结果——比如产生更可靠的观念、做出更好的决策——我们就需要专注于改善个人的理性思考能力。

社会学习模型让我们看到，这种关于人类学习和理性的图景是扭曲而危险的。[26]模型往往表明，即使是拥有完全理性的人，在和社交网络中的人与事物打交道时，就算有充分的证据存在，也可能会形成错误观念。换句话说，个人再理性，照样可以组成不理性的群体。[27]

这种个体理性和群体理性的脱节，为我们理解人类观念提供了重要的道德依据。人类是一种能够在进化的环境中不断通过进化获得生存能力的动物。最重要的是，人类是社会性动物。现在的人类已经进化为以社会群体为单位生活，并利用各自群体来分享和创造关于世界的知识和对世界的理解。正确分析得到的信息，并形成正确观念和结论的能力，与每个群体的社会条件以及个人心理状况息息相关。

综上所述，数学模型及其他学科的证据，展示了人们处理信息和做出决策的惊人能力（或无能）。这种研究方法解释了植物羊之说流传的原因，也解释了一些更危险的观念是如何形成和传播的。

在1964年上映的政治讽刺电影《奇爱博士》（Dr. Strangelove）中，美国空军上将杰克·瑞朋下令单方面对苏联发动核打击，目的是保护所谓"宝贵的体液"不受苏联的攻击——这显然是在讽刺极右翼的约翰·伯奇协会（John Birch Society）在20世纪50年代至60年代积极宣扬的观念，即饮水氟化处理是共产主义针对美国的阴谋。[28]这种完全凭借猜测、对基于证据制定的公共卫生干预政策的下意识拒绝，长期存在于美国的公共生活中。尽管约翰·伯奇协会和类似的组织极力反对饮水氟化（以及许多其他的政府活动），但在20世纪，它们仅处于社会边缘，无法动摇主流意见。

然而，现在情况似乎有所不同。关于气候变化、疫苗接种、转基因食品等公共健康问题的缺乏证据支持的论点仍得到了广泛讨论和认可，而且在许多情况下，这些观点得到了包括国会议员在内的美国政府现任官员以及英国、欧盟和其他地区的一些主要政客的积极支持。就像前面提到的那样，假新闻和广泛存在的错误观念似乎在2016年美国大选、英国脱欧公投和近期欧洲国家的大选中发挥了重要作用。

当然，正如我们已经讨论过的那样，从某种程度上讲，错误观念的持续存在是人之为人的一部分。人类知识和观念的核心结构就是这样令人无奈，哪怕辟谣文章"反攻"，哪怕错误信息会让人在现实中碰壁，社会效应仍会导致错误信息和观念传播。

但是，毫无疑问，情况正在发生变化。在过去的20年中，在美国和英国的公共生活中，有影响力的人物与事实之间的联系越来越微弱，这些人完全无视证据、专家观点以及逻辑连贯性，而且他们不用承担任何政治后果。这引出了两个紧迫的问题：发生了什么变化？我们该如何解决问题？

本书的主要论点之一，是仅关注个人无法理解政治局势的变化。我们还需要了解社会互动网络是如何变化的，以及这些变化为什么会影响我们作为一个群体形成可靠观念的能力。

20世纪90年代初以来，我们的社会结构发生了戏剧性的转变，社会活动已经由社区范围内的面对面交流快速发展为互联网在线交流。诸如脸书和推特之类的在线社交媒体，极大地增加了人们接收社交信息的数量及速度，使社会效应在观念形成方面相比其他知识来源具有额外的优势。社交媒体还方便人们构建和精简社交网络，让周围的人与我们形成统一的认识和偏见，并可拒绝与不同己见者交流。这限制了我们能接触到的事实的范围，由此减少了用现实检验我们观念的途径。[29]

宣传工具在这种环境下尤其有效。社会评论家早就注意到只要存在有关政治的话题，社交媒体中就会出现在线"回声室"（echo chambers）现象。社会学习模型能够解释为什么这些变化如此重要。[30]人们喜欢与周围的人保持一致，当被拥有相同观念的同伴包围时，从众的力量就变得异常强大。正如我们所论证的那样，这种从众心理可以被武器化。

同样，科学家和其他专家在向公众传播思想时也深受社会因素的影响，很容易受到操纵。本书运用的研究模型得出的最令人惊讶的结论之一，是宣传者没有必要通过在结果上造假来改变公众的观念。只需要对与公众分享合法、独立的科学研究结果的方法施加影响，宣传者即可极大地影响公众对科学结论的看法。这就使得普通人在应对宣传时遭遇较大困难，仅查清行业资本、政治资助对科学研究施加的影响是不够的，还需要了解科学成果是如何公开和被分享的。

基于对使宣传起效的微妙和有害的分享方式的认识，我们还可以主张，即使没有宣传者，也会产生宣传效果。一场科学辩论中，如果记者报道双方的观点时努力做到所谓的"公平"，他就有可能以极具误导性的方式歪曲公众所看到的结果。[31]

在本书中，我们还会说明为什么减少宣传和实施干预假新闻传播的一些措施，例如打破可靠信息在不同社区之间传播的障碍，不太可能奏效。为了向持不同观点的人学习，我们首先要与他们建立联系，同时也要充分信任他们，相信他们的观点。在两极分化（极化）的政治环境中，两派之间的这种信任很难成立。

当然了，世界上没有预防谎言流传和错误信息传播的灵丹妙药。我们认为，最有可能成功的干预措施涉及根本的且不太可能发生的变化，例如制定新的监管条例以惩罚那些故意制造和散布假新闻的行为，类似于德国最近通过的控制社交媒体上仇恨言论的法律。[32] 也许我们还需要做更多，包括重新设计我们的基本民主制度。考虑到此类变化发生的可能性（以及风险）很小，我们将指出记者和社交媒体，以及我们每个人，都可以在不限制言论的前提下限制错误信息传播的方法。每个人都不希望在不知情的情况下成为替他人利益奔走的宣传者。

确定具体的干预措施很重要，了解我们所干预的机制也同样重要。本书中介绍的社会学习模型为人们提供了一个全面的研究模式，可用于研究可能的干预措施产生的结果，并至少以定性的方式预测社交网络的特定变化可能会给参与者带来怎样的帮助或伤害。这种分析远远超出了人们对文化潮流的忧虑，直击变化的社会动态如何影响人们的观念的核心。

深入理解这个问题至关重要。包括美国和欧洲大部分地区在内，越来越多的西方国家政府做出的决策是建立在谎言和虚假信息的基础上的。如果认为避免这种情况出现的方法是为政府提供更多的信息，那就太幼稚了，因为人们已经拥有比以往任何时候都多的信息。可以说，正是在新的社会环境中人们分享的海量信息，导致了我们目前面临的问题。

第一章

真理是什么呢？

1985年5月，英国南极调查局（BAS）的科学家乔·法曼（Joe Farman）、布赖恩·加德纳（Brian Gardiner）和乔纳森·尚克林（Jonathan Shanklin）报告了一个惊人的发现[1]，据他们测量、观察，在过去4年间，南极上空臭氧（由3个氧原子构成的分子）的含量与1957—1973年他们所测量的数据相比大幅下降，这种变化在南极每年10月左右开始的春季最为显著。在他们看来，随着南极大陆气候逐年变暖，覆盖南半球的臭氧层中出现了一个空洞。

这是一个令人不安的发现。因为地球时刻受到来自太空的各种辐射，其中大量辐射来自太阳，而一些辐射的能量足以破坏DNA（脱氧核糖核酸）和其他细胞结构。事实上，早在19世纪晚期，人类已经认识到，大部分高能辐射从未到达地球表面。[2] 只有相对无害的光线可穿过大气，地球上空的大气上层吸收了所有高危辐射。1881年，人类认识到是臭氧吸收了高危辐射；到了20世纪20年代末，人类认识到距离地球表面10~15英里（1英里约合1.6千米）处存在臭氧层，它将地球包裹了起来，保护我们免受太阳持续辐射的伤害。臭氧层对地球上的生命至关重要，而现在，它似乎正在消失。

BAS 的观测数据令人震惊，但也有人质疑。因为事实上除了 BAS 的科学家使用的陆基测量设备外，NASA（美国国家航空航天局）还有一颗在轨卫星在实时监测全球臭氧水平，如果臭氧空洞真实存在，那么卫星监测数据应包含非常明显的变化。但是 NASA 的这一卫星团队并没有监测到任何重大变化[3]，BAS 的报告数据与可以说是更为可靠的 NASA 的数据完全矛盾。

此外，BAS 得出的观测结论理论上应该是不可能发生的。自荷兰大气化学家保罗·克鲁岑（Paul Crutzen）发现氧化亚氮（许多肥料中的一种成分）可以到达大气上层并与臭氧相互作用，过去的 15 年里，科学家一直在深入研究臭氧损耗的机制。[4] 臭氧损耗这个令人忧心的问题最早是由舍伍德·罗兰（Sherwood Rowland）和马里奥·莫利纳（Mario Molina）于 1974 年提出的，这项工作后来为他们与克鲁岑一起赢得了诺贝尔化学奖。

罗兰和莫利纳是加州大学尔湾分校的化学家。他们的重大发现是臭氧损耗来源在日常生活中很多见：它们是一类被称为氯氟碳化物（CFCs，也译"氯氟烃""氟利昂"）的化学物质，存在于家用产品中，如冰箱、空调，以及几乎所有气溶胶——从喷漆到腋下除臭剂都有它的存在。[5] CFCs 最早合成于 19 世纪末，作为一种灭火剂使用，它是现代化学的一个奇迹：高度稳定、无毒且用途广泛。

但是，造就 CFCs 神奇特性的一些性质，也以意想不到的方式使 CFCs 变得危险。CFCs 的稳定性意味着它们在被释放到环境中后不会分解，相反，它们会在大气中扩散并慢慢爬升至臭氧层。一旦CFCs到达臭氧层，它们就会受到来自太阳的高能辐射，最终分解。在分解过程中，CFCs释放出的其他化学物质——最主要的是氯——可以与臭氧相互作用，导致臭氧损耗。

20世纪的大部分时间里，世界每年都会产生数百万吨的CFCs，并被随意排放到大气中。莫利纳和罗兰估计，其中大部分CFCs现仍存在于大气中，并逐渐向臭氧层蔓延。

莫利纳和罗兰所做的工作打开了臭氧损耗研究的闸门，数百项针对CFCs和探索其他原因造成臭氧损耗的研究项目就此涌现。[6]这些研究的结论十分明确：人类活动可能影响了高层大气中的臭氧水平，会对地球生命造成潜在的灾难性后果。针对于此，美国政府于1975年成立了平流层意外改变（IMOS）专门调查委员会，研究是否需要出台相关法规。调查委员会于当年晚些时候宣布，是的，必须严格限制使用CFCs了。次年，美国国家科学院发布了两份报告，证实了IMOS专门调查委员会的基本发现。1977年，美国食品和药物管理局（FDA）宣布，自1979年开始全面禁止在美国各种环境中使用化学物质CFCs。

所以，在英国南极调查局公布其观测结果以前，臭氧损耗的事实已经得到充分证实，并且至少在美国，已经建立了约束机制和监管制度，以遏制"有罪"化学物质的排放；国际谈判已展开，以实施全球禁令。对于莫利纳和罗兰的研究结论，人们反应迅速且果断，正因为如此，人们普遍认为，臭氧损耗问题已经得到有效控制和解决。所有人，包括莫利纳和罗兰在内，都认为臭氧层出现空洞并不是迫在眉睫的风险，因为没有已知的其他化学过程可以如此迅速地消耗臭氧。

这就使得BAS的发现更加令人震惊。如果他们的结论是正确的，那么人类正面临着一个难以想象的潜在风险。但是，他们怎么可能是正确的呢？

当BAS的研究发表时，大多数知情人士都认为它是错误的——NASA的卫星数据当然是正确的，并且后者没有监测到任何臭氧空洞。[7]但仔细核查总是没有坏处的，特别是当两项研究结果似乎相抵触时。因此，在位于马里兰州的NASA戈达德航天中心（Goddard Space Flight Center）工作的物理学家理查德·斯托拉斯基（Richard Stolarski）决定重新研究南极洲上空臭氧水平的卫星数据。

斯托拉斯基之前已经完成了一些有关高层大气臭氧损耗的最早的研究工作。20世纪70年代初，他与拉尔夫·奇切罗内（Ralph Cicerone）合作为NASA做了一项研究，评估航天飞机计划对臭氧水平的可能影响。他和奇切罗内是最早将氯视为破坏臭氧层的可能物质的研究者，这成为后来人类CFCs研究工作的关键一步。因此，斯托拉斯基在评估BAS观测数据和NASA卫星数据方面显然处于一个极有说服力的位置。

经过仔细的重新评估，斯托拉斯基惊讶地发现卫星"已经"监测到了臭氧空洞，遗憾的是没有人注意到这一点。原因是卫星所测得的臭氧水平太低，以至于数据处理软件将它们当作异常值——所谓"坏"的数据点，可能是某种仪器故障所致——而排除在外。

这种情况是如何发生的？每当科学家进行涉及产生大量原始数据的、复杂的电子设备的实验时，他们都需要依靠计算机系统来处理和分析数据，这通常会涉及"清理"数据以纠正已知的系统错误，计算机会通过统计软件提取研究人员实际感兴趣的数据。这里借用一下内特·西尔弗（Nate Silver）最新著作的标题《信号与噪声》（2012）打个比方，那就是研究人员需要将信号与噪声区分开。设计这样的软件需要一定的技巧，还需要对所测量的事物有充分了解。在当时的情况下，人们还不知道臭氧浓度会降低到一定水平以下，而且没有发现哪种化学反应过程可以将其降低到如此低的水平。因此，NASA卫星团队就将其数据处理系统设计为假定任何此类数据点都不可靠。

事实证明，卫星数据与BAS观测数据其实是一致的——NASA未能发现臭氧空洞，恰恰是因为空洞的出现远远超出了所有人认为的可能范围。臭氧空洞看来是真实存在的，并且臭氧损耗并未像所有人认为的那样得到控制。但是仍然有一个疑问：理论预期怎么与实际情况差距这么大？

NASA、美国国家海洋和大气管理局迅速在1986年、1987年组织了两次针对南极洲的重大考察，主要目的是测量可能是罪魁祸首的物质的水平，并试图搞清楚是什么样的过程造成了如此巨大的臭氧损耗。

南极科考队发现，臭氧空洞的形成是由多种因素共同造成的，包括一些人们未曾预见的因素。主要原因之一是南极洲上方的空气太冷，以至于南极的云层是由冰粒而不是水蒸气构成的。这些冰粒消耗了空气中的硝酸，这反过来又使CFCs分解释放的氯存在更长时间，从而增加了臭氧的损耗。

南极大陆的气候模式也比较独特：强劲的寒风环绕南极旋转，形成所谓的极涡，将南极上空的大气困在南极区域，结果造成南极上空的大气无法和其他区域的大气交换，其他区域的臭氧难以进入南极上空，并且那里的氯不易分散，这导致南极上空的氯含量大大超出所有人的预期，同时，南极上空几乎没有机会从其他地方补充臭氧。

两次南极科考还证实了另一个发现：臭氧空洞确实是由高层大气中过量的氯引起的，氯的来源可以直接追溯到CFCs。现在可以毫无疑问地说：人类活动能够大规模改变地球环境，而且速度是如此之快，以至于几十年来，至少在世界的一端，我们已经大大削弱了对来自太阳的有害辐射的天然防护。那些使地球上的生命得以生存的复杂系统已然变得极其脆弱。

1987年9月，在第二次南极科考开始之前，国际公约《关于消耗臭氧层物质的蒙特利尔议定书》（以下简称《蒙特利尔议定书》）发布，该公约预定于1989年1月1日生效，并很快得到联合国所有会员国的批准。最初的《蒙特利尔议定书》要求所有生产CFCs的国家削减一半的产量。[8] 两年后，在伦敦的一次会议上，与会各方对该议定书进行了修订，要求全面禁止使用CFCs和其他已知可能释放氯的化学物质。

世界各国果断而坚定地采取了行动。这样做是基于完善且详尽的科学研究结果。最终，人类的科学研究实现了我们所能要求的最好结局：使我们所有人免受太空辐射的影响。

《圣经·约翰福音》叙说耶路撒冷的犹太人领袖指责耶稣企图篡夺罗马政权并自立为王，耶稣于是被带到了总督本丢·彼拉多的面前。[9] 但是当彼拉多质问耶稣时，耶稣提出了异议，说自己根本没有自封国王，而只是见证了真理。

彼拉多问道："真理是什么呢？"

彼拉多的回应拒绝了一种"真理"观，即认为真理是关于我们观念的可靠性和准确性的某种理想状态。彼拉多的怀疑论——不是怀疑某些具体的事实，而是怀疑"真理"概念本身——属于一种悠久的西方思想传统。这种传统至少可以追溯到古希腊时期的怀疑论者，它不仅怀疑我们是否能够真正了解世界，而且怀疑"真理"是否存在。

事实上，彼拉多的回应是当权者利用前述哲学传统诋毁批评者的悠久历史的一部分。乔治·W. 布什的政治顾问卡尔·罗夫（Karl Rove）对《纽约时报》记者罗恩·苏斯金德（Ron Suskind）说："我们现在是一个帝国（指美国），我们采取行动时，会创造我们自己的现实。"罗夫这话就属于这一悠久传统。特朗普的顾问凯利琳·康韦（Kellyanne Conway）也有意或无意地诉诸这种传统，她发表了关于"另类事实"的著名言论，这个概念是当时的新闻秘书肖恩·斯派塞（Sean Spicer）在不久前的一次新闻发布会上提出的。[10] 为免有人将"另类事实"当作近年来共和党执政班子的专利，有必要提醒读者，是民主党人林登·约翰逊与时任国防部长罗伯特·麦克纳马拉于1965年以赤裸裸的谎言做掩护，鼓吹持续军事冲突将提升国家地位和发展前景，从而使得越南战争全面升级的。[11]

有关真理的概念引出了许多古老而复杂的哲学问题。[12] 我们能否发现自然界的真理？我们有可靠的方法吗？我们真的能知道吗？

这些似乎是哲学家担心的问题，不需要我们去关注。但实际上，它们涉及日常政治、商业，甚至生死，与人们提出的任何其他问题都一样重要。正如从彼拉多到特朗普的帝国传统暗示的那样，当权者早已了解这些问题的重要性。

20世纪70年代中期，随着科学界形成共识，即CFCs可能对臭氧层构成严重威胁，以及美国政府开始对CFCs等实施监管，化工行业开始反抗。在美国大型化学品制造商杜邦的带领下，行业代表们反对做任何不利于化学品生产的事情，他们齐声高呼：采取行动为时过早，因为仍然存在太多不确定性。杜邦公司在全国各地的报纸和杂志上刊登广告，称"尚无令人信服的证据"支持罗兰与莫利纳的言论，即CFCs可以导致臭氧损耗；同时他们质问："在找到答案之前，预判一个产业的影响并销毁实用的CFCs产品合理吗？"1975年在行业杂志《化学周刊》上发表的一篇专栏文章声称，讨论有关CFCs在臭氧损耗中的作用，其实是"在谈论一种由有争议的因素引起的鲜为人知的现象，以及这种现象所产生的不确定的影响"，作者的结论是"事实很清楚：我们没有证据，我们甚至不知道是否存在问题"。[13]

这种观望的态度似乎是明智的。[14] 1975年，尽管已经有大量的证据能说服IMOS专门调查委员会，使其相信CFCs已构成了迫在眉睫的威胁，但仍然有许多问题没有解决，搜集更多的证据肯定是一个好主意。确实，正如我们所看到的，20世纪80年代将揭示20世纪70年代的科学共识存在严重缺陷：臭氧层被破坏的危险远远超过任何人的想象！

问题在于无论有多少证据出现，化工行业都采取漠视态度，要求继续进行更多的研究，并要求推迟禁止生产相关化学品的行动。直至1988年3月，斯托拉斯基因BAS发现存在臭氧空洞而对NASA的卫星数据进行核实并证实了BAS的数据的准确性，1986年和1987年的南极科学考察提供了直接检测到的能与臭氧相互作用的 CFCs 的分解产物之后, 杜邦公司首席执行官致信美国参议院, 依然宣称 CFCs 产量无须大幅度削减。[15]事情到了这一步, 很难想象还能要求怎样的进一步证据。化工行业仍在不断要求科学家给出更多的确定性。

杜邦的立场让人想起18世纪苏格兰哲学家大卫·休谟最为著名的论点, 古希腊人也提出过类似的论点[16]。假设在观察到世界上的某种规律之后, 你想做出一个关于它的一般性推论。具体来说: 假设你观察到你生命中的每个早晨都有太阳升起, 你能推断出太阳总是升起吗? 或者, 基于你(假设你在北半球长大)只见过白色天鹅的事实, 能推断出每只天鹅都是白色的吗?

休谟的回答是明确的"不"。一个规律无论有多少个实例都不能支持这种一般性推论。这听起来像是一个荒谬的立场, 但是前面提供的示例说明了这个问题。毕竟, 澳大利亚有黑天鹅, 而不管在英国找到多少只白天鹅, 都不能排除存在黑天鹅的可能性。太阳最终将耗尽氢并膨胀成红巨星, 可能会吞没地球。不管你看到太阳升起多少天, 明天都可能是它爆炸的那一天。

这被称为"归纳问题"。[17]休谟得出结论: 我们无法确知世界上的任何事情, 因为所有从经验得出的推论都是归纳问题的牺牲品。事实上科学总是有可能出错。

化工行业利益的维护者敦促各方对 CFCs 采取观望态度, 最好持续观察到20世纪80年代末甚至以后再说, 他们认为将 CFCs 与臭氧损耗联系起来的证据并不明确——现在依然不明确。我们不能完全确定是否存在臭氧空洞, 是不是 CFCs 引起了空洞, 甚至不能确定臭氧层是否对保护人类健康至关重要。我们不确定的理由是，我们拥有的所有证据最终都是归纳性的——正如休谟教给我们的，归纳性证据无法产生确定性。

不仅普通人不能确定，过去科学家也经常犯错。科学史上有过许多看似正确的理论，科学家曾经基于大量证据而相信这些理论，但现在他们不认可了。在两千年的时间里，科学家一直认为腐烂的有机物散发出来的难闻空气，或者说"瘴气"，是导致疾病的主要原因。直到19世纪，科学家才开始认识到以前归因于瘴气的疾病是由微生物（细菌）引起的。一千多年的精确测量和严谨数学论证使人们坚信地球是静止不动的，而且太阳、行星和其他天体都围绕着静止的地球运动，直到哥白尼、牛顿等众多科学家先后质疑，才最终推翻了这一理论。在此之后的几个世纪中，牛顿的万有引力理论被认为是对月球绕地球运动和地球绕太阳运动的正确解释。但是今天，牛顿的理论又被爱因斯坦的相对论抛在了后面。[18]

科学哲学家拉里·劳丹（Larry Laudan）和P. 凯尔·斯坦福（P. Kyle Stanford）都认为，因为过去的科学存在谬误，所以我们在接受当前的一些科学理论时应该谨慎。他们的观点常常被称为"悲观元归纳"：仔细研究科学谬误的漫长历史，我们应该确信，当前的一些理论也是有误的。[19]

这是否意味着化工行业利益的维护者质疑CFCs会破坏臭氧的科学共识是有道理的？科学家没有（也不可能有）足够的证据来确定地证明这一点——科学家在发现永恒真理方面有着糟糕的记录，因此，如果他们说自己这次对了，我们也不能太当真。当然，在接受新的科学发现时要谨慎。

可也不完全对。也许我们永远无法确定任何事情，但这并不意味着我们无法或多或少地保持信心，或者不能收集证据并利用它们做出明智的决定。例如，我们现在可以信心十足地说CFCs正在臭氧层中制造一个洞。有了恰当的证据，我们就能有足够的信心，以至于就我们的目的而言，基于证据的观念与绝对确定性之间的界限是毫无意义的。

无论如何，我们在乎真理（至少是科学真理），因为正确观念可以指导我们在这个世界上成功地行动。我们在乎知识，是因为我们的知识——或者至少我们坚信为真的观念——在我们个人或集体做选择时扮演着重要角色。认识到观念和选择之间的关系很重要，认清这种关系的目的不是解决"归纳问题"，而是要把归纳问题放到一边。

涉及CFCs和臭氧层的关系问题时，对事实永远无法完全确定的担忧是无关紧要的。我们需要的是足够的信心，目的是避免被太空辐射"灼伤"。至于应该怎么做，我们需要将普遍怀疑论置于一旁，根据已有的证据采取行动。我们应当忽略化工行业对确定性的要求，去实施监管。正如休谟本人所说："一个明智的人……他的观念与证据总是成正比的。"[20]

哲学对科学的挑战可以重新在日常生活中去验证。生活中，我们也永远没有绝对把握。但是这种可能性不会使我们停滞不前，也不应该使我们停滞不前。我们不去等候绝对的确定性，也不能去等，因为它肯定不会出现。我们别无选择，只能采取行动。而且当我们这样做时，我们的行动就会受到我们碰巧相信的事物的影响，这就是为什么我们应该努力拥有得到尽可能充分的证据支持的观念。

我们可以再思考一下，尽管科学家已经否定了许多过去的理论，但仍然可以肯定的是，这些理论在其被发展和检验的时候通常是非常有效的。过去，以地球为中心的太阳系模型对于预测恒星和行星的位置来讲是极为准确的。今天，我们仍然使用牛顿的万有引力定律来计算卫星轨迹——牛顿的理论确实使人类登上了月球。换句话说，我们根据我们所拥有的证据使自己的观念尽可能正确，并且通常情况下，在这样的观念的指导下，事情能够得到解决。

在过去的一个半世纪中，哲学家和统计学家发展出了思考观念、行动和证据之间关系的方法，这些方法体现了前述的实用主义倾向。[21] 其基本思想是观念的真实性有不同的程度，大致衡量了我们思考某些事情是真实的可能性有多大。我们搜集的证据可以且会影响我们持有的观念的真实程度。证据的性质可以使我们或多或少地增减信心。当我们根据自己的观念做出决策时，我们需要考虑到信心水平。

实际上，我们可以使用概率论的一个分支来描述我们观察到的东西与形成的观念之间的精确关系。有一个公式被称为贝叶斯法则（Bayes' rule），它可以计算出你在获得一些证据之后形成观念的可信度（也称"置信度"），或者叫信任倾向，这里同时要考虑你在亲眼看到证据之前已经拥有的观念以及所谓证据的可信度。[22] 贝叶斯法则确实是可以指导、量化观念更新的独特的、理性的方法。从某种意义上讲，如果有人不愿意用它，那么你可以给他们一系列的赌注，虽然他们希望赢得全部，但他们一定总是输。

贝叶斯法则本身与后文的关系并不紧密，但其基本思路——我们和科学家都要收集证据并据此更新各自持有的观念——在本书后面的部分至关重要。

CFCs禁令的批评者还有一个反对接受有关臭氧层被破坏的科学共识的论调：捍卫这一禁令的科学家是出于政治动机才这样做的。舍伍德·罗兰已经受到特别严厉的批评。用20世纪70年代后期杜邦公司的公共事务经理L. 克雷格·斯卡格斯（L. Craig Skaggs）的话来说，罗兰和其他像他一样的人不是"真正的、客观的科学家"，因为他们不仅仅收集和报告数据，而且还基于该数据倡导改变美国的政策。[23]另一位行业高管对此进行了更为生动的描述：对CFCs的批评"是由克格勃编造虚假信息的部门一手策划的"。换句话说，行业利益的维护者主张，必须特别谨慎地对待涉及政治和行业利益的科学家，因为其政治、经济，甚至道德观点极有可能反映在他们的工作以及他们的立场中。

这些论点，就像化工行业对确定性的要求一样，呼应了一种重要的科学哲学传统，即认为科学家的工作是由社会因素塑造的，社会因素包括文化、政治和价值观。[24]要了解这一传统，我们需要回到20世纪60年代初去寻根探源。

1962年，从物理学家转变为历史学家的托马斯·库恩（Thomas Kuhn）出版了一本书，名为《科学革命的结构》。[25]他基于物理学史上大量的案例，描述了一种科学实践模式。科学家发现问题，然后运用众所周知的方法去解决问题，并进行实验，以测试解决方案的可行性，逐步根据他们在工作中得到的点滴经验建立起理论。这一渐进的研究步骤被库恩命名为"常规科学"。

常规科学听起来没什么特别的。但是库恩的深刻见解是，这种科学只是故事的一部分。在科学界，每隔一段时间就会发生另一件事：一场革命。库恩认为，当革命发生时，科学实践随之产生的变化是如此巨大，以至于常规科学领域此前来之不易的胜利成果基本上都无法留存。

库恩认为，所有常规科学都属于某种范式，该范式有自己的识别、解决问题的规则和证据标准。例如，今天，当我们看到玻璃杯掉落在地板上并摔碎时，我们会知道这件事的本质是一个物体在重力作用下落向地面。[26]但是在牛顿万有引力范式形成之前，我们不了解这背后的原理。我们可能认为玻璃是由泥土制成的东西，因此倾向于向大地移动，并回归其在严格的元素等级中原有的位置。

科学革命促使科学范式发生转变：不仅在背景理论上，而且在科学家对世界的整体理解上都出现了彻底的改变。范式转换不仅可以改变理论，还可以改变证据的标准——在某些情况下，库恩认为，范式发生变化后，甚至实验的结果也会随之改变。[27]

说得夸张一点，库恩的思想将使科学界产生一些根本性的变化。[28]库恩之前的大多数科学哲学著作将科学视为对世界的不带情感的客观探索。[29]但是，如果库恩是对的，科学范式的确塑造了科学家的世界观，如果证据收集和分析必然在某一种范式内进行，那么这幅图景就存在致命的缺陷。[30]仅凭"证据"我们无法得出科学理论。很显然，科学还有另一要素，说到底，这个要素与科学家的关联要远胜于与他们想了解的世界的关联。

库恩提出了一种可能性，那就是要理解科学，就必须认识到科学是人类的事业，具有复杂的历史和丰富的社会学特征，可能会影响科学家发展和坚持的观念。从这个角度来看，科学家是社会的成员，其行为是由该社会的礼仪和仪式所左右的。此外，科学家所在的社会还根植于更大的文化背景，理解科学也就意味着要使用社会学和人类学等领域的工具来理解这一奇特而新颖的文化。

科学植根于更广泛的文化和政治背景，也许会影响科学思想，这种可能会带来令人不安的认识。比如，产生和塑造当代科学的主要是一个在世界范围内做出暴行的，以男性、白人和西欧文化为主导的文化。事实证明，由此产生的科学思想也与之有牵扯。例如，当卡尔·皮尔逊（Karl Pearson）和弗朗西斯·高尔顿（Francis Galton，查尔斯·达尔文的表弟）试图以各种指标来量化种族优越性时，统计学应运而生，历史学家露丝·施瓦兹·科万（Ruth Schwartz Cowan）和社会学家唐纳德·麦肯齐（Donald McKenzie）概述了这段历史。[31]（事实上，"优生学"一词就是高尔顿创造的。）法国哲学家和历史学家米歇尔·福柯认为，现代精神病学是使人屈服的一种手段，是将"有问题的"社会成员与其他人口隔离开来的一种方式。[32] 他认为，现代临床医学起源于中世纪的麻风病人聚居地，其在社会中也扮演了类似的角色。

科学还牵涉殖民主义，而"证明"殖民主义"合理"的"依据"常常是有关种族优势的"科学"论点，以及非西方文化无法对自身的环境和经济状况拥有可靠认知的假设。[33] 在1986的著作《女权主义中的科学问题》中，美国著名女权主义理论家桑德拉·哈丁（Sandra Harding）指出，早期科学家的书中充斥着强奸隐喻——科学家会迫使不情愿的大自然母亲屈服，如此写作的人包括对牛顿（和休谟）产生了深远影响的英国经验主义者弗朗西斯·培根等。

20世纪70年代和80年代是这种科学、政治及文化研究传统的黄金时代，这种传统后来被称为"科学元勘"（science studies）。正是在这种思想背景下，行业利益的维护者表达担忧，即研究臭氧空洞的科学家本身就有政治动机，研究结论必然会受到科学家对环保主张、政府监管和行业价值等所持态度的影响。出于这个原因，行业利益维护者的批评最初具有一定的合理性，毕竟许多学者都认为，文化背景对科学研究而言很重要。如果在这件事上，一群科学家似乎支持某种政治观点，那么这些观点是否就会像高尔顿持有的种族主义观念一样，通过影响他所研究的统计学问题，最终影响了研究工作和成果？

诚然，和我们所有普通人一样，科学家无法将自己的活动与文化背景分割开来，这些背景也肯定会导致偏见（认知偏差）和盲点。在一些情况下，科学家们根据偏见得出的结论在社会上是不可接受的、在道德上是败坏的，或者结论本身就是错的，却仍然被人们广泛接受[34]。因此，我们的确需要意识到社会和政治因素可能影响科学活动，也正因为如此，科学元勘所引发的对科学研究具有文化倾向的各种批评，可以说具有深远的意义。

但是，仅仅看到一个或者一群科学家具有某些文化或政治观点，并不足以否定他们给出的证据和论证的正确性，即使这些观点影响了这些科学家研究的问题或研究方法。毕竟，虽然统计学的起源不光彩，但是科学家用于研究的统计学方法是无罪的，这个领域的创始人有自己的目的，不代表该领域天然是道德败坏的。虽然现在滥用统计数据的现象仍然很普遍，但是高尔顿和皮尔逊的见解已发展为可被用来分析和解释数据的一套庞大而宝贵的工具。[35]同样，20世纪70年代和80年代学者撰写的数百篇科学论文提供了严谨的证据，已经证明CFCs在臭氧损耗中扮演的角色及其对人类健康的威胁迫在眉睫。哪怕这些文章的部分甚至全部作者都碰巧认为保护环境本身就是一个高尚的目标，上述结论也不会因此动摇。

政治对科学研究产生影响的方式主要有两种，区分这两种方式非常重要。一种是我们在前文讨论的各种微妙影响，如科学研究者的文化背景会影响其预设以及考虑的问题。这些影响可能产生负面效应，但我们可以通过仔细分析、批评和辩论来找出和去除这些影响。政治和科学还可以以另一种方式结合，这种方式具有截然不同的特征，其性质更为邪恶。

1783 年的圣灵降临节正好是周日，冰岛南部拉基火山出现了一道 16 英里长的裂缝。[36] 在接下来的 8 个月中，数百亿吨熔岩流出，吞噬了 20 个城镇和村庄，熔岩喷出将近 1 英里高。记录了火山喷发过程的当地路德教会牧师乔·斯泰因格里姆松（Jón Steingrímsson）写道："火红的熔岩迅速蔓延，如一条大河在开春时融化了寒冰，速度之快，有泛滥之势。"[37]

不仅仅有快速蔓延且破坏性极大的熔岩，拉基火山喷发时释放了大量有害气体——包括 1 亿多吨的二氧化硫和近 1000 万吨的氟气。[38] 这些气体与大气中的水蒸气发生反应，生成了硫酸和氢氟酸。这些物质很快随雨水回到大地。强酸性雨水腐蚀了当地牲畜的皮毛和骨头，杀死了冰岛一半的马、牛和四分之三的羊，大麦和黑麦的茎秆枯萎了，冰岛四分之一的人口死于饥荒。

"酸雨"一词最早是由在曼彻斯特工作的英国药剂师罗伯特·安格斯（Robert Angus）于 1859 年提出的。[39] 当时正在研究空气污染源的安格斯发现，工业区附近的雨水比污染较少的沿海地区的雨水酸性更高。他将这种效应归因于一种被称为勒布朗（Leblanc）制碱法的早期工业技术，该技术会释放盐酸。安格斯的研究表明，这种酸不仅会消散在大气中，还会以酸雨的形式落回地面。

正如拉基火山喷发所表明的那样，酸雨的破坏现象已经被相当广泛地观察到了。安格斯所做的研究表明，酸雨也可能是人类活动的副产物。英国议会迅速做出反应，于1864年颁布了《碱业法案》，该法案要求使用勒布朗制碱法的工厂设法阻止酸性气体被释放到大气中。这是环境监管领域早期的杰出举措。《碱业法案》实施后酸雨并没有消失，一个世纪之后，应该阻止酸性气体排放的观点却从公众的意识中消失了，也许是因为人们认为，酸雨似乎是工业区才需要担心的区域性问题。[40]

一切在1974年——罗兰和莫利纳发现CFCs会损耗臭氧层的那一年——发生了变化。那一年，康奈尔大学教授吉恩·莱肯斯（Gene Likens）和耶鲁大学教授F. 赫伯特·博尔曼（F. Herbert Bormann）在期刊《科学》上发表了一篇论文，他们在文中就一个令人震惊的结论进行了讨论：目前在整个美国东北部的雨和雪实际上都已带有酸性，其酸性比美国其他地区要高很多，而且比同一地区20年前的雨雪酸性更高。莱肯斯和博尔曼是在仔细分析了从新罕布什尔州中北部的哈伯德·布鲁克（Hubbard Brook）实验森林中收集的11年的数据，并将其与该地区周围的雪和雨水样本进行比较之后得出的这一结论。[41]

莱肯斯和博尔曼的研究结论之所以令人吃惊，是因为这一研究结果表明，即使是远离工业中心的边远地区，也深受人类活动和污染的影响。俄亥俄州的河谷发电厂释放的硫化物和其他化学物质似乎在整个东北部地区上空飘移，然后变成酸雨落到地面。
这些发现与瑞典南部和挪威发现的类似现象相吻合，人们在那些
地方也观察到酸雨降在远离工业区的地区（在这项研究中，污染
物似乎来自英格兰和德国）。很快，人们在加拿大也发现了美国
排放的污染物所导致的酸雨。酸雨可以造成远距离污染，正在迅
速成为环境问题，而且成为影响国际关系的大事。

用美国国家环境保护局（EPA）一位发言人的话说，到20世
纪80年代初，有关酸雨的科学研究是"无可指摘的"。所有负责
审查当时有关该主题的大量文献的主要科学组织，几乎都同意这
种观点。1981年，美国最负盛名的科学家群体——美国国家科学
院发现了"对人类健康造成严重危害的明确证据"以及"压倒性
的证据"，证明酸雨是由发电厂的排放物引起的。EPA于1982年
发表的一份报告赞同这个结论[42]，国家科学院的另一份报告、加拿
大皇家学会1983年的一次评述，以及其他研究报告也都赞同。[43]

这种广泛的科学共识本应导向针对发电厂的新的排放限制措
施。在欧洲的确是这样的：联合国欧洲经济委员会1979年通过
了一项新的限制跨国污染的公约。同年7月，美国和加拿大开始
就一项类似的协议进行谈判，最终签署了一份旨在解决跨国空气
污染问题的备忘录。

虽然这些举措是在卡特政府时期开始筹划的，但制定全面监
管框架的工作落在了罗纳德·里根的身上，里根于1981年1月20
日成为美国总统。尽管有大量证据表明酸雨的成因和危害，但
里根政府却竭尽所能阻止遏制酸雨的行动，甚至不惜篡改科学记
录。[44]

1982年，白宫科学顾问乔治·基沃思（George Keyworth）撰写了一份有关酸雨的报告，表面上看，该报告的目的是评估卡特政府时期进行的相关研究。[45]里根的研究小组被称为酸雨同行评议小组，由著名物理学家威廉·尼伦贝格（William Nierenberg）领导，他曾任圣迭戈斯克里普斯海洋研究所所长。

尼伦贝格的科学资质无可挑剔，但他也公开地表现出党派倾向。在担任酸雨同行评议小组主席两年后，尼伦贝格与另外两位杰出的物理学家——洛克菲勒大学前任校长、美国国家科学院前主席弗雷德里克·塞茨（Frederick Seitz），以及位于哥伦比亚大学的美国NASA戈达德空间研究所的创始人罗伯特·贾斯特罗（Robert Jastrow）——共同组建了一个保守派智库，人们称之为乔治·C. 马歇尔研究所（the George C. Marshall Institute）。

毋庸置疑，总统的政治同盟在尼伦贝格被任命为小组负责人的过程中发挥了作用，不过，尽管带有政治倾向，但尼伦贝格还是认真担负起了职责。他亲自挑选了一批大气科学研究领域的杰出专家加入该小组，包括舍伍德·罗兰和吉恩·莱肯斯。九名小组成员中有六名是美国国家科学院或工程院的成员，除一人外，其他人都是相关学科的专家。最后那位成员是名叫弗雷德·辛格（Fred Singer）的物理学家。

奥利斯克斯和康韦在他们合著的《贩卖怀疑的商人》一书中讲到，当尼伦贝格向白宫提交具备研究潜力的小组成员名单草稿时，并没有提到辛格的名字。但是，当白宫将名单发回时，已经剔除了好几名候选人，并增加了辛格。当时，辛格在弗吉尼亚大学担任终身教授，但他的主要隶属关系似乎是保守派智库传统基金会。[46]人们找不到任何表明辛格加入专家小组之前撰写过有关酸雨的研究文章的记录。[47]

1983年3月，酸雨同行评议小组完成研究，编写了一份完整的报告草稿，并分发给各成员。报告的结论与所有其他研究这个问题的严肃团体的发现一致：酸雨对人类环境而言是真正的威胁，它是由人类活动引起的，为防止进一步的损害，必须大幅度减少发电厂的排放。该草稿还包括辛格撰写的一章——他得出了令人惊讶的截然不同的结论。辛格认为，实施任何一项措施都将付出不可接受的代价，除非什么都不做。其他成员则拒绝接受他的这一结论，并拒绝签署任何版本的包含辛格所撰章节的报告。分歧导致了长达数月的延期——在这段时间内，辛格似乎又试图以其他方式反对小组的主要调查结论。例如，1983年9月，小组副主席向国会递交了小组成员所达成的共识；辛格提出抗议，他在给国会的一封信中强调没有足够的证据来支持这位副主席的说法。

1984年3月，小组最终批准了该报告的一个版本，这时距离报告草稿完成已有一年。最终版报告将辛格撰写的章节作为署名附录包含在内，但未得到小组的认可。即便如此，该报告也没有公开发布，而是被送往白宫等待进一步审查；其后，基沃思办公室提议进一步修订该报告的执行摘要部分，于是尼伦贝格在未与其他小组成员进行再次讨论的情况下先做了修订。罗得岛大学的大气科学家肯尼思·拉恩（Kenneth Rahn）是该小组的一位成员，他认为尼伦贝格的修订削弱了"小组发出的信号，即联邦政府现在应该行动起来"[48]。

酸雨同行评议小组的最终报告未能准确反映小组的建议，并未经过各成员的审核或批准，但还是以小组成员的名义发表了。

此举严重违反了小组协议，备受争议。《科学》发表了一篇文章，指控白宫操纵了该报告。有国会议员发表声明指责白宫压制这项研究，几家主要报纸也报道了这一事件。[49]

但是危害已经造成。为了淡化这份报告中的结论，辛格和基沃思在尼伦贝格的帮助下，将该报告的发布时间推迟了一年多。在此期间，虽然国会已经提出了几项旨在解决酸化污染物的法案，但是由于涉及酸雨的科学证据据说仍存在不确定性，且白宫的报告迟迟未出，因此一项都没被采纳。[50]

最后，在里根离开白宫之前的 5 年中，有关酸雨的立法再未得到认真考虑。

1995 年，当舍伍德·罗兰因在 CFCs 和臭氧方面所做的研究而获得诺贝尔奖时，弗雷德·辛格写了一篇批评诺贝尔委员会的专栏文章："在将 1995 年诺贝尔化学奖授予有关平流层的臭氧被耗竭假说的开创者时，瑞典学院实际上是发表了一份政治声明。"[51] 这种批评呼应了化工行业早先的论点，即认为罗兰在其关于 CFCs 的研究工作的基础上提倡制定新法规，其行为使他成为政治代理人，而不是"真正的科学家"。

这种看法具有很深的讽刺意味。即使我们承认——当然我们必须承认——罗兰的工作受到他的政治和文化背景的影响，但公开谈论自己的科学研究造成的相关社会后果（正如罗兰在 1974年发表那篇论文之后所做的），与白宫直接协商并破坏研究小组的研究发现，两种做法之间还是存在着巨大差异的。这里的重点不是双方都有一样的问题，并不是说辛格也受到政治因素的影响，就像罗兰肯定受到了政治因素的影响一样。酸雨同行评议小组受到的右翼干预不比科学研究可能受到的左翼干预好多少,但这也不是关键。这里要强调的是,在酸雨同行评议小组的案例中,存在一种对科学的明显的政治干预,这种干预与倡导控制CFCs的人曾经遭遇的指控有质的区别:干预者露骨且故意操纵科学报告。

这里还反映了一个具有讽刺意味的现象,是关于针对科学的社会与历史研究的。20世纪90年代初,许多科学家以及一些哲学家、政治家和新闻记者已经普遍意识到人文学科的学者正在煽动破坏科学。一些科学家开始反击,这场公开的关于科学知识的合法性的对抗,后来被称为"科学战争"。[52]

科学战争的第一枪可能是由1994年出版的《高级迷信:学术左派及其关于科学的争论》一书打响的。该书由生物学家保罗·格罗斯(Paul Gross)和数学家诺曼·莱维特(Norman Levitt)合作撰写。此书认为,那些声称有能力对科学进行分析的社会学家和哲学家通常没有能力评估他们所关注的科学研究工作。两位作者认为,在那些所谓的研究、分析科学的文献中,许多观点不仅浅薄,而且前后矛盾。

这次科学战争的主题之一是科学家指责人文学者关于科学的著作是伪知识分子的装腔作势。[53]但是,我们想关注第二个主题,这在格罗斯和莱维特著作的副标题的关键词"学术左派"中有暗示。他们的争论暗示,存在某种强调多样性和多元文化主义的左翼政治,它与一种广泛的反科学立场在思想上有着深刻的联系。[54]正如哈佛大学的生物学家理查德·列万廷(Richard Lewontin)1998年在写给《纽约书评》的一封信中所说的那样,莱维特和格罗斯似乎抱有"奇怪的观念……他们认为任何有关社会和意识形态影响科学过程和内容的主张都是马克思主义的一种疯狂形式"[55]。这一政治信息随后被著名保守派评论员放大，使得科学战争很快就看起来像一场文化战争中的小规模冲突。

格罗斯和莱维特将一种意识形态与学术左派联系起来，并予以严厉批评，这种意识形态就是这两人所说的"激进环保主义"，该主义的代表人物是美国作家兼活动家杰里米·里夫金（Jeremy Rifkin），他在20世纪70年代到80年代以引起人们对臭氧损耗、酸雨和全球变暖的关注而闻名。[56]格罗斯和莱维特宣称：激进环保主义者是危言耸听的伪科学家，他们利用环境灾难的威胁来鼓吹他们（主要是左翼）的政治意识形态。

然而，在罗兰的案例中，正是这位杰出的科学家和未来的诺贝尔奖获得者，在发表具有深远影响力和被广泛引用的研究成果时，被视为一个活动家和空想家。与罗兰对立的其实并不是对某个成员的激进主张不满的非政治化、冷静的科学机构，反对罗兰和其成果的其实是一个价值数十亿美元的行业，行业内有一群游说者始终在与制定法规、实施监管的主张进行对抗，因为这些法规直接触动了该行业的根本利益。

在科学战争最激烈的时期，主张科学具有政治或文化倾向的观点，常常被认为是对科学权威的激进攻击。而酸雨同行评议小组这个例子能让我们学到很不一样的教训。的确，科学会受政治影响，既有隐蔽的，也有公开的。在一个受政府任命的小组主席可以未经小组其他成员知情同意就改写共同署名的科学文件的世界里，因为一些历史学家或社会学家揭露历史上有问题的事件，就担心公众不再信任科学家似乎是无稽之谈。

反倒是奥利斯克斯和康韦这两位历史学家，仔细记录了里根政府对酸雨研究的干预。在科学战争中,被讽刺为"反科学"的人文学者反而经常提供必要的批判性分析,帮助其他学者澄清事实,改进科学方法,增进公众对科学的理解。[57]

而带头反对CFCs的,恰恰是一个获得了诺贝尔奖的"激进环保主义者"。

我们在本章中描绘了"真实/正确"和"虚假/错误"图景,正是在这幅图景中,我们的观念在指导行为的过程中发挥了特殊作用。[58]我们力求持有"正确"的观念,其意义是指导我们在将来做出成功的选择;我们通常希望这些观念符合并得到现有证据的支持。我们认为平流层中的臭氧层可以保护我们免受太阳辐射的侵害,臭氧可以被CFCs损耗,而且这种损耗现象在一些地方发展得很快,臭氧层中已形成了一个空洞,了解了这些,我们就能够利用监管框架来减缓或逆转臭氧损耗。对于酸雨也是如此。(当我们在下文中说一种观念是"正确"的,这就是我们想表达的全部;同样,所谓"错误"观念,是指观念与证据和成功的行动之间不具备这种关系。)

这幅图景对于理解如何在政治辩论中看待科学权威至关重要。真正的麻烦是,我们大多数人无法独立评估,更不用说收集和分析特定的科学家群体针对任何特定问题可以给出的全部数据。不过就这一点而言,大多数科学家个体也不具备这样的优势!这意味着,如果科学家声称他们正在收集证据并且证据令人信服,那么我们别无选择,只能相信他们所说的。而且,我们是否接受科学家给出的结果,取决于我们对科学家准确收集和报告其证据,并据此负责任地更新他们的观念的信任程度。

归根结底，我们做决策时依赖科学知识的原因，并不是科学家变成了神圣的教父，在理性的巅峰讲着永恒的真理。真实原因是，科学家通常最有能力系统地收集和评估所有可用的证据。科学家在公众利益问题上的观点——从有关环境的问题，到药品和其他药物的安全性和有效性，以及与新技术有关的风险——有着特殊的地位，不是因为持这些意见者是权威，而是因为他们的观点由我们所拥有的最佳证据证实。

在臭氧空洞和酸雨的例子中，我们可以清楚地看到这一点。我们相信臭氧层中有一个洞，原因并不是科学家说有这么一个洞，而是因为科学家经过精心设计和校准多种设备，在不同位置以不同方式测量高层大气中的臭氧水平，且检测到臭氧水平已经大幅度降低。相信CFCs会导致臭氧空洞产生，是基于一种经过仔细验证的理论，根据该理论，CFCs可以消耗臭氧，并且科学家已在南极洲上空的大气中检测到了这一化学反应过程的副产物。燃煤发电厂产生的硫化物和与发电厂相距较远的地区的酸雨这个例子也是如此。

即使我们承认科学和文化、政治深深地联系在一起，而且了解到过去的科学家也常常犯错，多数科学研究成果仍然是正确的。寻找当前科学研究存在的缺陷是科学自身发展的一部分。如果我们能认真对待自己可能犯错这个事实——这是整个科学事业的一个核心立场——那么我们应该重视批评，尤其是科学家自己往往会忽略的那种批评。这种批评将使科学走向更好的未来：更有说服力的论据、更少的歪曲和误解，以及更好的行为指导。正是严谨的社会学家、人类学家、历史学家和科学哲学家的辛勤工作，以及科学家自身的努力，帮助我们更好地了解科学的运行方式，以及为什么科学应在决策制定中发挥核心作用。

从这个角度来看，科学所受的真正威胁，并非来自科学研究受文化背景影响的方式，也不是主张将这些影响排除在外的哲学和社会批评。真正的威胁来自那些为了自己的利益而操纵科学研究的人，或通过混淆、隐瞒科学研究的结果阻碍政策制定者采取可能行动的人。我们擅长消除哲学上的忧虑，并在必要时采取行动。但我们不太擅长避开那些散播错误信息的人。

第二章

极化与从众

单质汞是唯一在室温下呈液态的金属。亚里士多德称其为"水银"，这个名字体现了它的奇特之美。但是这种奇特的美丽是致命的。人直接接触汞会导致多种症状：感觉有虫子在皮下爬行、肌肉极度无力、脱发、偏执、精神不稳定，高剂量接触会导致死亡。[1]

汞的使用历史中有很多中毒事件。艾萨克·牛顿在他辉煌人生的尽头陷入了偏执和精神错乱，这可能是他对汞进行实验的结果（其尸体的头发样本显示汞含量很高）。[2]

到20世纪末，汞的危害已得到充分认识，并且美国、欧洲国家、日本、中国和其他国家对汞的使用都进行了严格的管制。[3]汞中毒似乎已经得到了控制。

然而，2000年左右，一位名叫简·海托华（Jane Hightower）的美国医生开始注意到，她接诊的患者身上有一系列独特的症状：脱发、恶心、虚弱、脑雾（注意力不集中和认知功能障碍）。这些应该都与汞中毒有关，但是从这些患者的生活方式推断，他们应该不会接触到重金属，因此汞中毒这个诊断，海托华医生并没有想到。直到她的一位同事在广播中听到了一个小镇上的故事，当地人在吃了被汞污染的鱼后出现了脱发和其他汞中毒的症状。[4]凭借直觉，这位同事对海托华的一名患者进行了汞测试。

果不其然，患者体内的汞含量偏高。

这位患者的确吃了很多鱼。他表现出的奇怪症状与汞中毒有关，而汞也许与鱼有关。有了新的假说，海托华又向她的其他病因不明的患者提出了一个新问题：他们多久吃一次鱼？调查结果显示，这些患者大多富裕、健康意识强，所以经常选择吃鱼，包括许多食物链上等级较高的鱼，例如鲨鱼、剑鱼和金枪鱼。

在接下来的几年中，海托华系统地记录了她的观察结果，并与同事（包括一些从事海鲜汞污染监管的环境保护局官员）分享了她的假说。与她交谈过的一些医生开始寻找患者汞中毒的证据。她所在医院的妇产科医生警示孕妇不要食用某些鱼类，因为胎儿的大脑特别容易受到汞的影响。[5]海托华的一些医生朋友不再食用掠食性鱼类。医院食堂也停止供应金枪鱼罐头。

当地一家新闻电视台报道了海托华的假设与观察。[6]美国电视新闻节目《20/20》也播放了有关汞中毒和鱼类的报道。[7]电视台工作人员在当地超市对鱼体内的汞含量进行了测试，发现其中一些鱼，尤其是鲨鱼和剑鱼的汞含量远远高于FDA认定的安全水平。他们对海托华的假设的报道得到了许多人的关注。很快，越来越多的医生开始研究患者汞中毒与鱼类的关系，并逐渐积累了大量支持海托华的假设的证据。

我们经常将科学发现与单枪匹马的天才联系在一起：因汞中毒而反复无常的艾萨克·牛顿、查尔斯·达尔文、阿尔伯特·爱因斯坦，他们在受到启示的那一刻，便构想出某种完善成熟的新理论。事实上，真正的发现过程要复杂得多，几乎总是涉及许多人。[8]大多数科学进步是专业领域中知识缓慢积累的结果，猜想和观察来自多个方面。这些见解逐渐传播和积累，从而形成关于如何收集证据的更多假设和新想法。只有经过长期合作，我们才能说科学家取得了新发现。这一过程的关键是将科学家们相互联系起来的人际网络。

简·海托华引领了这项工作，将汞中毒与过度食用受污染的鱼联系起来，但她并不是孤军奋战。她的一位同事首先将海托华的患者的脱发症状与汞中毒联系在一起的；美国环境保护局的一位联络人在得知她的工作后，分享了政府最近对鱼体内汞含量的研究；其他医生告知她有类似症状的患者，从而增进了她对汞中毒综合征的了解。海托华思考的每一步都有她自身经验以外的证据的支持。

海托华的研究也帮助他人取得了更大的进步。从她开始收集证据，她的工作就开始影响周围的人，包括妇产科医生、其他临床医生、医学协会，促使他们继续寻找更多的证据以及更深更远的联系。最终，当共享想法和证据的科学家和医生网络达成新的共识，汞中毒与海鲜消费之间新的联系得到检验。

通过这种方式，取得科学发现的人就得到了周围人的支持。有支持，也会遇到阻碍——海托华的证据并不能说服所有得知她的这一推论的人。对许多同事来说，她看起来像个活动家，带有某种环保主义意图的激进分子，或者也许只是个庸医。实际上，似乎有充分的理由认为海托华观察到的症状并非由汞导致。

在21世纪初，人们普遍知道一些鱼类体内含有汞。燃煤发电厂向空气排放某种形式的无机汞，这种汞会逐渐落回地球表面，最终混入海水中并被微生物吸收，转化为剧毒的甲基汞。这些微生物随后会被小鱼吃掉，而大鱼再吃小鱼，如此使汞上升到食物链上端。甲基汞往往会在动物组织中蓄积，因此大鱼体内的这种毒素含量很高。这就是为什么FDA出台指南规范商业销售鱼类中甲基汞的含量——结果人们发现，某些超市供应的鱼体内的甲基汞含量超过了该标准。

因此，鱼类体内含有有毒汞的说法没有争议。正是因为整个过程似乎都能很好地被理解，所以包括FDA在内的监管机构都认为自己知道危险所在。但是，当被告知海托华的研究成果时，FDA回应说，实际上没有人食用的鱼会多到引起中毒。海托华的许多同事似乎也同意这一点。

尽管如此，海托华还是进行了为期一年的调查，该调查记录了一组就诊患者的鱼的摄入量、症状和血液中的汞含量。她发表了这些结果，并与环境保护局的联络人分享了这些结果，后者邀请她在汞专家会议上介绍她的成果。在另一位同事的建议下，她起草了关于甲基汞的危害以及如何处理甲基汞的决议，决议经加利福尼亚医学会和旧金山医学会审议通过。

随着时间的推移和越来越多的证据的出现，她说服了越来越多的同事。如今，世界各地的政府机构对鱼类体内甲基汞导致中毒的风险更加了解，并相继发布指南以更好地控制汞接触。

1953年2月28日午餐时间，英国生物学家弗朗西斯·克里克在英国剑桥的老鹰酒吧引起了其他用餐者的注意[9]，因为克里克宣布了一个重要的发现：他和一位名叫詹姆斯·沃森的美国遗传学家"发现了生命的秘密"。根据克里克和沃森的说法，这个秘密就是复杂分子DNA的物理结构。DNA包含着地球上几乎所有生命的基本遗传物质。

在发现DNA结构的过程中，沃森和克里克使用了许多工具[10]，其中最具代表性的是一种类似于儿童拼插积木万能工匠（Tinkertoys）的模型，这种模型可以演示各种原子及其之间的化学键。[11]模型的构建模块使得沃森和克里克可以测试各种分子结构可行性的假设。

无论怎么看，用这些模块搭出来的结构都不像分子，因为这些模块比原子要大数亿倍，并且被涂上了各种颜色，而原子绝对不会这样。他们用从不同角度插入球中的小棒表示电子结构。然而，正是通过这种模块实验，沃森和克里克成功获得了对DNA真实结构的关键见解。

沃森和克里克利用构建模块所做的这种推理，在科学界无处不在。他们建立**模型**来帮助理解和推断。模型可以有不同的形式：在实验室中搭建的物理结构、计算机程序、各种数学建构模型。一般来讲，模型是研究者可以操纵和干预的某种简化或易处理的模拟系统，通过模型可以更好地了解研究者最终关心的更混乱的或更复杂的系统。[12]沃森和克里克无法操纵分子的实际结构，但他们可以操纵模拟分子的模块，并运用模拟的结构来了解分子结构的实际情况。

事实上，我们在上一章中已经介绍了这种模型的一个示例——尽管没有明确地将其标记为模型。请记住，贝叶斯法则是一个公式，告诉人们应该如何根据新证据改变观念。要应用贝叶斯法则，我们首先要考虑用概率表示的人们对各种观念的信任度（也称"置信度"）——从本质上讲，这些概率是0和1之间的数字，同时必须满足其他一些条件。模型中人们的信任度用数字表示，当人们收集证据时，这些数字根据贝叶斯法则变动，整个模型可以被看作人类如何真正改变想法的简化数学模型。

当然，该模型不能完美地呈现大多数真实的推理情况。但是，当我们的观念随着我们更多地了解世界而演变时，它仍可为我们提供一些见解。它体现了观念具有不同信任度的观点，并设定这些观念会在何种条件下改变。例如，如果我们的观念是正确的，同时支持该观念的证据很可能出现，那么我们对该观念的信任度应该提升。如果我们的证据不充分，那么即使观念是正确的，我们对该观念的信任度也会下降。正如我们在第一章中所论证的那样，单单这种见解就可用于思考科学能否为任何事物提供确定性，以及我们是否应该关心这样的问题。

贝叶斯观念更新公式给我们提供了进一步探讨个体观念如何变化的模型。但是正如我们刚才在甲基汞的案例中所看到的那样，人们通常需要在一个群体层面上理解科学，而不是在个体层面上。像简·海托华这样的科学家如何共享他们的知识、证据和观念？他们如何达成共识？这些过程会告诉我们关于科学的哪些事情？

这些问题也可以通过构建和检验模型来研究。有很多方法可以做到这一点，但是在这里，为简单起见，我们只关注一个框架。[13]而在需要讨论其他重要模型的地方，我们将在尾注中进行讨论。

我们关注的框架是经济学家文卡特什·巴拉（Venkatesh Bala）和桑吉维·戈亚尔（Sanjeev Goyal）于1998年提出的。这是一个数学模型，在这个模型中，人们可以通过直接观察和聆听毗邻行为人的反应来了解自己的世界。在巴拉和戈亚尔提出该模型大约10年之后，现就职于卡内基梅隆大学的科学哲学家凯文·措尔曼（Kevin Zollman）用它研究了科学家的互动网络。[14] 现在我们使用该模型或基于该模型设计的变体做研究，就很像措尔曼曾经的做法。

为什么模型在这里有用？因为科学家群体极为复杂。虽然我们可以使用实验和案例研究来调查科学家群体，但是有些事情即使是用这些强大的方法也无法做到。例如我们永远无法通过完整的科学网络追踪一个观点的完整发展过程。如果我们想知道甲基汞如何毒害食用了含汞鱼肉者的事情，那我们必须知道参与研究的每个科学家从哪里听说的这件事，他或她什么时候确信这是正确的，科学家又与谁分享了它。在遥远的过去产生的科学发现，以及涉及大量研究人员的科学发现尤其如此。想要理解观念如何在科学家群体中以及更广泛的知识寻求者群体中传播，模型研究可以帮助我们填补空白。

当然，科学家收集证据并相互交流的模型无法捕捉到科学思想发展和传播的每个细节。比如，我们不会尝试模拟"尤里卡时刻"（Eureka moment）——那个因为突然诞生的绝妙主意推动了某个领域进步的时刻。（尽管我们会怀疑历史是否真的赋予了它们如此重要的作用。）我们也不会对科学家之间的权力动态进行建模研究，不会模拟研究威信和机会在接受某种科学思想中所起的作用。[15] 我们只关注证据对观念的影响力。

这个非常简化的模型可以为我们提供令人惊讶的信息，而这些信息我们无法通过其他方式获取。它为研究观念如何在群体中传播提供了一种新的方式，也提供了一种探索这些影响力在各种条件下变化的方式。

巴拉-戈亚尔模型的基本设置是存在一组单一的行为人——他们是科学家或知识探索者的高度理想化的代表——这些行为人试图在两种行为之间进行选择，并使用自己和他人收集的信息来做出选择。假设两种行为产生期望结果的可能性不同，比如在吃鱼和不吃鱼之间进行选择，以增加或减少汞中毒的风险；在增加或者减少传统工业的排放量之间做选择，从而增加或减少形成酸雨的风险。再举个非常简单的例子，这种选择就是你面对两台老虎机，你要找出哪一台吐钱频次更高。[16]

经过一系列实验，参与模型研究的每一位科学家会选择对一种行为或者另一种行为进行观察。他们根据当前自己对问题的看法做出选择，并记录行为的结果。一开始，科学家不确定哪种行为更有可能产生预期的结果。但是，当他们做出选择时，他们会逐渐看到每种行为会产生什么样的结果。这些结果是他们用来更新观念的证据。重要的是，每位科学家不仅基于自己行为的结果，而且还会基于同事和朋友行为的结果来更新自己的观念。

例如，像海托华这样的临床医生会观察自己的病人出现了什么症状，还可能去了解她同事的病人的情况。她将利用所有这些观察结果来确定患者的症状是否由汞中毒引起。同样，在赌场里，你可能更喜欢在某一台老虎机上下注，但如果听到所有朋友都说他们在另一台老虎机上中了大奖，你可能会改变主意，下次换一台老虎机下注。

在这类模型中，两种行为中的一种——我们称它为B行为——的确优于A行为。但是，找出哪种行为更好一些不一定容易。该模型的一个关键假设是，证据是概率性的，这意味着当不同的科学家对某种行为进行研究时——比如测试老虎机或警告生病的患者远离鱼类——结果并不总是相同的。之所以得出B行为比A行为更好的结论，是因为就多次实验的平均结果而言，B行为产生了更好的结果。但是，可能在个别情况下，A行为碰巧产生了更好的结果。

这里，我们可以认为B行为类似于有偏（有翻转偏向）的硬币。相比普通硬币，它正面朝上落下的频率可能更高——但这并不意味着它永远不会背面朝上落下。事实上，如果你多次抛起有偏的硬币和普通的硬币，你无法保证有偏的硬币有更大概率正面朝上落下。它只是很可能会这样。

并非所有科学实验都是这样。例如，如果你正在研究重力定律，并且一次又一次地将保龄球从帝国大厦的顶部扔下，并在每次尝试时都非常认真地对其下落进行计时，得到的结果将非常一致。同样，如果将天然气、氧气和火焰混合，我们都知道一定会发生什么。

但是，在许多类型的科学探索中，证据并不那么可靠。再次回到甲基汞的危害上，由于人类个体对毒素的敏感性差异很大，两个人吃相同重量的剑鱼可能表现出非常不同的症状。更糟糕的是，这些症状往往需要发展一段时间才能出现，这很容易使人想起古代中国某些皇帝为求长生不老而服用含汞丹药的事情，大家会认为：“多么愚蠢！他们怎么不知道这东西是有毒的？”事实上，在历史中，汞一直在医学中被反复使用，因为过去没有统计学研究，客观上很难将汞的使用与危害明确联系在一起。因为治疗效果与危害太多变了，所以很难达成科学共识。现在，有了前面提到的模型，我们可以更好地理解各种共识是如何产生的。

这里还应该强调，尽管我们的例子来自科学，并且我们将模型中的行为人称为"科学家"，但这些模型可以代表任何试图在一个无法预测的世界中探索的人群。当我们根据自己和朋友的经验做出决定时，我们所有人间或都充当了科学家的角色。你买过车吗？在买之前你很有可能先试驾并询问经销商一些问题。这就是你在做出决定之前收集证据的过程。你是否还会向你的朋友或亲戚寻求建议，或者看在线评论？如果是这样，你等于是通过网络咨询了同样收集了证据的其他人，并利用他们的经验来影响自己的观念——最终影响你的行为。因此，这些模型的应用非常广泛。（我们将在第四章中再谈这一点。）

我们将巴拉-戈亚尔模型描述为数学模型。此时，你可能想知道数学是怎么进入模型的。让我们进一步说明一些研究细节。我们一直在使用拟人化的语言，谈论的是根据自己的"观念""决定""行为"的"科学家"。但实际上，我们是在谈论计算机模拟——这里没有真正的决定，没有物理动作，也没有坚守观念的思想。取而代之的，是一个由"节点"组成的抽象网络，每个节点可能通过也可能不通过所谓的"边"（连线）连接到其他节点。每个节点代表一位科学家，每条连线将两名可以获知彼此结果的科学家联系起来。

这些网络可以有不同的形状。图1展示了科学家交流网络的几种结构，其中一些遵循一定的模式。循环状网络是一个环，每个行为人都连接另外两个行为人。完整状网络将所有行为人直接连接到所有其他行为人。星状和轮状都具有一个中心节点，轮状网络中的其余行为人松散地连接在一起，而星状网络中的其余行

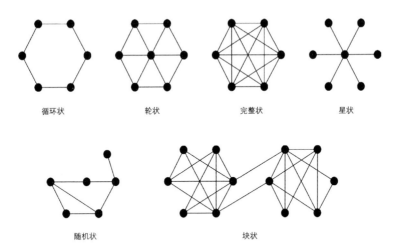

图1 交流网络的几种结构。在每个网络中，节点代表行为人，它们之间的连线被称为"边"，代表社会纽带。一些网络，例如完整状网络，连接更紧密，而其他网络，例如循环状网络，则较松散。块状网络涉及小集团。在星状与轮状网络中，有些行为人比其他行为人更重要。这些结构会影响观念在网络中的传播。

为人则根本没有相互连接。真实的人际网络并不是这么简洁的。真实人际网络中可能有一部分类似于模型中的规则结构，但其中也会有块状结构，在联系紧密的小集团之间存在随机联系。[17]我们将会看到，这些结构通常在决定信息和思想在一个群体中传播的方式上非常重要。

那么，每个节点是如何做出决策或采取行动的？在模型中，每个节点——每个科学家——都与一个介于0和1之间的数字相关联。该数字表示该科学家对B行为优于A行为的确定程度或置信度。例如，0.7表示该科学家认为B行为优于A行为的可能性为70%，科学家采取哪种行为完全取决于此数字。如果赋值大于0.5，则表示该科学家将执行B行为，也就是我们模拟下注老虎机一定次数并计算获得回报的次数。然后，我们根据此结果使用贝叶斯法则来更新科学家的置信度，并且同样更新网络上所有其他相邻科学家的置信度。

如果某位科学家对该观念的置信度小于0.5，则他或她将执行A行为。在该模型的最简化版本中，我们假设每个人都知道该行为有一半的可能性是有效的。[18]你可以将其想象为某种情况，例如，一种新的治疗方法（B行为）已经引入市场，而市场上已经存在另一种经过充分研究和被接受的治疗方法（A行为）。[19]医生只对新疗法是否比旧疗法更好感兴趣，他们已经知道旧疗法的效果。但是，我们拥有科学家网络的事实意味着，任何特定的科学家都可以从相邻科学家那里获得关于新疗法功效的证据，即使他们自己没有采取那个行为（没有使用新疗法）——就像其他了解海托华研究结果的医生一样，他们此前从未想过去测试自己患者体内的汞含量。

图2展示了此过程。首先，在（a）中我们看到一个由六个节点（科学家）和边（他们之间的联系）组成的网络。科学家对B行为更好这一观念的置信度从0到1不等。我们还可以看到，基于他们在该特定网络中对两种行为的置信度，四位科学家将执行A行为（白色节点），两位将执行B行为（黑色节点）。假设他们每个人执行各自决定好的行为十次。在（b）中，我们可以看到他们可能获得的结果（2、5、7等）。在（c）中，我们看到每个科学家如何根据自己和相邻科学家观察到的结果使用贝叶斯法则来改变置信度。任何与尝试过B行为——新的、未知的方法——的科学家有联系的科学家都会更新自己的观念。（置信度为0.02的科学家不会更新置信度，因为该科学家与尝试执行B行为的任

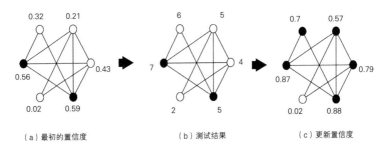

（a）最初的置信度　　　　　　（b）测试结果　　　　　　（c）更新置信度

图2　巴拉－戈亚尔置信度／观念更新模型。科学家们以最初的置信度（a）决定如何测试（b）。白色节点代表执行A行为的人，黑色节点代表执行B行为的人。在（c）中，我们看到观察或直接测试B行为的科学家更新了其置信度。

何人都没有联系。）在这个例子中，除了一名科学家之外，所有其他科学家都增强了对B行为的信心，因为正如预期的那样，它往往比A行为更成功。实际上，我们可以看到，当他们决定下一步行为时，五位科学家将尝试以B行为代替A行为。[20]

　　该过程将逐步进行（尝试行为，更新置信度，尝试行为，更新置信度），直到科学家达成共识为止。如果所有科学家都有足够高的置信度——大于0.99——那么就会出现B行为更好的一致结论；如果所有科学家的置信度足够低，如低于0.5，那么网络中没有人会执行B行为，这样，他们将不会进一步了解B行为。在第一种情况下，我们会说网络已趋于形成正确观念。在第二种情况下，我们说它已趋于形成错误观念。通常，这些模型趋向于形成正确的共识，也就是说，整个网络都认为B行为更好。但是，正如我们将看到的，他们有时会走向错误的那个。[21]

　　我们想要了解的是，在什么情况下科学家网络会趋向于形成错误观念。

　　胃溃疡是一种可以引起胃痛的黏膜面破溃病变。现有证据表明，胃溃疡通常是由一种被称为幽门螺杆菌的细菌引起的。[22]两位澳大利亚医学研究人员罗宾·沃伦（Robin Warren）和巴里·马歇尔（Barry Marshall）因为发现细菌（幽门螺杆菌）感染可导致消化性溃疡而获得2005年的诺贝尔奖，他们于20世纪80年代成功说服同行认可了这样的因果关系。但是，沃伦和马歇尔首次发现这种联系的说法值得商榷，因为消化性溃疡是由细菌感染引起的理论可追溯到1874年，当时一位名叫博特彻（Böttcher）的德国细菌学家和法国合作者勒蒂勒（Letulle）在消化性溃疡组织中分离出了细菌菌落，并提出细菌感染可能是溃疡的病因。[23]在随后的几十年中，相关证据逐渐增多，证明幽门螺杆菌感染确实会造成消化性溃疡。

　　然而细菌感染理论并不是唯一可行的理论。另一种理论认为胃酸是罪魁祸首，这也是许多医生和科学家已经接受了的。在20世纪初，科学家对这两种理论进行了研究，并找到了支持两种理论的证据。直至1954年，细菌感染理论遭受了毁灭性的打击。胃肠病学专家E. D. 帕尔默（E. D. Palmer）对1000多名胃溃疡患者的胃进行了活检，并没有发现细菌感染的迹象。[24]这个结论似乎意味着细菌不可能在人的胃中生活，引起溃疡也就无从谈起。

　　帕尔默的研究结果基本上终结了证实细菌感染理论的尝试，除了个别医生继续使用抗生素并且成功治愈了胃溃疡患者（抑制胃酸也有帮助，但用这种方法治疗往往会复发）。直到帕尔默发表研究结果将近30年后，沃伦在靠近胃溃疡组织的胃部活检中观察到一种新细菌，这使得对细菌感染理论的认真研究再次兴起。后来，马歇尔设法分离并培育了这种新菌株，明确证明细菌能够存活于人的胃中。

即使有了如此强有力的证据，沃伦和马歇尔的理论仍面临着被质疑的巨大压力，因为胃酸理论已经受到广泛认可并根深蒂固。人们对细菌感染理论的抵触是如此强烈，以至于马歇尔后来通过戏剧性的举动来吸引人们的注意力，包括那些拥护该理论的人。一怒之下，他吃了一个长满了幽门螺杆菌的培养基，然后用抗生素成功治疗了随后出现的胃溃疡。[25] 最终，沃伦和马歇尔设法说服同事相信细菌感染理论是正确的。这个故事很可能会有不同的结局。如果不是少数科学家愿意给细菌感染理论一个机会，我们可能仍在单纯使用抗酸剂治疗复发性胃溃疡。

这一切是怎么发生的？巴拉-戈亚尔模型最令人吃惊的发现之一就是人们的观念能够对彼此施加强烈的影响。如果我们想象进行一项实验，一组人在没有网络连接的前提下收集证据（并且不共享证据），那么从概率讲，我们会期望其中一些人得出正确的结论，而另一些得出错误的结论。例如，玩据说回报率更高的老虎机却碰巧输掉所有钱的科学家，可能会永远放弃再次尝试那台老虎机。假如没有沟通，我们就不要期望科学家的观念之间有多大的相关性。有些科学家会很幸运，在玩老虎机时能坚持选用回报率更高的机器，其他人则不会。每个人得出的结论应该会独立于其他所有人的结论。

但是，一旦科学家们开始共享证据，他们就极有可能会全部相信同样的事，无论好坏，都是如此。[26] 注意，在模型研究中出现这种情况只是因为科学家们共享证据。这里没有心理学因素的干扰，没有人在模仿别人，没有人试图服从别人，没有人比别人更聪明或更笨，没有思想领袖或随波逐流者。

为什么会这样？我们可以想象一群科学家收集和共享数据的过程。其中一些科学家执行了更好的行为——例如，基于食用过多的鱼会导致汞中毒这一假说，科学家便要求人们减少鱼的摄入。正如我们在海托华的研究中看到的那样，随着他们继续收集证据，这种行为开始影响他们的同事和交流网络中相邻的人。其中一些人开始相信少吃鱼是正确的，也开始收集有关食用过多的鱼会导致汞中毒的证据。他们接着又可以说服自己的同事和交流网络中相邻的人。这种观念顺着交流网络传播到整个医生和科学家群体中，直到每个人都同意为止。

值得注意的是，这意味着一个成功的新观念的传播方式以网络具有共享证据的能力为前提。假设一开始几乎每个科学家都有一种观念（例如，鱼体内的汞不会使人中毒），且不共享证据，我们就不会期待他们去收集有关汞和鱼类的证据。为什么要去收集呢？如果没有共享数据提示过多地食用鱼可能导致汞中毒，每个科学家独立决定测试这种新可能性的概率就会很小。但是，现在通过数据共享，只需一名科学家开始测试新的假说，新假说就能在整个科学网络中占据一席之地（如果这名科学家获得了积极的结果）。

图3直观地展示了这一过程，但是经过了简化（仅显示置信度的更新，未显示成功情况）。其过程类似于图2所示的过程。在随后的每一轮测试中，更多的科学家被相邻的科学家的结果说服，会去尝试采取更好的措施（行为），从而使该观念最终在整个网络中传播。

这是乐观的结果。正如我们在引言中所论述的，观念的社会

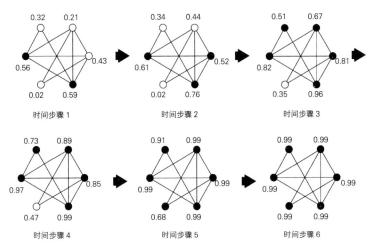

图 3　网络趋向形成正确观念的过程。 白色节点代表更信任 A 行为，黑色节点代表更信任 B 行为。在每个时间步骤中，行为人都会测试其观念并根据测试结果和相邻行为人的测试结果来更新置信度。随着时间的流逝，越来越多的行为人会对正确观念有较高的置信度，直到整个网络从根本上变为确信 B 行为更好。

传播是一把双刃剑。它让我们人类获得了对世界形成深刻认知的非凡能力，但同时也为错误观念的传播打开了大门。我们在模型中也看到了这一点，特别是在科学家解决难题时，他们可能会就错误的观点达成一致。当一些科学家得到一连串误导性结果并与同事分享时，就会发生这种情况。这可能导致原本方向正确的科学家因同行的误导性证据而走错路。在这种情况下，科学家不从其他人那里获得信息反倒比较好。

我们还是有必要花点时间来深入讨论这个问题。通常，当行为理性的科学家收集到不确定的数据时，共享证据有助于整个群体形成正确的观念，甚至说服最初持怀疑态度的人。但是，这个过程有时会起反作用，科学家之间的交流实际上更容易导致他们围绕错误观念达成共识。还记得植物羊的例子吗？如果没有学识渊博的学者参与交流，这种离奇的看法根本就不会传播开来。共享证据（如曼德维尔声称自己尝到了植物羊的果实）让许多原来持正确观念的人相信错误的事情是真实的。

人际网络既可以传播正确观念，又可以为误导性证据的传播打开渠道。这意味着有时候让一群科学家少交流实际上会更好，尤其是当他们处理难题时。这种现象，即科学家不交流就可以改进他们的观念，被称为"措尔曼效应"，以它的发现者凯文·措尔曼的名字命名。[27]如果让每个人都共享证据，那么偶然出现的一系列错误数据可能会说服整个群体放弃正确的理论。因此，一个并非所有人都能听到其他人意见的群体，可以保护多数科学家免受误导性数据的影响，让他们继续收集能最终说服整个研究群体得出正确观念的证据。[28]

另一种表达方式是，暂时的、一定程度上的观念多样性对于科学界至关重要。如果每个人一开始就相信同样的事，那么他们将无法尝试更好的选项。至少要有几个人分别测试不同的可能性，这一点很重要，这样群体才能最终找到最好的可能性。在足够长的时间内保持这种观念多样性的一种方法是限制交流，这样研究者在检验不同理论时不会对彼此产生太大的影响。[29]

正如措尔曼本人指出的那样，措尔曼效应可以帮助解释帕尔默的研究结果（发现胃中没有细菌）为何具有如此显著的效应，以及医疗机构长期固守错误理论的原因[30]（医生之间联系紧密），因此一种结果——即使该结果最终被证明是有误的——就说服了世界上几乎所有的胃肠科医生放弃了最终被证明为正确的细菌感染理论。考虑到帕尔默的证据似乎非常有力，众多胃肠科医生采取的行为很可能是理性的选择。正是群体的紧密联系结构，使得每个人的理性行为最终导致错误观念持续存在。如果了解帕尔默实验结果的科学家较少，那么细菌感染理论也许早就胜出了。

当然，沃伦和马歇尔最终还是回到了细菌感染理论。如果我们在模型中添加一个事实，即科学家有时会测试替代理论——偶然地执行B行为，即使他们通常不期望B行为会表现出更好的效果——这样他们可以克服措尔曼效应，就像他们之间的联系不那么紧密时那样。但这可能是一个漫长的过程，并且要靠运气。而替代理论之所以起作用，恰恰是因为存在证据共享：如果一个令人惊讶的新理论的有力证据以这种随机的方式出现，那么科学家之间的联系将使更优的理论最终得到巩固和传播。[31]

波莉·默里（Polly Murray）饱受疲惫、剧烈头痛、严重的关节痛的折磨，难以动弹。[32]她看过许多医生，但没有一个医生能帮助她。实际上，许多人暗示她的症状可能是心理疾病所致，或者更直接地说，他们认为她是个疯子。但是，正如默里自己认真记录的，她并不是唯一出现这些症状的人。她的许多朋友和他们的孩子都住在康涅狄格州的莱姆镇上，他们也有一系列相同的奇怪症状。她的两个孩子被诊断为患有幼年型类风湿关节炎。这是一种罕见的疾病，没有传染性，似乎不可能发展成流行病。

1975年，康涅狄格州的卫生官员将默里的病历交给了耶鲁大学风湿病学专家艾伦·斯蒂尔（Allen Steere）。斯蒂尔见到了波莉，波莉向他提供了与她症状相同的邻居的名单。[33]

斯蒂尔对引起疾病的可能原因进行了广泛的调查，最终诊断，这是一种新的蜱媒传染病，后来被称为"莱姆病"，是以默里和她的朋友居住的小镇命名的。[34]几年后，科学家分离出了引起此病的菌株，并命名为伯氏疏螺旋体（以分离出菌株的科学家威利·伯格多费的名字命名）。[35]这一发现对波莉·默里这样的患者产生了巨大影响。用抗生素治疗后，许多人恢复了正常生活，此前令人衰弱的病痛剥夺了他们的活力。在康涅狄格州，9月24日被定为"艾伦·斯蒂尔日"，以庆祝和纪念斯蒂尔的科学发现。

时间快进到25年后。艾伦·斯蒂尔收到了来自全国各地莱姆病患者的死亡威胁和仇恨邮件，以至于必须雇用安保人员在公开场合保护自己，斯蒂尔担任风湿病学主任的新英格兰医学中心也为此聘请了一位专家，后者每周花数小时时间来监测公众对斯蒂尔安全的威胁。

发生了什么事？

莱姆病的病原体是一种螺旋体，一种呈螺旋状的细菌，就像引起梅毒的病原体。莱姆病的病程也像梅毒一样有数个阶段。最初感染会引起类似流感的症状：发热、头痛、关节痛，并且常常（但不总是）出现牛眼形的皮疹。[36]当螺旋体感染遍布全身时，一些患者会出现更加令人担忧的症状：脑膜炎、脑炎、面瘫和精神障碍。[37]

与任何感染一样，人体免疫系统会攻击入侵者，产生有助于识别和根除伯氏疏螺旋体的抗体。但是，在多数情况下，这还不足以完全抑制感染。伯氏疏螺旋体利用其独特的形状蠕动进入全身组织，并利用各种令人讨厌的把戏来躲避人体免疫系统的识别和清除。如果不及时治疗，晚期莱姆病会导致波莉·默里第一次见到艾伦·斯蒂尔时表现的症状：严重的关节痛、四肢麻木和疼痛、脑雾、失眠、极度疲劳以及严重的认知障碍等。[38]

虽然莱姆病的病因和病程相对来说没有争议，但是，莱姆病用抗生素治疗后会怎样？这个问题是所谓的"莱姆病战争"的核心。正是莱姆病战争使艾伦·斯蒂尔的安全受到了威胁。

一方面，一种观点认为，单轮抗生素治疗足以消除伯氏疏螺旋体，从而治愈患者。这种观点在医疗机构内广泛存在，并得到了CDC（美国疾病控制与预防中心）等组织的认可。[39]另一方面，大量莱姆病患者在接受抗生素治疗后仍存在该疾病典型的使人衰弱的症状。一些自诩精通莱姆病治疗的医生根据他们的经验制定了"慢性莱姆病"的治疗方案，患者通常需要反复使用大量抗生素。

在20世纪90年代初期，观察到"莱姆病医生运动"兴起，斯蒂尔越来越担心莱姆病已成为"万能"的诊断，即许多其他疾病被误诊为莱姆病，如纤维肌痛和慢性疲劳综合征（目前医学界对它们既了解甚少又有争议）。调查转诊到他这里来的所谓莱姆病患者后，斯蒂尔认为许多人并没有患莱姆病。他知道长期使用抗生素会产生严重的副作用，因此开始公开提倡在莱姆病的诊断和治疗中要更加谨慎。

由此开始，斯蒂尔针对慢性莱姆病进行了长达数十年的辩论大战（目前仍在进行中）。斯蒂尔和大多数专业医生团体以及疾病控制中心一致认为，慢性莱姆病实际上是其他疾病的组合，也许还存在一种神秘的后莱姆病综合征，表现为在治疗后可能会持续对伯氏疏螺旋体产生免疫反应。他们认为长期的抗生素治疗会对病人造成严重伤害，而没有任何益处。[40]他们指出，大多数慢性莱姆病患者的伯氏疏螺旋体检测结果并没有呈阳性；美国国立卫生研究院也进行了四项大型相关研究，每项研究都表明长期抗生素治疗并不能改善这些患者的症状。[41]

　　辩论的另一方是患者、对伯氏疏螺旋体有研究的医生，以及各种长期抗生素治疗倡导组织。他们认为，伯氏疏螺旋体经常藏在体内，不能被标准抗生素治疗彻底根除，而长期使用抗生素是一种有效的治疗方法[42]。这些医生声称他们已成功治疗了数千名患者。他们提到，有证据表明，在积极的抗生素治疗后，实验狗、小鼠和猴子体内仍有伯氏疏螺旋体存活[43]，并且仍可以用这些存活的螺旋体再感染蜱虫和其他宿主，但在标准测试中有时无法检测出来。[44]莱姆病基金会不满主流研究者的反对，他们甚至开始发行自己的期刊《螺旋体和蜱媒传染病》，以发表捍卫慢性莱姆病存在的研究结果。

　　这场辩论的关键是成千上万莱姆病患者的痛苦和福祉。患者谴责斯蒂尔和专业团队的观点，因为后两者坚持认为不应无限期治疗患有慢性莱姆病的人。有人认为斯蒂尔等医生正在密谋掩盖慢性莱姆病的真相——可能是因为他们与不想支付长期治疗费用的保险公司有不可告人的秘密。[45]

　　如果暴力侵害医生的威胁看起来极端，那么请注意，医疗机构同样拥有自己的武器。患者声称减轻症状的昂贵治疗不能得到保险理赔。愿意开长期抗生素治疗处方的医生通常被同事和医疗执照委员会视为不入流的江湖庸医。这些医生中最突出的一些人——如受患者喜爱的查尔斯·雷·琼斯（Charles Ray Jones）已经为数以千计的儿童提供了慢性莱姆病的长期抗生素治疗处方——已受到医疗执照委员会的纪律处分或已被吊销行医执照。[46]

　　莱姆病战争已经远远超出了在学术会议上喝着咖啡聊天和在医学期刊上讨论的范畴。其中一方使人们的生命处于危险之中，唯一的问题是究竟是哪一方。

2017年6月14日，在弗吉尼亚州亚历山大市，一群共和党国会议员聚在一起，为计划于第二天举行的国会棒球慈善比赛进行训练[47]。突然，三垒方向的球员休息区传来枪声，训练中的国会议员史蒂夫·斯卡利塞（Steve Scalise）臀部被子弹击中。一名组织者、一名国会助理和一名负责保护斯卡利塞的警员也遭到枪击并负伤。枪手遭反击并因伤身亡。

开枪射击的是左翼极端分子詹姆斯·托马斯·霍奇金森（James Thomas Hodgkinson）。据报道，霍奇金森隶属于名为"共和党铺平了通往地狱之路"的脸书团体，他每天都在社交媒体上发表刻薄的反特朗普评论[48]。

两个月后，白人至上主义者、新纳粹分子以及其他民族主义和本土主义极端分子在弗吉尼亚州的夏洛茨维尔游行，他们手持火炬，高呼反对犹太人、宣扬种族主义、支持特朗普等口号。[49]暴力冲突在"团结右翼"的支持者和反对者之间爆发，造成14人受伤。第二天，20岁的白人至上主义者小詹姆斯·亚历克斯·菲尔兹（James Alex Fields Jr.）开车冲向反方示威人群。他伤了19个人，并杀死了32岁的妇女希瑟·海耶尔（Heather Heyer）。据报道，在袭击发生前的一个月中，他在他的脸书主页上上传了纳粹标志和支持特朗普的纪念照片，以及"青蛙佩佩"（悲伤蛙）等"另类右翼"标志性图片。[50]

术语"极化"起源于物理学，用以描述某些电磁波以两种相反方向传播的方式。到19世纪中叶，政治家已经接受了这种隐喻，即两种相反的存在方式，用以描述一个由两党主导的国家的分歧。今天，这个词常用来指称左翼和右翼、美国民主党人和共和党人、英国工党和保守党在信仰和道德立场上越来越大的分歧。

极化的特征是，在一个议题下，持有相反观点的两个群体随着辩论的推进倾向于远离共识，而不是趋向于达成共识。在某些政治极化情况下，持有不同观念的人之间会产生道德上的不信任，有时甚至导致暴力，如枪击史蒂夫·斯卡利塞和杀死希瑟·海耶尔的行为。

就慢性莱姆病而言，我们看到的情况是，科学界在一系列科学观念上出现了极化，这与某些群体在政治信仰上产生极化很像。在这里，局势也发展成了暴力威胁。

这种情况似乎令人惊讶。我们往往认为政治立场和科学观念有着重要的不同。政治立场受社会价值观驱动，如道德规范、宗教信仰，以及有关社会和经济公正的观念。我们坚持政治立场是因为我们想在我们的国家和生活中推广我们重视的东西。科学观念正好相反，应该是价值中立的（尽管第一章的论据仍然有效）。在理想的科学活动中，研究者会采纳有证据支持的观念，而不论其社会影响如何。

实际上，科学不是这样运作的。科学家是人，和其他任何人一样，他们关心自己的社区、朋友和国家，他们有宗教信仰和政治立场。他们重视自己的工作、经济地位和职业地位。这些价值观念会在他们决定支持哪些观念以及采纳哪些理论时发挥作用。[51]

话虽如此，就慢性莱姆病的治疗走向极化这个例子而言，我们不清楚不同的价值观是否起了很大作用，因为辩论双方的医生似乎具有相同的价值观。艾伦·斯蒂尔致力于研究和治疗这种疾病。他反对给患者使用大量抗生素，似乎是出于对他们的健康和安全的担忧。同时，查尔斯·雷·琼斯等医生在尝试治疗真正遭受痛苦的患者，并且按照他们自己的报告，他们成功地做到了。所有参与其中的人都希望保护并治愈这些受苦的患者。[52]

除了具有相同的价值观外，慢性莱姆病辩论中的双方在大多数情况下都可以获得相同的证据。他们可以而且往往会阅读有关莱姆病的相同的期刊文章。他们看到的患者症状相似。由于一些医生开了长期抗生素治疗处方，而其他大多数医生没有开这样的处方，所以双方不是总能观察到接受相同治疗方法的患者的结果，但是，他们都阅读了关于抗生素治疗效果的随机对照试验的报告，而且可以讨论其他医生的临床观察结果。

那么人们是如何走向极化的呢？我们在本章中描述的科学网络模型表明，科学界在收集和共享证据时会强烈倾向于达成共识。最终，研究人员之间的影响力和数据交流，会以这样或那样的方式影响整个群体。

但或许不会这样。到目前为止，我们已经考虑的模型都假设所有科学家会以相同的方式对待所有证据，无论其来源为何。但这合理吗？所有科学家都平等地相互信任吗？他们是否认为所有其他科学家同样可靠？

现在考虑对我们之前介绍的模型做个小改动。假设网络中的科学家不会以相同的方式对待所有证据，而是会考虑与他们共享研究成果的同事的可信任程度。这绝不是一件不合理的事情。实际上，这是科学和科学培训的重要组成部分——评估某个研究者接触的证据的质量，并做出判断。考虑数据的来源无疑是一种很自然的做法，如果科学家明知此人是江湖郎中却还引用其研究报告，那可以说他放弃了自己的科研职责。

我们该如何将这种"信任"纳入巴拉-戈亚尔模型？这里有一个建议：假设科学家倾向于更信任已经得出相同结论的同事，而不太信任持有截然不同的看法的同事。这并不是没有道理的，我们都倾向于认为自己擅长评估证据，而对那些研究类似问题却得出了不同结论的人，我们可能倾向于认为他们一定没有我们做得好。[53]

因此，我们可以改变模型中科学家根据新证据更新其观念的方式。到目前为止，我们一直使用贝叶斯法则，并理所当然地认为，我们所考虑的证据都得到了正确的观察和记录：没有错误理解，没有歪曲，也没有错误传达。这是一个非常理想的情况。通常，当我们遇到证据时，并不能完全确定其可信程度。在这种情况下，可以使用另一条法则来更新你的观念，它被称为"杰弗里法则"，以哲学家理查德·杰弗里（Richard Jeffrey）的名字命名，这是他本人提出的法则。杰弗里法则在确定模型中的行为人的新置信度时，考虑了行为人对特定证据的不确定程度。[54]

但是，科学家应该赋予特定证据多大不确定性呢？假设他们是通过查看其他科学家的观念与自己的观念相距多远，然后根据这一距离来确定其他科学家的证据的不确定程度。读过艾伦·斯蒂尔的最新文章的一位了解莱姆病的医师并不完全相信他所报告的结果。听到查尔斯·雷·琼斯的临床经验后，一位持主流观点的研究人员对此表示怀疑。在此模型的一个版本中，科学家会在某个时候直接停止倾听，并且不会根据与自己分歧过大的人提供的证据来更新自己的观念。在另一个版本中，科学家可能会认为与自己分歧过大的科学家是腐败的或试图误导自己，因此认为他们分享的证据是捏造的。在这种情况下，科学家会朝着另一个方向更新自己的观念。[55]

对模型所做的这个小修改大大改变了结果。现在，科学家们不是稳步地趋向于达成共识（无论对错），而是分裂成持有不同观念的极化群体，每一方都只相信自己群体中的科学家掌握的证据。[56]最初，科学家的观念在整个网络中随机分布。大多数科学家先是聆听，然后根据其他大多数科学家分享的证据开始更新观念。但是渐渐地，科学家群体开始分裂，直到最终形成两个观念相反的小群体（小组），完全不倾听另一方的发言。

这样的模型无法体现我们在慢性莱姆病辩论或政治极化中看到的道德愤怒。但是我们确实看到，在相当少的假设下，整个科学界可以分裂为持相反观念的两个小群体。更糟糕的是，这种极化是稳定的：接受正确观念的科学家无论提出多少证据，都不足以说服那些接受错误观念的人。极化并不是因双方没有看到那些观念不同的人的证据而产生的，事实上他们像以前一样接触证据，只是他们根本不相信这些证据而已。

图4展示了一个网络（一个完整状网络），其中所有人都可以看到彼此的证据，但人们还是走向了极化。节点的颜色表示每个人所支持的观念（白色为执行A行为，黑色为执行B行为），每条连线的粗细程度代表双方对彼此证据的信任程度（置信度）。如你所见，图4中有两个观念相反的群体，他们互不倾听。

我们还发现，观念不同的人之间的不信任度越高，科学界最终形成错误观念的科学家所占的比例就越大。之所以会这样，是因为那些对更好的理论持怀疑态度的人，恰恰不信任对更好的理

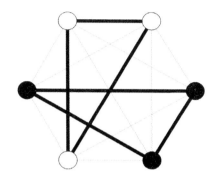

图 4　在一个完整状（完全连接的）网络中，行为人极化，因为他们有稳定、对立的观念。白色节点代表执行 A 行为，黑色节点代表执行 B 行为。节点之间连线的粗细代表行为人之间的信任度——可以理解为某一行为人是否相信其他行为人共享的是真实数据。在极化后的两组行为人中，行为人信任同组其他行为人的数据，但是不信任来自另一组的数据。

论进行检验的人。随着这种怀疑的增加，更多的行为人将无法根据指向更准确观念的新研究来更新其观念。我们可以将这种极化视为一种随着时间的流逝而在对立群体之间封闭交流的方式。正因为如此，持有错误观念的群体对指向更好观念的结果变得不敏感。

　　这些结果源于一种思考科学家如何走向互不信任的方式。但是还有其他可能性。在该模型的一个不那么戏剧化的版本中，科学家会倾听所有人的意见，但会不重视那些反对他们观念的证据，而不是完全忽略它。在这种假设模型中，我们发现科学界最终会达成共识，就像最早的巴拉-戈亚尔模型一样。但是，相互之间的不信任会极大地拖慢该过程。即使在科学家相互充分倾听，不会形成稳定的极化结果的情况下，持不同观念的人之间的不信任也会产生短暂的极化——在较长的一段时间里，一些科学家倾向于较差的理论，而且大多数情况下还会不重视那些倾向于更好理论的人的证据。

这种暂时性极化让人更为惊讶的一面是，一开始持有相似立场的人，最终可能会在辩论时站到彼此的对立面。例如，假设莎莉和乔是科学家，对于新的理论，莎莉最初比乔更为怀疑一些。如果乔收集到支持该理论的证据，他对该理论的置信度将会提高。莎莉对理论的置信度也会提高，但不会提高很多，因为她对乔的数据的置信度不如乔自己。这意味着他们对该理论的置信度都比以前更高，但相距更远。现在，乔收集了更多的证据，他对新理论的置信度又提高了。莎莉也更为确信，但由于她与乔之间的距离现在更远，她的置信度的提高甚至比第一次还少。

最终，莎莉可能会得出乔的理论更好的结论，但是她要花很长时间才能承认。或者，乔可能比莎莉快得多地走向确定性，以至于把她抛在了后面。从莎莉的角度看，似乎乔要钻进兔子洞了。莎莉会得出结论：他太激进了，无法信任。

当然，暂时性极化也可能产生有害的结果。在莱姆病这样的情况中，可怕的后果与错误观念有关：要么过度使用抗生素，要么忽视危险的慢性感染。这类科学共识的姗姗来迟，可能严重影响患者的生活。

极化在许多学科中已有研究。例如，有大量文献寻找个体心理学对极化的解释。但是，这一领域的研究人员倾向于假设，当两个行为人看相同的证据时，如果他们不能以相同的方式改变自己的观念，那么至少其中一个人肯定是不理性的。[57]毕竟，大家可能会认为，证据要么支持给定的观念，要么不支持。

例如，许多心理学家证明，人们倾向于只寻找并只关注与其当前观念相符的证据。这就是所谓的"证真偏差"，即我们倾向于确认当前已有的观念，这也是有时被称为"动机推理"的机制的一个变体。一个关于极化的典型心理学实验，可能会为实验参与者提供支持和反对某个问题的两套证据或论据，并观察他们如何改变自己的观念。例如，政治学家查尔斯·泰伯（Charles Taber）、达蒙·卡恩（Damon Cann）和西蒙娜·库乔娃（Simona Kucsova）在从大麻合法化到选举人团等问题上给被试提供了相互矛盾的证据。他们发现，对这些问题怀有强烈观念的人，在研究过程中只会让观念更加根深蒂固，不论其最初的观念是什么或研究人员提供的证据是什么。[58]能够给出的解释是，被试仅关注支持他们已有观点的证据。

我们并不是说这种心理效应不会发生。看起来确实如此——这很可能是导致现实世界出现极化的一个因素。但是，前文描述的基于杰弗里法则的极化模型强烈暗示，心理偏差并不是导致极化的必要条件。请注意，我们的行为人完全不存在证真偏差——他们会根据来自可信来源的证据更新观念。即使人们从同行那里得到证据后行为非常理性，他们最终仍然可能会出现分歧。

这些模型可以帮助我们理解政治极化以及科学团体的极化。极化常常发生在道德立场或者社会立场上。例如，堕胎在美国显然是极富争议性的，大多数争论针对的不是事实，而是使胎儿终止发育是不是不可原谅的错误。

但是在其他情况下，我们看到政治极化出现在科学事实问题上。例如，当谈到气候变化时，辩论的焦点不是道德上的对与错，或者经济政策公正与否；辩论者之间的分歧似乎在于人类的碳排放是否确实导致了气候模式的变化。这不是有关道德或价值观的问题：要么温室气体会影响气候，要么不会。

毋庸置疑，是行业利益集团通过散布错误信息和制造争议，模糊了关于气候变化起因的科学共识。但是我们的模型表明，即使没有行业利益集团的干预，试图选择科学观念并以此指导投票或政策选择的人群最终也可能会产生此类分歧。

由此来看，如果我们想发展成功的科学理论来帮助我们预测选择的后果，那么不信任持有不同观念的人是有害的。这可能会造成极化，使人们无法接受来自另一方的真实的、可靠的证据。通常，这种做法的最终结果是只有较小一部分人会产生正确观念。

当然，也可能出现相反的情况：过多的信任有时会使你误入歧途，尤其是当群体中的某人因为某种目的需要说服你相信某种观点时。到目前为止，我们考虑的模型都假设所有科学家都准确地报告了他们的结果。在这种情况下，轻视你不同意的结果是不明智的。但这不是普遍情况。实际上，在下一章中，我们将借鉴韩国延世大学（Yonsei University）哲学家本内特·霍尔曼（Bennett Holman）和澳大利亚国立大学哲学家、政治学家贾斯廷·布鲁纳（Justin Bruner）的建模工作，讨论当行业利益集团试图影响科学研究时，不轻信他人证据的做法发挥的重要作用。

最终，正如我们将看到的那样，在评估来自他人的证据时，最好根据证据本身的价值进行判断，而不是根据证据提供者所持的观念进行判断。

1846年，匈牙利医师伊格纳茨·塞麦尔维斯（Ignaz

Semmelweis）在维也纳总医院的第一产科门诊工作。他很快注意到一个令人不安的情况。医院有两个产科门诊为贫困妇女提供免费救治，前提是她们愿意接受医学生的治疗或照护——塞麦尔维斯所在的第一门诊有实习医生，第二门诊有助产士。事实上，在第一门诊中情况不乐观。[59]

在第一门诊中，产褥热高发，患者的平均死亡率达到了10%。然而，在第二门诊中，专业知识相对不足的实习助产士经手的患者的死亡率却只有3%~4%。更令人惊讶的是，即使是那些在去医院的路上进行了所谓的街头分娩的产妇，其死亡率也比那些接受实习医生的所谓医疗帮助的产妇要低得多。在塞麦尔维斯工作的第一年，第一门诊的声誉太差了，以至于产妇跪地请求转诊到第二门诊。

因为对诊疗记录感到沮丧，并为自己的患者的可怕死亡率感到震惊，塞麦尔维斯开始寻找产妇发热率高的原因。1847年3月，他取得了突破。一名同事在进行尸体解剖时意外被轻微割伤，后死于与产褥热非常相似的症状。塞麦尔维斯将此事件与第一门诊的产科医生经常在对产褥热病死者进行尸检后立即去医治其他患者这一事实联系起来。他得出结论，产褥热是实习医生的手转移的“尸体颗粒”导致的。在他开始要求医生定时用含氯溶液洗手后，门诊的死亡率直线下降。

1847年底，塞麦尔维斯和他的学生在几本著名的医学期刊上公布了他们的发现。[60] 他相信他提出的创新做法将彻底改变医学实践并挽救无数妇女的生命。但事情的发展与他预想的截然不同，这使得他的同行——主要是上流社会的绅士们——因为被暗指双手不干净而生气，他们质疑他的“尸体颗粒”理论缺乏可靠的科学依据，因为这与他们掌握的疾病理论不符。此后不久，塞麦尔维斯失去了在维也纳总医院的职位。后来他就职于布达佩斯的一家小医院，他的方法使产褥热导致的死亡率降低至小于1%。

在塞麦尔维斯余生的18年中，他的革命性技术因为普遍不被接受而未发挥重要作用。塞麦尔维斯对医疗机构的做法越来越失望，最终患上了神经衰弱。他在维也纳的一家精神病院遭保安殴打，两周后死于败血症，去世时年仅47岁。

塞麦尔维斯将尸检和产褥热相关联是正确的，他在此基础上提出的预防产褥热的方法产生了有意义的影响。他挽救了成千上万婴儿和妇女的生命。但是，如果他能够说服其他人遵从他提出的预防方法，那么他的预防方法就可以挽救更多的生命。在这个事件中，尽管塞麦尔维斯将自己的观念传递给了其他科学家和医生，并提供了他们可能想要的尽可能多的证据，但他的观念仍然被他人拒绝，他也付出了巨大的代价。人们坚持毫无根据的观念，始终认为绅士们不可能通过接触传播疾病。

令人困惑的事情是，在塞麦尔维斯一事中，证据非常有力，不像植物羊，甚至不像莱姆病、汞中毒或我们已经讨论过的其他相对复杂的事件。临床反馈信息也是非常明确的：洗手可以大大减少产褥热造成的死亡。那么到底是什么地方出了问题？

2017年1月20日，唐纳德·特朗普就任美国第45任总统。几个小时之内，他的新政府陷入了一场奇特的媒体风暴。争论的主题与政策或外交无关，这场喧嚣是关于特朗普就职典礼上观礼人群的规模的。

时任特朗普政府新闻秘书的肖恩·斯派塞在他的首次白宫新

闻发布会上宣布，特朗普"就职典礼的现场观众是有史以来最多的"，但是，当日华盛顿特区地铁客流量和根据典礼现场高空俯拍图估计出的人数，似乎表明斯派塞的说法完全是虚假的。[61] 好几家媒体报道说，与之前奥巴马的两次就职典礼的观礼人数相比，特朗普的这一次谈不上令人印象深刻，更别提就职次日发生在华盛顿的抗议政府的大规模女性游行了。很快，白宫否认基本事实成了新闻。[62]

政治科学家布赖恩·沙夫纳（Brian Schaffner）和民意调查人萨曼莎·卢克斯（Samantha Luks）对这一事件进行了研究。[63] 他们向近1400名美国成年人并排展示了两次就职典礼的观礼人群的现场照片，然后问其中一半被调查者，哪张照片是特朗普的就职典礼的，哪张是奥巴马的就职典礼的。不足为奇，特朗普的支持者比希拉里的支持者，更多地将人群更拥挤的照片错误地指向特朗普的就职典礼。

另一半被调查者被问了一个不同的、可能更容易回答的问题：哪张照片上的人数更多？不可思议的是，有15%的特朗普支持者选择了人数明显较少的照片。很显然，他们无视眼前的严肃证据，而去附和斯派塞的观点。沙夫纳和卢克斯将这种现象解释为一种特定形式的证据，这些被调查者希望以此表现他们对候选人的大力支持。但是，还有另一种解释，心理学中有大量文献说明，这属于一种被称为"从众偏差"的现象。

1951年，斯沃斯莫尔学院（Swarthmore College）的心理学家所罗门·阿希（Solomon Asch）设计了一个现在仍然很经典的实验。[64] 他向由八人组成的小组展示了一张卡片，卡片的左侧有一条线段，右侧为三条不同长度的线段（图5）。被试的任务是确定右侧的哪条线段与左侧的线段一样长。被试并不知道，该小组实际上只有他一人是真正的被试，其余七名小组成员事先都被指示选择同一条错误的线段。例如图5中，他们可能全部错误地选择c线段而不是a线段。最后回答的被试往往只有两个选择，要么同意其他人的意见而选择c线段，要么选择正确答案a线段。结果超过三分之一的被试同意小组中其他人的选择。他们之所以选择违背自己直觉的证据，是为了与小组中其他人的行为保持一致。

虽然从众似乎因文化差异和时间的流逝而变化，但它反映了人类心理方面的两个事实：我们不喜欢与他人意见相左，并且我

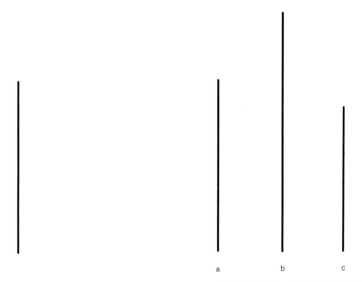

图5 所罗门·阿希的从众实验。尽管a线段显然匹配左侧线段的长度，但小组中的绝大多数人被要求选择同一条错误的线段（b或c）。然后，真正的被试必须决定是从众还是自己选择正确的线段。

们经常相信他人的判断而不是自己的判断。[65]

请注意，后者常常是一种合理的策略。没有人是完美的，因此面对分歧时质疑自己可能是个好主意，尤其是在很多其他人似乎可以独立判断、选择赞成的情况下。实际上，18世纪法国数学家马奎斯·德·孔多塞（Marquis de Condorcet）提出的一个经典的数学定理就涵盖了一个非常接近这一情况的案例。[66]假设有一群人试图对存在两种可能答案的问题做出判断，而其中只有一个答案是正确的。如果每个人都有可能获得正确答案，那么随着调查人数的增多，整个群体通过投票获得正确答案的可能性就会增加。这表明在某些情况下，接受自己并不可靠的事实并跟从大多数人的意见实际上是一个好主意：通过汇总许多并不可靠的声音，你增加了获得正确答案的机会。[67]观看过《谁想成为百万富翁》这个游戏节目的人会熟悉此效应。让观众投票选择问题答案的参赛者获得正确答案的概率是91%，相对的，那些询问单个朋友的参赛者获得正确答案的概率是65%。[68]

但是，当这些判断实际上并不是各自独立做出时，信任他人的判断并不总是那么有效。例如，加州大学洛杉矶分校的经济学家苏希尔·比克尚达尼（Sushil Bikhchandani）、戴维·赫希莱弗（David Hirshleifer）和伊沃·韦尔奇（Ivo Welch）描述了一种被称为"信息级联"（也译"信息瀑布"）的现象，即尽管存在强有力的相反证据，一种观念仍可以在一个群体中传播。[69]在这种情况下，观念错误表达可能会像滚雪球那样被放大，因为人们的判断力会受到其社交环境中其他人的影响。

要明白其作用原理，请想象有一个小组，其中每个成员都独立掌握信息，就像孔多塞那个例子一样，他们可以利用这些信息做出判断。假设每个小组成员都有一则关于两只股票中的哪一只在下个月会表现得更好的信息——通常是可靠的，但有时是错误的。假设在这个小组的50人中，有48人通过私人渠道获悉日产汽车的股票将表现更佳，只有2人获悉通用汽车的股票将超越日产。我们再假设那2人公开购买了通用汽车股票。下一位投资者看到了这一点，并且可以完全合理地推断出前2个人有秘密理由认为通用汽车的股票更有价值。基于这些，该投资者可能会得出结论，他或她自己拥有的关于日产汽车股票的个人证据不如购买了通用汽车股票的那两人的整体证据强。因此，这名投资者决定购买通用汽车的股票。

现在，任何其他投资者都会看到这3人已经购买了通用汽车股票，并推测这大概是基于他们的独立信息做出的选择。这将使他们更有理由认为通用汽车的股票优于日产汽车的股票，与他们自己独立掌握的信息相反。很快，每个人都在购买通用汽车股票，尽管几乎没有人会认为这是个好主意。

和我们研究过的其他模型一样，信息级联模型表明，个人的理性行为——基于现有证据做出最佳判断，并基于行为推断他人观念——可能会落入陷阱。一个几乎每个成员都倾向于做出正确判断的群体可能最终会集体做出错误的判断。

信息级联与从众偏差不同。股票交易案例中的个人没有试图融入该群体。他们根据可获得的证据做出理性的决定，这些证据既包括他们自己独立掌握的信息，也包括他人的行为。我们实际上并不认为信息级联可以解释特朗普支持者的行为，或无视塞麦尔维斯的那些医生的行为。关键在于，即使在某种情况下，从众看起来是好事——因为其他人可能拥有我们所缺乏的信息——当我们的行为或观念受到社会的影响时，整个群体最终也可能会表现得非常不理性。

同时，从众偏差反映了一个事实，即人们根本不喜欢与众不同，这与我们的理性判断是完全分离的，因为与众不同会使人感觉不太好。阿希实验的成果很有说服力。即使是那些违背原则并相信自己判断的被试也表示这样做不舒服。阿希这样形容一个逆势而动选择了正确线段的被试："他回答的声音很低，伴随着自嘲的微笑。他笑得尴尬，自暴自弃似的对他的邻座小声说：'我总是不同意——该死！'"[70]

从众偏差可以帮助解释塞麦尔维斯证明洗手可以预防产褥热时面对的窘境。他的同行——没有一个愿意洗手——无视他是因为他们都认为绅士的手可以传播疾病的说法是荒谬的。在同伴的支持下，他们不愿相信相反的证据——即使那些证据是有力且直接的。同样，特朗普的支持者在调查中表示人群相对稀疏的照片中有更多人，可能是因为他们希望和与自己有来往的人保持一致。[71]

在巴拉和戈亚尔建立的模型中，我们可以看到社会联系对科学家群体如何相信事物产生显著影响。但是，到目前为止，我们讨论的变化都是基于这样的假设，即每个人关心的是事实，或者至少试图执行最佳的行为。关于从众偏差的研究表明，我们不仅仅在乎最佳行为，至少在一些情况下，我们似乎也关心与他人的意见是否保持一致。实际上，在某些情况下，我们准备否认自己的观念或直觉，以更好地融入周围的人群。

从众偏差效应是如何影响科学家群体的？[72]让我们从巴拉-戈

亚尔基本模型开始。模型中的科学家会像以前一样根据自己和他人的行为结果来更新自己的观念。但是现在假设,当模型中的科学家做选择时,会部分基于他们周围的人(相邻行为人)的行为[73]。我们可以假设他们从与他人达成共识中获得了一些回报,并且这影响了他们的行为决策,但他们也根据自己和相邻科学家的观察来更新自己对世界的看法。我们可以想象出不同的情况。在某些情况下,或者对于某些科学家而言,从众可能非常重要,从而严重影响了他们的选择。在其他情况下,科学家们更在乎自己选择的是不是更好的行为,或能否给出更好的治疗药物,因此对同事的工作关注得较少。

在极端情况下,我们可以考虑当科学家唯一关心的是使自己的行为与他人的行为保持一致时会发生什么,或者至少说当与采取更好的行为产生的收益相比,从众产生的收益大得多时,会发生什么。这些模型预测,在这些极端条件下,科学家群体最终达成不客观的共识(坏共识)的可能性与达成客观共识(好共识)的可能性一样大。研究产褥热的小组的结论很可能是洗手有效,也可能不是。毕竟,如果他们只在乎和谐相处,那么他们从社会中获得的反馈就没有任何区别。在这种极端情况下,社会关系严重削弱了科学家获得正确观念的能力。

更糟的是,一旦所有人都同意执行某个行为,那么无论有什么新的反对证据,人们仍会继续执行该行为。即使所有人都相信选择别的行为实际上会更好,他们仍会坚持原来的做法,因为没有人愿意破坏原先的共识。另一方面,正是那些不需顾虑周围人的人,不受从众意愿的束缚,愿意去尝试一种新的、有前景的理论。[74]

当然，假设科学家只关注一致性太偏激了。正如阿希实验所表明的，人们其实既关注一致性又关注事实。那么将这两个元素结合起来的模型会是怎样的呢？即使对于那些部分追求事实的科学家而言，从众也会使一群科学家更难发现真理。

首先，科学家的从众意识越强，这样的例子就越多，即他们中的一些人虽然拥有正确观念却不按照正确观念去实践。换句话说，塞麦尔维斯的一些同行完全有可能相信洗手对预防产褥热有效，但由于担心受到指责而决定不采用预防措施。在科学家共享知识的网络中，从众意识尤其糟糕。事实上，每个自己决定不洗手的医生的做法，都剥夺了其所有朋友和同事的机会，使他们难以接触到关于洗手预防产褥热有效性的证据。从众压制了创新的萌芽。

当然，从众也可以阻止坏主意的萌芽，但平均而言，我们发现从众倾向越强，一群科学家就越容易采取更糟的行为。当科学家只关心最佳行为时，大多数时候他们会趋向于真理。换句话说，绅士们其实很善于发现——是的，洗手更好。但是他们越是从众，就越接近多数科学家完全随机地认同任意一种理论的情况，因为这时他们不在乎各种选择之间的收益差异。来自他们所在的社会领域的压力淹没了来自整个世界的任何压力。

在模型中增加从众还可能导致科学家们为采用哪种理论而产生稳定、持续的分歧。但是请记住，在巴拉-戈亚尔基本模型中，科学家总是会达成共识，无论正确与否。现在想象一下这样一种情况：科学家们聚集在彼此联系松散的不同小组中，而每个小组是小型的且组内成员联系紧密的。

这种安排其实很正常。科学哲学家迈克·施奈德（Mike

Schneider）指出，在许多情况下，科学家常常与自己国家的科学家，或者同族成员有紧密的联系。施奈德表示，当组内科学家关注一致性、从众意愿强时，这类群体可能成为传播新理念的障碍。[75]

我们的结果证明了这一点。当我们关注一群科学家时，我们会看到这样的情景：一组执行较差的行为（例如不洗手），另一组执行较好的行为（例如洗手），由于各组之间的联系较弱，组内从众性强，因此两组从未达成共识，在这种情况下，即使执行较差行为的小组中的一些人知道洗手有效的事实——他们是从洗手组那里获得有效信息的——但是他们也从不执行洗手行为，因此永远不会将较好行为传递给同组科学家。

图6展示了这一点。一个小组执行B行为，另一小组执行A行为。A小组中的一些人认为B行为更好，包括那些与B小组有联系的人，但是，因渴望与联系最紧密的群体保持一致，他们的

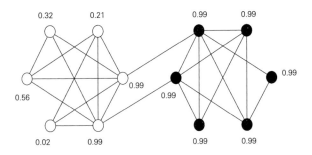

图6　由于从众而具有稳定的、对立的观念的科学家小集团。白色节点表示执行A行为的行为人，黑色节点表示执行B行为的行为人。在执行A行为的小组中，一些行为人有正确观念，反映该个体相信B行为更好。因为这类行为人要与同组其他行为人的行为保持一致，所以这种正确观念不会传递给该组内的其他成员。

行为不会改变。

我们甚至可以找到一种网络，其中每个成员都持有正确观念——达成了正确的共识——尽管如此，由于从众倾向，仍有很大一部分科学家执行了更糟的行为。[76]请思考一下图7所示的局部网络，尽管中间的小集团中的所有行为人都从相邻行为人那里知道了洗手的好处——因为他们彼此之间有着密切的联系——但他们还是不愿意改变自己的行为。白色节点都因从众而选择A行为，即使他们与网络其余部分的连接已使他们相信B行为更好。

因此，我们看到从众意愿会严重影响科学家或其他收集知识的人形成正确观念的能力。更糟糕的是，正如哲学家艾登·穆赫辛尼（Aydin Mohseni）和经济学家科尔·威廉斯（Cole Williams）所说，了解从众意愿的存在也会损害科学家信任彼此

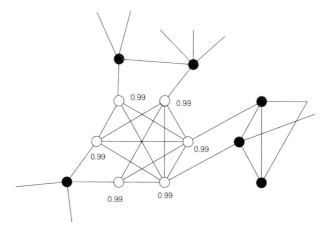

图7　一个网络中的所有行为人都有正确观念，但一个小集团由于内部的从众偏差而执行了较差的行为。尽管个体可以从小集团外获得B行为成功的信息，但这还不足以克服他们与小集团其他成员保持一致的意愿。白色节点代表执行A行为的个体，黑色节点代表执行B行为的个体。

言论的能力。[77]当听到医生们说他们完全确定自己的双手没有携带"尸体颗粒"的时候，我们很难知道，他们对这一观点深信不疑到底是因为有充分的证据，还是仅仅因为从众意愿。

到目前为止，我们一直认为"从众意愿"是这些模型中的主要变量。实际上，我们应该考虑从众意愿与成功行为之间利益的平衡。在一些情况下，从众的阻力是如此之大，以至于你几乎不可能忽视它，即使从众获得的利益是诱人的。假设在我们的模型中，B行为比A行为要好很多，执行B行为几乎一直能得到回报，而执行A行为很少有回报。在这种情况下，我们发现模型中的行为人更有可能无视自己的从众意愿，而会根据可得的最佳证据做出选择。

这有助于解释为什么植物羊的说法能流传如此之久。相信错误的事情几乎没有代价，这意味着任何程度的从众意愿都能盖过持有错误观念的成本。聪明的中世纪思想者之所以诗意般描摹植物羊的美味，是因为他们可通过与文人同行保持一致获得社会利益，而世界（社会）从来没有为此惩罚过他们。[78]

塞麦尔维斯的事例则不同。毫无疑问，塞麦尔维斯的洗手预防产褥热的实践在现实世界中产生了巨大的影响——尽管如此，医生们还是顺从世俗，而不是去尝试有进步意义的新的实践，这似乎令人惊讶。请大家注意一个事实，医生本人并不是有死亡风险的人，他们的朋友、亲戚或社交圈的成员也不是，因为来诊所就诊的患者通常很穷。如果他们的选择的后果与他们自己的关系更大，他们可能会忽略承认自己双手不洁所带来的声誉风险而听从塞麦尔维斯的建议。同样，如果我们给特朗普的支持者设置1000美元的奖金，再让他们选择人数更多的照片，可能他们中会有更多人做出正确选择。(社会心理学家已经证明,如果在所罗门·阿希的实验中向选择正确答案的人提供金钱奖励,那么从众现象就不会那么普遍了。)[79]

观念选择在何种情况下具象且重要,又在何种情况下抽象且无关紧要,辨析这两类情况可以帮助我们理解错误观念传播的一些现代实例。当观念对执行何种行为而言不是很重要时,它们就可以扮演一种社会信号的角色。观念的选择可以提醒你,你属于哪个群体,并帮助你从该群体获得可能产生的所有好处。

例如,当今世界上的生物物种是通过自然选择进化而来的观点,已经为大量证据所支持。这是现代生物学的基石。不过,是否接受进化论——不管现有证据如何——其实对我们大多数人基本上都没有实际影响。但是,拥护一种或另一种观点可能会产生重大的社会利益,拥护哪种观点取决于我们希望与谁保持一致。

同样,关于食品和健康,有许多广泛存在的伪科学观念对观念持有者的负面影响较小。比如,有人会认为辐照食品具有危险,转基因食品于健康有害,有机食品对健康有特殊益处(除了没有农药污染以外)[80]。相信这些的消费者可能会因此感到生活不便并付出相应成本——选择避开辐照、转基因或非有机食品,但这种不便和成本相对较少。而这些饮食习惯却可能是新纪元运动、精英或左翼社会团体成员的身份标志,这能带来社会利益。同样是这些群体,有时会倡导一些古怪的想法,例如最近流行的"接地":直接接触地面时,人体与地球之间发生的电子转移有益于健康。同样,人们一般不会因光脚踩地面而受到伤害(事实上,赤脚行走通常会让人放松和愉悦),于是,这种观念就会通过社会影响而轻易在人群中扎下根来。[81]

当我们面对如图6所示的小集团网络时，将错误观念视为社会信号最有意义。当两个小集团形成两种不同的观念时，这些观念就成了群体成员的标志。一个说自己不相信进化论的人，不仅会告诉你他所坚持的观念，而且还会告诉你他来自何处，以及他认同谁。

请注意，最终情况看起来非常像极化：有两个（或更多）小组在执行不同的行为（也许还有其他不同的观念），两个小组都不倾听对方的意见。在这两种情况下，群体之间都没有社会影响。但也许令人惊讶的是，原因大不相同。在我们的极化模型中，社会影响之所以失效，是因为个体之间不再彼此信任。在从众模型中，我们看到的结果看似与极化一模一样，因为每个人都试图与其他人保持一致，只是有些人不经常互动。回顾一下图4和图6，可以清楚地看出这两种结果的真正区别。

类似极化的行为的产生可能有非常不同的原因，这一事实使得评估可能的干预措施变得很难。在从众模型中，干扰人们之间的社交网络并将人们与不同的群体联系起来，会有助于那些观念错误的人自我纠正。但是，当人们由于不信任而极化时，这种干预措施通常会失败，并可能使极化更加严重。在现实世界中，这两种效应似乎都在起作用，这时候，干预措施必须对错误观念的两种解释都保持敏感。

在本章中我们已经看到，社会参与对我们的观念和行为的影响是频繁且复杂的。我们的社交网络是获取新证据和产生新观念的最佳来源，但是它们也使我们容易受到负面的社会影响。朋友和同事的经验可以帮助我们了解吃鱼的健康风险以及治疗胃溃疡的最佳方法，但他们也会使我们容易相信植物羊的存在。

正如我们所论证的，这些社会影响通常独立于个人的心理倾向，尽管有时个人的心理倾向会使社会影响增强。当我们将他人的观念作为评估他人分享的证据的基础时，我们可能会忽视那些可能为我们提供重要信息的人。当我们试图与社交网络中的其他人保持一致时，有时会在做决定时忽略自己的最佳判断，从而阻止了正确观念的传播。

但是，情况还会变得更糟。到目前为止，我们都假设模型中的所有科学家都在共享真实的结果，并且他们全都为确立真理的目标所激励。但是科学史——以及政治史——表明这通常是一个错误的假设。世界上有一些强大的力量，其利益取决于公众舆论，它们操纵着我们前面描述的社会机制，来推进它们自己的议程。

第三章

传至万民

1952年12月，《读者文摘》发表了题为《纸盒造成的癌症》的文章，文中提到越来越多的证据表明吸烟与肺癌之间存在联系。[1]这篇文章毫不避讳地指出，从1920年到1948年，死于肺癌的人数增加了10倍，且45岁以上吸烟者患肺癌的风险与他们吸烟的数量成正比。文章引用了一位医学研究人员的预测：肺癌将很快成为人类最易患的癌症，而原因正是美国及其他地区人均吸烟率"大幅上升"。也许最重要的是——至少对烟草行业而言——这篇文章称肺癌患病率的上升是"可以预防的"，并建议公众警惕吸烟的危害。

对烟草行业的公共关系事业来说，这篇文章无异于一次世界末日般的打击。要知道，当时《读者文摘》的发行量达数千万份，是世界上读者群体最庞大的出版物之一。[2]这篇文章以其戏剧性的标题、清晰简洁的文风以及确凿的科学事实，产生了比任何公共卫生运动都大的影响。这篇文章毫不含糊地指出：吸烟等于慢性自杀。

很快人们就找到了更多的证据。1953年夏天，斯隆-凯特琳纪念医院的一群医生通过在小鼠身上涂从香烟中提取的焦油完成了一项研究。这些可怜的小鼠确实患上了恶性肿瘤。[3]在论文中，这些医生提出，吸烟时香烟燃烧产生的已知物质和致命癌症之间存在因果关系，这种联系是直接而内在的，而此前的研究只显示两者之间在统计学层面有相关性。这件事令各大媒体狂热，相关文章刊发在美国国内和国际上的诸多报刊上（《时代》周刊报道时使用的标题是《板上钉钉》）[4]。同年12月，在纽约的一次学术会议上，另外四项研究对这一因果关系提供了支持，一位医生告诉《纽约时报》："如果吸烟者的数量像过去一样增长的话，那么再过50年，美国大量男性将会被肺癌夺去生命。"[5]

相关新闻的负面影响很快就显现出来。在对12月召开的学术会议进行报道的第二天，《纽约时报》发表了一篇文章，称近期的报道导致烟草股被大规模抛售。《读者文摘》那篇文章发表后不久，香烟销量出现了连续三个季度的下滑。[6]（在这以前，烟草行业连续19个季度创下销售纪录）。正如美国国立卫生研究院统计学家哈罗德·多恩（Harold Dorn）在1954年所写的那样："两年前，肺癌还是一种鲜为人知的疾病，在医学杂志以外的地方很少有人谈及。如今，它已成为世界各地的人常常挂在嘴边的话题。"[7]

烟草行业惊慌失措。认识到这威胁到行业生存，美国各大烟草公司联合发动了一场公关运动，以抵消日益扩散的——正确的——观念，那就是他们的产品正在导致他们的消费者死亡。烟草股遭抛售超两周后，各大烟草公司高管在纽约广场酒店与著名的伟达（Hill & Knowlton）公关公司的联合创始人约翰·希尔（John Hill）召开了一系列会议，希望制定一项媒体战略，以应对不断涌现的确凿事实和科学研究结果。

正如奥利斯克斯和康韦在《贩卖怀疑的商人》一书中所说的那样，革命性新战略——他们称之为"烟草战略"——背后的关键思想是，对抗科学最有力的武器就是更多的科学。[8]

当然，吸烟确实会导致肺癌，而且还会导致口腔癌、喉癌、心脏病、肺气肿和其他几十种严重的疾病。使用任何合法的科学手段，都不可能找到强有力的、令人信服的证据来证明吸烟是安全的。但他们的目的不在于此。他们真正的目的是制造一种不确定性：他们要物色、资助并推动那些能把水搅浑的研究，使现有证据显得不那么确定，为决策者和吸烟者释放足够的烟幕弹，让后两类人忽视现有的科学共识。15年后，一位烟草公司高管在一份未署名的备忘录中这样写道："引起怀疑便是我们的目的，让它与公众印象中已经形成的'一系列事实'相竞争是最好的方法。"[9]

烟草行业新战略的核心是成立 TIRC（烟草行业研究委员会）。表面上，TIRC 是为了支持和促进针对烟草对健康的影响的研究而成立的。事实上，它是一个宣传机器。该委员会最初的行动之一，便是在1954年1月起草了一份题为《对吸烟者的坦诚声明》的文件。[10]这份由14家烟草公司的总裁和董事长签署的"声明"，以广告的形式在全美400家报纸上刊登。它对烟草不安全的普遍指控做出了回应，并对斯隆-凯特琳纪念医院报告的焦油会导致老鼠患癌症的结论进行了明确的评论。这些高管断言，虽然这项研究被广泛报道，"但在癌症研究领域，它并未被视为结论性的"，而且"没有证据表明吸烟是导致肺癌的重要原因之一"。但他们也声称，在开展业务的过程中，他们会把"关注人们的健康作为一项基本的责任，这一点将凌驾于其他所有考虑因素之上"。他们表示，新成立的TIRC将"努力协助并资助与烟草使用的各个环节和健康相关的研究"。

TIRC确实向有关烟草对健康的影响的研究提供了支持，但其活动极具误导性。该委员会的主要目标是对特定类型的研究提供支持，这些特定研究主要是针对如何改变"吸烟可能致死"这一越来越深入人心的共识。[11]TIRC找出那些所做研究很可能对他们有用的科学家并协助他们发表研究结果，例如，那些研究肺癌和其他环境因素（如石棉）关系的科学家。[12]TIRC制作了诸如《吸烟与健康》的小册子，这些小册子于1957年被分发到了成千上万的外科医生和牙科医生手中，小册子描述了与吸烟有关的现有研究中带有重度偏见的样本。TIRC一直把自己支持的研究作为烟草对健康的影响一直存在争议的证据，并以这一假定的争议要求媒体在报道中对业界提供的看法给予同步报道及关注。

这一策略意味着，即便科学界早已就香烟和癌症之间的联系达成了共识——烟草行业自己的科学家在1953年也得出相同的研究结论——公众舆论仍然存在较大争议。[13]在1953年和1954年销量明显下滑后，香烟的销售量又开始爬升，并且持续了20多年——直到科学研究对烟草的健康风险盖棺论定之后很长一段时间。[14]

换句话说，烟草战略奏效了。

"宣传"（propaganda）一词起源于17世纪早期，当时教皇格列高利十五世（Pope Gregory XV）成立了传信部（Sacra Congregatio de Propaganda Fide，也译"传道总会"）。该会的使命是开展传教工作，将罗马天主教传往世界各地，包括离它的发源地更近的欧洲新教盛行地区。（如今，这个团体被称作万民福音部）。在17世纪的欧洲，政治和宗教盘根错节，主要的政治联盟甚至帝国的建立，都是围绕天主教徒和新教徒的宗教分歧发生的。[15]天主教教会在欧洲的活动并不仅限于传道，还包括政治颠覆，他们在新教徒的大本营北欧和大不列颠，为法国、西班牙和神圣罗马帝国南部各地区牟利。

今天"宣传"一词的含义，正是源自天主教活动的这一政治特征，即为了政治目的而系统地、往往带有偏见地传播信息。约瑟夫·戈培尔（Joseph Goebbels）在德意志第三帝国的头衔"宣传部长"也表达了这一含义。美苏冷战期间的"人心之争"也被恰如其分地描述为宣传战。

现代的许多宣传手法，都是美国在"一战"期间研究出来的。从1917年4月到1919年8月，CPI（美国公共信息委员会）开展了一系列运动，向美国民众大肆宣扬美国参战的必要性。[16]CPI制作了电影、海报和纸质出版物，并在包括美国在内的10个国家设立了办事处。有时，CPI向报社等新闻机构提供的关于美国在欧洲活动的信息是彻头彻尾的谎言——当然偶尔也被戳破，以至于后来《纽约时报》发表了一篇社论，给这个委员会起了个外号——"公共错误信息委员会"。CPI的一名成员后来承认他们的活动是一种"心理战"。[17]

第一次世界大战后，心理战的武器瞄准了美国和西欧的消费者。在20世纪20年代发表的一系列著作［包括《舆论的结晶》（1923）和《宣传》（1928）］中，曾在CPI工作的爱德华·伯奈斯（Edward Bernays）对社会科学和心理学的成果进行了整合，研究出了操纵公众舆论的一般理论——出于政治目的，也可能是出于商业目的。

伯奈斯战后的著作几乎没有对政治和商业进行区分。他参与策划的最著名的运动之一是将香烟品牌重塑为"自由火炬",也就是妇女解放的象征,号称要打破反对妇女吸烟的社会禁忌,这使得烟草产品的市场规模翻倍。1929年,根据与生产"好彩香烟"的美国烟草公司签订的合同,伯奈斯雇了一些妇女在参加纽约复活节游行时吸烟。

各个行业——包括烟草、糖、玉米、卫生保健、能源、病虫害防治、枪支等在内的许多行业——都在想办法宣传,并且宣传活动远远超出了广告的范围,因为这些活动有意扩大影响力,发起"信息战",旨在操纵科学研究、立法、政治导向和公众思维,这难免令人震惊和深感不安。然而,这些宣传活动形成的结果,的的确确就存在于我们身边。

你是否(现在依然)相信脂肪是不健康的因素,并且认为脂肪是造成肥胖和诱发心脏病的主要因素呢?告诉你吧,糖业已经投入了大量资金,向关于脂肪危害健康的研究提供支持,其真正的目的是转移人们对糖带来的更大的健康风险的注意力[18]。有很多例子可以证明,受到行业支持的错误观念长期甚嚣尘上,比如有人宣称用于治疗剧烈疼痛的阿片类药物不会造成上瘾,还有人认为拥有枪支比不拥有更安全。[19]

对于涵盖商业目的和行业需求在内的宣传活动在民主社会中所扮演的角色,伯奈斯本人持乐观态度。在他看来,这是一种有益于社会变革的工具:它能促进更自由、平等和公正的社会的形成。他特别强调了宣传对种族平等、性别平等、教育改革等事业的帮助。还有一大好处,那就是让伯奈斯和他的客户的钱袋鼓起来。毕竟他从事写作的年代正赶上美国"咆哮的20年代"的巅峰时期，他有什么理由回避资本主义呢？宣传是民主获得成功的关键。

如今，伯奈斯的书被奉为公关行业宝典，因为它是公关行业代言人就行业本身撰写的书。尽管伯奈斯再三保证没有，但他的书中仍然隐藏着黑暗的一面。例如，他在书中这样写道："那些对无形的社会机制进行操纵的人，组成了一个看不见的政府，这个政府是我们国家真正的统治力量。我们被统治，我们的思想和品味被它重新塑造，我们的观念受它的暗示而形成，而操纵这个看不见的政府的人，大部分是我们从未听说过的。"[20]这听起来可能像一个阴谋论者的胡言乱语，但事实上它比阴谋还要邪恶：这是对阴谋操纵政府者发出的邀请，率先提出这个设想的人正是这一阴谋的始作俑者，那些受邀请者通常是潜在的行业巨头，他们想在影子议会中拥有席位，想引导公众思维。

也许伯奈斯有些夸大其词，但他的思想导致了令人深感不安的后果。如果伯奈斯是对的，那么民主社会只能是一种幻想：人民的意愿是由隐形的权力塑造的，这使得执政的代议制政府形同虚设。现在唯一的希望便是找出那些对公众的思想、看法和偏好产生影响的工具，并设法重新掌控这些工具，但是，烟草战略的成功表明，这显然是无比困难的。

在延缓监管措施出台和模糊吸烟的健康风险方面，烟草战略取得了巨大成功。尽管早在20世纪50年代早期，已经出现有力的证据表明吸烟与癌症之间存在联系，但直到1964年——TIRC成立10年后——美国卫生总监才发表声明，将吸烟与健康风险联系起来[21]。第二年，国会通过了一项法案，要求在烟草产品上标明危害健康警告。但直到1970年，烟草广告才在联邦一级受到限制，直到1992年，烟草产品才被禁止向未成年人销售。[22]

这一切都表明，烟草行业有明确的目标，为实现这些目标而采取了经过深思熟虑的战略，并最终实现了这些目标。仅从历史层面来看，较难确定的是，在实现这些目标的过程中，烟草战略到底起了多大作用。行业宣传起作用了吗？如果起了作用，烟草战略的哪些方面最奏效呢？

出于诸多原因，普通民众和决策者可能更倾向于推迟监管，忽视表明癌症和吸烟之间有联系的证据。想想那些经典照片，亨弗莱·鲍嘉（Humphrey Bogart）嘴上叼着香烟，奥黛丽·赫本手拿的烟杆和胳膊一样长。20世纪50年代至60年代，吸烟在文化领域无处不在，很难想象政府禁令能改变美国社会的普遍吸烟现象。更糟糕的是，许多监管烟草行业的人自己就是烟民。无论是否存在行业干涉，只要监管上瘾产品生产行业的人自己就是该产品的使用者，就很明显会产生利益冲突。除了资助研究工作，烟草行业还投入了数百万美元资助政治竞选和游说活动。

与烟草战略造成普遍影响的方式不同，微妙的社会因素也能对吸烟习惯产生影响。哈佛大学公共卫生专家尼古拉斯·克里斯塔基斯（Nicholas Christakis）和加州大学圣迭哥分校政治学家詹姆斯·福勒（James Fowler）共同于2008年发表了一项引人注目的研究。他们对一个由数千名研究对象组成的社交网络进行了观察，以获知社会关系是如何影响人们的吸烟行为的。[23]研究发现吸烟者在社交网络中关系紧密：那些有烟民朋友的人更有可能成为烟民，反之亦然。他们还发现戒烟的人对他们的朋友、朋友的朋友，甚至朋友的朋友的朋友都有很大的影响。吸烟者若戒烟，往往是一群人一起戒烟。当然，与此相反的现象是，选择继续吸烟的群体也倾向于凑在一起吸烟。[24]在吸烟的致癌风险刚开始变得清晰的时候，大约已有45%的美国成年人吸烟。谁愿意成为第一个戒烟者呢？[25]

为了更详细地探讨宣传者是如何操纵公众观念的，让我们再来看看上一章提到的模型。我们可以对模型加以调整，提出如下问题：我们是否应该预期烟草战略和类似的宣传会对公众舆论产生重大影响呢？烟草战略的哪些方面最奏效？它们为什么会奏效？宣传是怎样对抗大量开展的科学研究工作的？我们与澳大利亚国立大学的哲学家、政治学家贾斯廷·布鲁纳合作，并在他与科学哲学家本内特·霍尔曼合作研究的基础上（我们稍后会对此加以讨论），开发了一个解答这些问题的模型。[26]

我们从上一章描述过的巴拉-戈亚尔基本模型开始。回顾一下，该模型涉及一群科学家，他们与他们的社交网络中的人进行交流。他们都试图弄清楚两种行为中的哪一种——A还是B——通常会产生更好的结果。虽然他们确切知道A行为产生好结果的概率，但他们依然不确定B行为究竟比A行为好还是差。认为A行为更好的科学家会执行A行为，而倾向于B行为的科学家则会对B行为加以验证。他们根据自己和同行所做的实验（测试），使用贝叶斯法则来更新自己的观念。一般来讲，这一基本模型最常见的结果，是科学界趋向于发现和创造出更好的理论，但研究者的从众心理和对持不同观念的科学家的不信任，会破坏这种乐观的图景。

在上一章中，我们通过运用这个模型及其变体，对科学界的社会效应进行了研究。现在，我们可以通过改变模型，研究观念和证据如何从科学家群体流向非科学家群体，比如政策制定者和公众。同时还可以研究烟草战略制定者是如何对这一过程进行干预的。

为此，我们在模型中添加了一组新的行为人，我们称之为政策制定者。和科学家一样，政策制定者也有自己的观念，他们根据看到的证据，使用贝叶斯法则来更新自己的观念。但与科学家不同的是，他们自己无法提供证据，因此必须依赖科学网络来了解世界。有些政策制定者可能只会听取一位科学家的意见，另一些政策制定者可能会听取所有科学家的意见，其余的会介于这两种情况之间。

图8展示的是在模型中添加政策制定者后的情况。右边的是科学家群体，在这个模型里用圆形表示。像之前一样，有些人支持A行为（白色节点），另一些人支持B行为（黑色节点）。左边加入了政策制定者（用正方形表示）。对于B行为是否优于A行为，每个人有自己的看法。虚线表明，虽然他们与科学家有联系，但通常是不全面的。在这张图中，有一个政策制定者只听取一个科学家的意见，有一个会听取两个科学家的意见，还有一个会听取三个科学家的意见。

通过对模型框架进行修改，我们发现政策制定者的观念通常会跟着科学共识走。当科学家们对B行为表示支持时，政策制定者也会支持。即使政策制定者一开始持怀疑态度，倾向于A行为（对B行为的置信度小于0.5），后面也会支持科学共识。当政策制定者只与一小部分科学家有联系时，他们接近正确观念的过程可能会慢一些，但他们最终会到达那里（前提是科学家们能

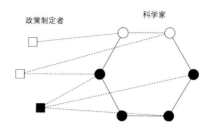

图 8　一个由政策制定者和科学家组成的认知网络。对于 A 行为（白色节点）或 B 行为（黑色节点）哪一个更好，两组行为人都有自己的看法，但只有科学家真正对这两种行为进行了验证。政策制定者对一些科学家的研究成果进行观察，并更新自己的观念。科学家和政策制定者之间的虚线反映了这种单方面的关系。

到达）。

现在请思考，如果我们在模型中再添加一个宣传者会发生什么。宣传者作为另一种行为人，像科学家一样，也可以与政策制定者分享自己的结果。但与科学家不同的是，宣传者对确定两种行为孰优孰劣并无兴趣，他们的唯一目的，就是说服政策制定者相信 A 行为更好——尽管事实上 B 行为更好。图 9 展示了含有宣传者的模型。宣传者不会更新他们的观念，他们会与每一位政策制定者进行沟通。

烟草战略是多方面的，但是 TIRC 和同类组织会通过一些具体方式，利用科学对抗科学[27]。第一种比较容易想到的策略，便是被我们称为"偏倚性研究"的策略。这种策略可能包括直接的资助，如在某些情况下，直接由烟草行业对某些研究进行赞助。如果行业资本控制了研究工作，它们就可以对发表什么、丢弃什么或忽略什么进行选择。这最终会带来一系列对行业有利的研究成果。

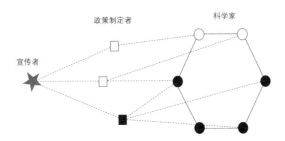

图 9 一个由科学家、政策制定者和宣传者组成的认知网络。宣传者没有自己的观念，他们的目标只是向所有政策制定者传达具有误导性的结果。白色节点代表偏好 A 行为的个体，黑色节点代表偏好 B 行为的个体。

烟草公司通过 TIRC 对这类研究投入了大量资金。根据它们自己的估计，截至 1986 年，它们已经在赞助此类研究方面花费了超过 1.3 亿美元，发表了约 2600 篇论文。[28] 对于能产生有利于烟草行业的研究成果的项目和研究人员，烟草行业会提供资助。随后，这些研究成果会与经过选择的独立研究结果一起出现在烟草行业简讯和小册子中，出现在发给记者、政界人士和医疗界专业人士的新闻稿中，甚至会出现在国会的证词中。

资助研究在多个方面为烟草行业带来了好处。首先是它对烟草公司高管们宣称他们关心吸烟者的健康的说法提供了"实实在在"（可能带有误导性）的支持。其次是它为烟草行业提供了接触医生的机会，这些医生可以出现在相关法律诉讼中，或者作为对行业友好的专家接受记者提问。资助研究还能提供行业需要的相关数据，用来应付监管行为。

我们很难得知烟草行业对其资助的研究人员施加了何种压力。当然，它们对未来资助的承诺，能够给这些研究人员一种动力，激励研究者通过自己的研究取悦 TIRC。但有强有力的证据表明，烟草行业自己进行的一些研究也表明吸烟与肺癌之间存在密切联系，但这些成果并未发表。事实上，正如我们所指出的，早在20世纪50年代，烟草行业的科学家似乎就已经确信吸烟会导致癌症，然而，这些研究结果却被隐藏了几十年，直到20世纪90年代才通过法律手段被揭示出来。换句话说，烟草行业的科学家不仅开展了表明"吸烟是安全的"的研究，而且在他们的研究得出烟草和癌症有关联的结论时，他们对这一事实进行了掩盖。

让我们把这种带有偏见的研究（偏倚性研究）添加到我们的模型中。在每一轮中，我们都假设宣传者总是执行B行为，但却只分享那些碰巧表明A行为更好的研究结果。假设在每项研究中，宣传者执行B行为十次，只要这个行为的成功次数为四次或更少，他们就会分享研究成果，否则便不分享。这样做的结果是B行为看起来通常比A行为更糟糕（A行为十次有五次成功）。然后，政策制定者便会根据贝叶斯法则，更新他们的观念（在与他们有联系的科学家发布研究成果后，政策制定者还会一如既往地根据这些成果更新自己的观念）。[29]

图10给出了这样一个例子。在（a）中，我们看到政策制定者表现出了不同的信任倾向（为了使模型简单，我们省略了科学家的置信度）。在（b）中，宣传者和科学家都对他们的看法进行了测试。科学家在每项研究中都会"抛十次硬币"。在这个例子中，宣传者获得的资金足够进行5项研究，而每项研究有10个测试对象，因此可以看到5个结果。然后，科学家会对他们的全部研究结果进行分享，而宣传者只分享两个符合其目的的结果，也就是B行为不是很成功的结果。在（c）中，政策制定者更新了他们的观念。

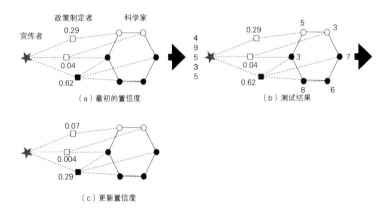

图10　在有宣传者开展偏倚性研究的模型中，政策制定者对自己的观念进行更新。在（a）中，我们能看到政策制定者最初的信任倾向（置信度）。在（b）中，科学家对自己所持的观念进行了测试，而宣传者对B行为进行了测试。宣传者选择只分享那些对A行为提供虚假支持的结果。在（c）中，我们可以看到政策制定者是如何根据这些证据对他们的置信度进行更新的。白色节点代表偏好A行为的个体，黑色节点代表偏好B行为的个体。

　　我们发现这种策略可以对政策制定者的观念造成极大的影响。事实上，在科学界就正确的行为达成共识时，政策制定者往往确信错误的行为才是更好的。他们的信任倾向恰恰指向了错误的方向。更糟糕的是，这种行为通常是稳定的，因为无论科学界拿出多少证据，只要宣传者仍然活跃，政策制定者就永远不会相信真相。

　　请注意，在这个模型中，宣传者不会伪造任何数据。他们开展真正的科学研究，至少在某种意义上，他们实际上的确进行了他们所报告的测试，而且他们使用的是与科学家相同的标准和方法。他们只是有选择性地公布研究结果而已。

　　即便这并非明显的欺诈行为，有选择地发表结果看起来也颇为可疑。这是必然的，因为它的目的就是误导。但需要强调的是，即使在没有行业干预的情况下，有选择地发表结果也是科学领域的常见现象。那些不能产生令人兴奋的结果的实验往往不能发表，或者只能发表在鲜有人问津的小期刊上。[30]那些模棱两可或不清不楚的结果将会从论文中全部剔除。结果是，最终发表的文章从来都不是对实际开展的实验的完美反映。（这种做法有时被称为"发表偏倚"或者"文件抽屉问题"，会导致对科学结果片面理解的问题。）[31]得出这一观察结论并不是为了给有目的宣传战略中的偏倚性研究提供借口。相反，这是为了强调，无论是好是坏，它都是普通科学实践的一部分。[32]

我们可以将这些模型中发生的事情理解为科学家和宣传者之间的拔河比赛，目的是影响政策制定者的观念和决策。随着时间的推移，科学家提供的证据会倾向于给政策制定者推荐正确的看法：越来越多的研究将支持 B 行为，因为它能产生更好的平均结果。通常而言，科学家分享的研究结果将会把政策制定者引向正确的观念。

另一方面，由于宣传者只会分享那些对糟糕理论提供支持的研究结果，他们总是会把政策制定者的观念推向反面。这种效应总是会减缓政策制定者走向正确决策的步伐，如果宣传者足够努力，他们就能改变政策制定者的信任倾向。至于哪一方的影响力更大，这取决于科学界的活动以及科学家要解决的问题。

例如，当政策制定者在其他方面消息灵通时，行业宣传者的宣传效果就会降低，这或许并不令人意外。政策制定者联系的科学家越多，就越有可能获得足够的证据，走向正确的决策。想象一下，如果有一群医生在医学文献中搜寻关于吸烟的危害的资料，他们可能就不容易被 TIRC 的宣传动摇。另一方面，如果政策制定者与科学界的独立联系很少，他们就很容易受到外部宣传因素的影响。

同样，如果宣传者拥有更多的资金，他们就能做得更多。更多的资金就意味着他们可以资助更多很可能产生虚假结果的实验，宣传者便可以发表更多的此类结果。

在资助资金总量一定的情况下，宣传者给不同研究分配资金的方式会如何影响宣传效果，这不太容易看出。假设宣传者有足够的资金，能够收集60个数据点，比如对60个吸烟者进行癌症检测。宣传者可能会把这些资源分配给一个有60名被试的研究组，也可以进行6项研究，每项包括10名被试，或者资助30项研究，每项只包括2名被试。出人意料的是，用尽可能少的数据点开展并宣传尽可能多的研究项目，宣传最有效。

为什么会出现这种情况呢？想象一下，如果抛一枚硬币，有70%的概率是正面朝上落地，而你想在不了解该概率的情况下推测它倾向于正面朝上还是反面朝上。（当然，这与我们模型中的科学家所面临的问题类似。）如果你把这枚硬币抛上60次，那么总体上出现更多正面朝上的结果的概率非常高，你的研究很可能会把你引向正确的方向。但如果你只抛一次硬币，那么你的研究就有30%的概率会误导你，让你认为硬币更容易反面朝上。换句话说，你收集的数据点越多，它们反映真实效应的可能性就越大。

图11展示了这样一个例子。图左代表一项有60名被试的研究的可能结果，图右代表6项各有10名被试的研究的可能结果。在这两种情况下，我们都假设样本完全代表了B行为结果的真实

分布，也就是该行为在70%的情况下是有效的（成功的）。换句话说，研究结果是一样的，只是拆分方式不同。虽然有60名被试的研究明确显示了B行为的有效性，但有3项小型研究指向了A行为。宣传者可以选择只分享这3项研究，并使其看起来好像在收集到的全部数据中，B行为失败了19次，只成功了11次。

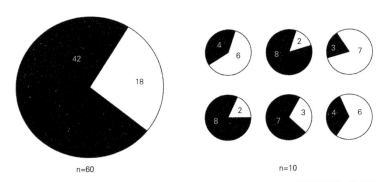

n=60   n=10

图11　将一项大型研究拆分成许多项小型研究可以为宣传者提供素材。在图片左侧，我们看到的是一项有60个数据点的研究，它反映了B行为（黑色）的潜在优势。在图片右侧，我们看到，相同数量的数据点分布在6项研究中。其中3项对A行为（白色）提供了错误的支持，宣传者会分享这些研究并误导政策制定者。在更大规模的研究中，这是不可能做到的。

同样，在极端情况下，宣传者可以用他们的资金进行60项研究，每项研究只包含一个数据点。然后，他们可以选择只发表结果为B行为失败的研究，而不说明他们一共抛了多少次硬币，以及另一种结果的出现次数。面对这样的有偏倚样本，应用贝叶斯法则的观察者会认为A行为好得多，虽然实际情况正好相反。换句话说，数据越少，每个结果都为假的可能性就越大，宣传者由此可以分享更多有利于自己的结果。

在很多方面，偏倚性研究都是一种粗糙的工具——也许比彻头彻尾的欺诈要好点，但也好不了多少。而且它是有风险的。一旦这样的策略遭到曝光，人们就会觉得宣传者有事要隐瞒（事实上，他们确实有事瞒着大家，也就是锁在抽屉里的那些研究结果）。但事实证明，宣传者还可以使用一些更精致的工具，它们便宜，且更有效。其中一种便是我们所说的"选择性分享"。选择性分享包括搜寻独立科学家开展的研究并加以推动，这些研究没有受到宣传者的直接干预，但却恰好给宣传者的利益提供了支持。

正如奥利斯克斯和康韦所表明的，选择性分享是烟草战略的一个关键组成部分。20世纪50年代，当越来越多的研究开始把吸烟和肺癌联系在一起的时候，一个名叫烟草研究所的团体出版了一份名为《烟草与健康》的通信期刊，介绍了一些研究结果，认为吸烟和肺癌之间并无关联。[33]该期刊经常报道独立的研究成果，但却是以一种具有误导性的有选择的方式进行的——它的明确目的就是对科学文献中其他被广泛讨论的结果进行破坏。

例如，就在斯隆-凯特琳纪念医院的研究表明香烟焦油使小鼠患皮肤癌时，作为回应，《烟草与健康》报道，在同一组研究人员后来进行的研究中，癌症发病率变得较低，暗示第一项研究存在缺陷，并未对可用数据做出完整解释。再比如，该期刊发表了《五项烟草-动物研究报告未诱发癌症》的头条新闻，但对于有多少研究显示烟草会诱发癌症，它却只字不提。这一策略利用了公众对科学运作方式的根本误解。许多人误认为单项科学研究就是对一个假说的证明或确认。但是证据的概率性意味着，真正的科学离这一理想状态还很远。任何一项研究都可能出错。事实上，大型烟草公司正是利用了这一点。

《烟草与健康》还报道了肺癌与其他因素之间的联系，如石棉、汽车尾气、煤烟，甚至早婚等，这意味着近几十年来肺癌发病率的上升，可能是这些因素中的任何一项造成的，甚至是它们共同造成的。

一种与之密切相关的策略是，从研究论文和书籍中提取并发表那些表面上似乎对研究结果表示不确定或持谨慎态度的句子。有时，即使科学家的研究结果显示了很强的相关性，他们也可能对研究的意义持谦虚态度。例如，英国流行病学家理查德·多尔（Richard Doll）的研究最早确定了吸烟会导致癌症，但《烟草与健康》引用了他的这样一句话："在让动物暴露在焦油或烟草烟雾中的实验中，实验动物没能产生任何类似于人类支气管癌的肺部肿瘤。"[34] 但它没有提到，这些暴露在焦油和烟雾中的动物，其他部位出现了肿瘤。多尔实际上是在进行精确的区分，但烟草行业却把这描述成了他是在表达不确定性。[35]

在我们的模型中，宣传者搜索科学界的研究结果，然后只传递那些碰巧支持他们看法的结果，以此实现选择性分享。在很多方面，这最终看起来都很像偏倚性研究，因为宣传者只分享对他们有利的结果，实际上有很大不同。在这个模型中，宣传者只分享由独立研究人员得出的结果。宣传者并未开展科研工作。科学家的研究数据存在统计分布，通常会有一些研究结果表明错误的行为反而更好，宣传者只是对这一事实进行了利用而已。

图12显示了在宣传者进行选择性分享的情况下，政策制定者的观念会发生什么变化。[36]（在这个例子中，我们减少了科学家

和政策制定者的人数，以便清晰地说明模型）。请注意，在这个模型中，宣传者观察所有科学家的看法，并与政策制定者进行沟通。在（a）中，我们看到他们最初的信任倾向。在（b）中，科学家只对他们偏好的行为进行测试，其中三名科学家对B行为进行了测试。两名科学家碰巧在这种情况下只观察到四次成功，每一次都让B行为看起来比A行为更糟糕。于是，宣传者只对这两个结果进行了分享。在（c）中，如我们所见，上述行为的结果是，政策制定者的观念变得更不准确了。

在这种策略中，宣传者绝对不会对科研过程进行干预。他们不会收买科学家或对他们的研究进行资助。他们只会利用偶然得出了错误结论的研究，这些研究都是独立开展的真实研究。然后，宣传者会且只会把这些研究结果传递给政策制定者。

事实证明，选择性分享是非常有效的。就像偏倚性研究一样，我们发现在很多情况下，一个只使用选择性分享策略的宣传者会导致政策制定者趋向于形成错误观念，即使科学界趋向于形成正确观念。虽然政策制定者同时也在根据科学家分享的证据对自己的观念进行更新，但这种情况依然可能发生。

选择性分享背后的基本机制与偏倚性研究类似：就像在拔河。科学家分享的结果往往会使政策制定者朝着正确观念的方向移动，而宣传者选择性分享的结果则会使之朝着反方向移动。最终的结果是，宣传者的努力程度不再取决于他们能投入多少钱来资助自己想要的研究，而只取决于科学界出现错误结果的比例。

因此，选择性分享的有效性取决于所涉问题的细节。如果科学家们收集了一些模棱两可的数据，比如一种不同患者间症状差异很大的疾病，那么可能就会有更多的结果表明错误的治疗方法

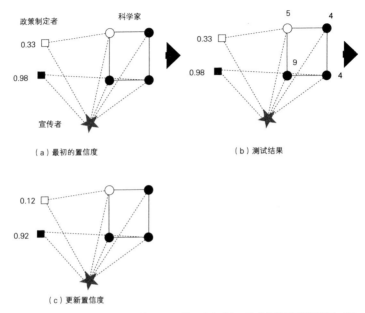

（a）最初的置信度　　　　　（b）测试结果

（c）更新置信度

图12 在宣传者进行选择性分享的情况下，政策制定者对自己的观念进行更新的例子。在（a）中，我们可以看到政策制定者最初的信任倾向（置信度）。在（b）中，科学家对他们偏好的行为进行了测试（白色节点代表执行 A 行为的个体，而黑色节点代表执行 B 行为的个体）。其中一些测试碰巧为 A 行为提供了错误的支持，而宣传者则只选择与政策制定者分享这些测试结果。在（c）中，我们可以看到，基于科学家直接给出的证据，以及来自宣传者的错误结果，政策制定者对自己的观念进行了更新。

效果更好。误导性研究结果越多，宣传者所需的宣传材料就越丰富。如果每个吸烟的人都得肺癌，那么烟草战略将无路可走。但是，由于肺癌和吸烟之间的关联还不够清晰，烟草公司便想到了办法。（在偏倚性研究案例中也有类似的情况：一般来说，在证据较为明确的情况下，为了产生相同数量的错误结果，宣传者需要进行更多的研究，也就是花费更多的钱。）

科学界的实践方式也会影响选择性分享的有效性——即使行业宣传者没有以任何方式干扰科研过程。当科学家开展了许多研究，而每项研究的数据相对较少时，宣传者就能表现得特别好。在不同的领域，发表一篇论文所需的数据量存在巨大差异。一些领域，如粒子物理学，对数据数量和质量要求极高，而其他领域，如神经科学和心理学，则因标准较低而饱受诟病。[37]

为什么较少的数据会帮到宣传者呢？问题的答案与偏倚性研究策略中参与者较少的研究对宣传者更有利的原因密切相关。如果每个科学家都在研究中"抛硬币"100次，那么较之每个科学家只抛5次的情况，宣传者可用于宣传的研究结果将会很少。科学界的标准越低，宣传者在引导公众舆论的"拔河比赛"中就越有优势。[38]

当然，需要的数据越多，研究的成本就越高，这有时对需要更多数据的研究起到了抑制作用。但是，让我们想象一下以下两种情况的差别：第一种情况是一名科学家抛硬币100次，宣传者可以选择是否对研究结果进行分享；第二种情况是20名科学家每人抛硬币5次，宣传者可以对这些研究的结果进行选择。在后一种情况下，宣传者找到能分享的结果的概率要高得多，尽管在这两种情况下，科学家抛硬币的总次数是一样的。从数学角度讲，这与我们在图11中看到的情况相同，只不过本段所谈的是一个独立的科学家群体的情况。

对于我们应如何资助和报道科研活动，这一观察结果提供了一个出乎意料的教训。你可能会认为，有更多的科学家研究同一个问题，通常是好事，因为这将产生更多的想法和更大的独立性。但是在现实世界中，如果一个资助机构将固定的资金用于一个科学领域，资助更多的科学家并不总是最好的选择。我们的模型表明，把大量的资金交给少数几个团体，让其进行包含更多数据点的研究，要比将少量的钱分别给予许多研究人员好，因为在后一种情况下，每个研究人员只能收集几个数据点。后一种情况更有可能得出宣传者需要的错误结果。

当然，这种推论可能有些过头了。只资助一名科学家的话，会增加受资助者的假设最终不成立的风险。此外，科学界的结构趋于民主有许多好处，包括产生意见、看法和方法的多样性。此处的关键在于，在有宣传者活动的情况下，简单地让更多科学家来研究一个问题会产生负面影响。或许最好的选择是资助许多科学家，但只以汇总成果的方式发表他们的研究成果，同时对全部证据进行整体评估。

大多数学科都认识到了收集更多数据的重要性。（在其他条件相同的情况下，人们认为，一项研究收集的数据越多，它的统计效力就越高，这被广泛认为是严谨科学的必要条件。）[39] 尽管如此，低效力的研究似乎仍是一个持续存在的问题。[40] 此类研究的盛行与行为科学和医学研究面临的所谓复制危机（可复制/可复现危机）有关。在 2010 年一项受到广泛报道的研究中，一组心理学家仅能复现该领域 100 个已发表结果中的 36 个。[41] 在《自然》杂志 2016 年进行的一项调查中，70% 的来自不同学科的科学家表示，他们没能复现其他科学家的研究结果（50% 的人表示，他们没能复现自己的研究结果）[42]。鉴于可复制性（可复现性）被认为是科学研究的标志之一，这种失败着实令人担忧。

这部分是因为与没有显示出任何影响的论文比起来，讨论某种新效应的论文更容易发表。因此，很多研究者便有了很强的动力，去采用那些有时可能导致错误但令人惊讶的结果的标准。更糟糕的是，正如前文提到的那样，没有效果和影响的研究往往根本就不会发表，因此我们很难识别哪些已发表的成果是假的。问题的另一个侧面是，许多期刊接受了效力不足的研究结果，这些低效力研究更有可能产生错误结果。这就是为什么有一个跨学科研究团队最近提出，最低发表标准应该变得更加严格才行。[43]

在这种背景下，数据较少的研究就可能成为烟草战略的宣传素材，这令人担忧。毋庸赘言，我们希望科学界能够遵循最有可能产生准确结论的做法。统计效力高的实验研究很少产生错误结论，这让宣传者的目的很难达到，同时也对研究者提出了更严格的要求。

选择性分享的效果是惊人的，因为它对科研过程的干预极小，可以说根本算不上干预。事实上，在某些方面，它甚至比偏倚性研究更有效，原因有两个。它更便宜：行业宣传者不需要资助科研活动，只需要进行宣传。这种做法的风险也较小，因为选择性分享信息的宣传者无须隐瞒或压制任何结果。此外，科学家在研究中产生错误结果的比例，往往与科学家群体的规模成正比，换句话说，越多科学家研究同一个问题，他们产生的错误结果就越多，尽管他们得出的更多结果支撑的是正确观念。相比之下，随着越来越多的科学家加入竞争，偏倚性研究很快就会昂贵得让人望而却步。

既然选择性分享有这些好处，为什么一些行业还要劳神去资助研究人员呢？事实证明，资助科研可能会产生微妙的影响，改变科学界的平衡，最终让选择性分享变得更加有效。

2003年夏天，AMA（美国医学会）计划就一项由简·海托华起草的决议进行听证投票。该决议呼吁各国就鱼类中的甲基汞水平采取相应行动。该决议建议对鱼类体内的汞含量进行大规模测试，并开展公关活动，向公众通报结果。但实际上，投票没能进行。

正如海托华在《诊断汞》一书中描述的那样，就在决议草稿发布当天，负责提交决议的加州代表收到了一份"新指令"，声称鱼中含有的汞对人体无害。事实上，这一新指令从未得到证实，但蹊跷的是，仅仅是关于这个所谓的"新证据"的传言，就足以令听证会中断。AMA没有对决议进行投票，而是将其转交给AMA的科学事务部去做进一步调查，这意味着至少要再等一年，才能再次对决议进行投票。[44]

一年后，在AMA的2004年年会上，科学事务部提交了报告。经过广泛的研究讨论，科学事务部支持海托华最初的提议，建议对鱼类进行甲基汞水平测试，并公开报告结果，然后进一步建议FDA要求所有销售鱼类的地方都张贴测试结果。

但是，一则传言是如何在一开始时就阻止了听证讨论呢？这则传言又是从哪里来的呢？

这个谜团显然并未解开，为了弄清楚事情的原委，海托华开始对一些声称鱼类体内的甲基汞完全无害的研究进行调查。其中的一个研究团队特别引人注目，这个团队来自英国罗切斯特大学，他们对非洲国家塞舌尔鱼类消费量高的人群进行了纵向研究。通过对母亲体内的汞水平和其所生育儿童的发育标志物的调查，研究人员对甲基汞对儿童发育的潜在影响进行了研究。[45]他们发表了几篇论文，表明甲基汞对参与研究的儿童的发育没有影响。然而，在法罗群岛进行的另一项大型纵向研究报告的结果截然相反。[46]

就在AMA原计划对决议进行讨论的会议取消后不久，罗切斯特研究小组的一位名叫菲利普·戴维森（Philip Davidson）的研究人员就该小组的研究情况做了报告。海托华的一个朋友向她发送了报告副本，指出该研究报告的致谢内容包括感谢EPRI（电力研究所）——电力行业的一个游说团体，成员包括对鱼类甲基汞水平上升负有责任的煤电企业。[47]

海托华发现，EPRI为一个甲基汞合作研究项目提供了48.6万美元的资助，其中包括在塞舌尔群岛开展的研究。这个项目还从国家金枪鱼基金会和国家渔业研究所分别获得了1万美元和5000美元的资助。[48]虽然戴维森在报告中感谢了EPRI，但在研究小组发表的几篇关于儿童和甲基汞的论文中，他和他的合作者并没有提及这项资助。

海托华写道，她把这些信息交给了华盛顿特区的NRDC（自然资源保护委员会）。经过进一步调查，NRDC给几家曾经发表了塞舌尔研究报告的期刊致函，指出作者未能对潜在的利益冲突进行说明。罗切斯特研究小组的另一名成员加里·迈尔斯（Gary Myers）起草了一份回应文件，称尽管EPRI确实为该研究小组提供了资金，但相关论文还获得了其他机构的支持。他写道，EPRI和国家渔业研究所的利益"在这项研究中并未发挥作用，他们对数据收集、解释、分析或文稿的撰写并未产生任何影响"。[49]

对于来自煤电行业的大笔资助不会对有关燃煤发电厂副产物对儿童发育有无影响的研究造成影响，人们可能会持怀疑态度。但我们没有理由认为罗切斯特研究小组有不诚实行为。因此，让我们假设，在每个研究阶段，研究人员都完全能够在没有任何行业影响的情况下开展工作。如此，行业资助是否仍有影响呢？科学哲学家本内特·霍尔曼和贾斯廷·布鲁纳最近的研究认为答案是肯定的：仅仅是某些科学家接受了行业资助这一事实，就能对科研进程造成极大破坏。

霍尔曼和布鲁纳认为，一个行业无须使科学家自身产生偏见，就可以通过所谓的"行业选择"来影响科学。想象一下，一群科学家正致力于研究一个问题，他们试图确定两种行为中的哪一种更可取。（他们都是在我们已经讨论过的巴拉-戈亚尔模型框架中开展工作的。同样，我们在这里还是假设A行为比B行为更糟糕）。人们可能会认为，这些科学家，至少在最初阶段，会持不同的观念和假设，甚至会进行不同类型的测试。让我们再进一步假设，部分科学家使用的方法和抱持的背景观念，更可能错误地支持A行为而非B行为。

为了研究这种可能性，霍尔曼和布鲁纳使用了一个模型，在这个模型中，每个科学家在"抛硬币"时都带着不同程度的偏见。大多数结果都显示B行为更好，但也有一些结果恰好支持A行为。这里要解释的是，有些科学家可能在科研中采取不那么适应现实的研究方法，但总的来说，大部分研究方法是适合的。（在科学界，哪种方法最好本身就是一个微妙的问题。）此外，霍尔曼和布鲁纳认为，实践不同的研究方法意味着一些科学家可能会比其他科学家更富有成效。随着时间的推移，一些科学家会离开这个网络，被其他科学家取代，比如退休或转行，这种情况经常发生。更有可能出现的情况是，替换进来的科学家会模仿网络中已有的最高产的科学家所使用的方法。

这种替代动态是我们讨论过的其他模型所没有的。但是这一额外的复杂性使模型在某些方面更接近现实。这个模型中的科学家群体有点像经历自然选择的生物群体：更"适应环境"的科学家（在这里当然是指更高产）也就更善于繁殖，也就是说，他们能培养学生，以及对年轻研究人员产生影响，从而在科学家群体中复制自己。[50]

霍尔曼和布鲁纳还在这个模型中加入了一个宣传者。然而，这一次，宣传者只能做一件事：分发研究经费。宣传者会找到所使用的研究方法对他们希望推广的理论最有利的科学家，然后给那位科学家足够的资金，以提高他或她的生产力。这会带来两个结果。有利于A行为的研究结果在科学界蔓延开来，改变了许多科学家的想法。新的实验室也因此更有可能使用有利于A行为的实验方法，这更符合行业利益。这是因为接受大量资金和发表大量论文的科学家，倾向于把更多的学生放在有影响力的位置上。随着时间的推移，越来越多的科学家最终会倾向于A行为而非B行为，尽管后者客观上更优越。

这样，行业利益集团就可以对科学家群体施加压力，以产生更多对该行业有利的研究结果。他们只是通过增加那些一片好心却碰巧出错的科学家的工作成果，就做到了这一点。霍尔曼-布鲁纳模型中的理想化科学家不是人类，而是几行计算机代码，它们不可能因行业利益产生偏见或被腐化，但上述情况还是会发生。

正如霍尔曼和布鲁纳所指出的那样，正常的科研过程会加剧这一现象。一旦科学家取得了一系列令人印象深刻的研究成果，他们就更有可能从诸如美国国家科学基金会等政府部门获得资助

（这是学术版的"马太效应"[51]）。如果行业通过资助自己喜欢的科学家来影响天平的平衡，从而令这些科学家更有机会从公正的来源获得资助，那么结果就是会有更多科学家在做研究时偏袒行业利益。

还要注意的是，如果代表行业利益的宣传者出现并进行选择性分享，他们会不成比例地分享那些支持A行为的科学家的研究结果。从这个意义上说，选择性分享和行业选择可以产生强大的协同效应。行业人为地提高了碰巧支持A行为的科学家的生产力，然后对他们的研究结果进行广泛分享。同样，这样做无须欺诈或偏倚性研究。

结果是，在甲基汞问题上，尽管我们没有理由认为罗切斯特大学的研究人员被煤电行业收买，但EPRI的资金很可能还是花在了刀刃上。未被腐蚀的科学家仍然可能在不知情的情况下参与为维护行业利益而颠覆科学的过程。

霍尔曼和布鲁纳描述了另一个例子，指出行业选择的后果还可能更加可怕。1979年，哈佛大学的研究员伯纳德·劳恩（Bernard Lown）提出了"心律失常抑制假说"——防止心脏病患者死亡的方法是抑制心脏病发作前的心律失常。[52]然而，他在文章中指出，目前尚不清楚抑制心律失常是否会产生预期的效果，因此，当谈到药物治疗效果时，他主张研究应该使用病人死亡率作为测试变量，而不是简单地以心律失常是否被抑制为变量。

但并非所有医学科研人员都同意劳恩的谨慎做法。宾夕法尼亚大学的乔尔·摩根罗斯（Joel Morganroth）和斯坦福大学的罗伯特·温克尔（Robert Winkle）都以心律失常被抑制作为终点，来测试旨在预防心脏病发作的药物。[53]这一措施特别方便，因为评估一种新药是否能抑制心律失常，只需要很短的时间，而要测试一种药物在预防心脏病死亡方面的效果，则需要几年时间。这类研究人员从制药公司获得了研究抗心律失常药物的资金，并取得了巨大成功。他们的研究为一种新的医疗实践奠定了基础，即为有心脏病发作风险的人开抗心律失常药物。

问题是，抗心律失常药物有的时候非但不能预防心脏病发作，减少死亡，而且会起到相反的作用。据估计，它们的使用可能导致数十万患者过早死亡。[54]美国国家心肺和血液研究所于1986年启动一项药物试验，与以前的研究不同，它以过早死亡为终点。事实上，药物测试不得不提前终止，因为被分配服用这些药物的被试的死亡率显著增加。[55]

在这种情况下，制药公司能够按照自己的目的——生产和销售抗心律失常药物——来塑造医学研究，而且不需要使研究人员产生偏见就能做到。他们只是为那些所采用的研究方法对制药公司有利的研究人员提供资助而已。温克尔最初支持将心律失常被抑制作为试验终点，但当他开始研究抗心律失常药物对心脏病导致的死亡的影响时，他的资金支持就被切断了。[56]

请注意，与烟草战略不同的是，行业选择并不是简单地干扰公众对科学的理解。行业选择破坏的是科学界自身的运作。这尤其令人担忧，因为当该行业在这种宣传上取得成功时，获得正确观念的基石就没有了。

行业选择能够通过微妙而有效的方法，对科学界进行直接干预。但霍尔曼和布鲁纳在较早的一篇文章中还指出，如果一个行业能够成功地收买愿意直接得出偏倚性研究结论的科研人员，那么它也可以成功地操纵科学界的共识。[57]在这些模型中，科学网络中的某一个成员本身是一个经过伪装的宣传者，其研究结果天然有偏倚。例如，对于真正的科学家来说，B行为的成功率是7%，但宣传者会说它的成功率只有4%。图13展示的正是这种网络结构。

这种打入内部的宣传者可能会永久地阻止科学家达成正确共识。正如我们在第二章中所看到的，科学界的网络结构在很多情况下能够帮助科学家群体达成正确共识。如果宣传者持续地分享误导性数据，就会使网络中的普通科学家更新的样本产生偏差。尽管倾向于B行为的科学家不带偏见，其研究结果倾向于提高置信度，但与此同时，宣传者的结果却倾向于A行为，这便降低了前者结果的置信度，从而导致对真相的无限不确定性。在这种情况下，行业没有必要扭曲将研究结果传递给公众的方式，因为科学家自己都还深感困惑。

霍尔曼和布鲁纳讨论的一个重要问题，是该网络中的其他科学家如何才能意识到宣传者的所作所为。他们发现，通过对自己

图13 在此模型中，宣传者直接与科学家分享偏倚性研究结果。请注意，与图9、10、12中的网络结构不同的是，这个网络结构里的宣传者并不关注政策制定者的看法，而是以科学家的姿态现身，直接对科学界的共识产生影响。

的研究结果和其他研究者的研究结果的分布情况进行观察，在某些情况下，科学家能够识别出那些结果始终异常的因素，并开始降低与这些因素相关的结果的重要性。不幸的是，这是一个困难而耗时较长的过程，而且这里需要假设，在科学家所处的网络中，不存在太多的宣传者。另一方面，它强调了一个重要的教训。在第二章中，我们讨论了一个模型，在那个模型中，科学家根据他们自己的观念来选择信任谁，这么做的基础是假设成功的科学家会分享他们自己的观念。但霍尔曼和布鲁纳的研究表明，还有一种不同的方法，尽管在实践中实施难度更大，但却可能更有效，那就是根据科学家提供的研究证据来选择信任谁。

到目前为止，我们所讨论的宣传策略都涉及对证据的操纵。要么是宣传者通过放大和宣传对他们有利的研究结果，有偏倚地处理人们做出判断所需的全部证据，要么是他们对那些能够产生有利于行业发展的结果的科学家进行资助——最终的结果都是一样的。在最极端的情况下，宣传者可能通过自己的研究，使现有的研究证据产生偏差，进而对不利于他们的目的的结果进行压制。在所有这些情况下，宣传者的工作之所以奏效，正是因为他们可以塑造人们形成观念所需的证据，从而实现对公众行为的操纵。

这些策略的有效性可能达到了令人惊讶的程度。在不操纵任何单个科学家的研究方法或结果的情况下，宣传者就可能取得成功，他们可以通过使向公众传递证据的方式产生偏差，通过使科学家在网络中的分布产生偏差，或通过使科学家看到的证据产生偏差而达到自己的目的。这种微妙的操纵之所以能够奏效，就是因为在问题难以解决的情况下，无论单个研究开展得多么出色，两种行为的结果往往都会被不同的研究支持。最终要判断孰是孰非，重要的还是整体证据。

但是，操纵我们使用的证据，并不是操纵我们行为的唯一方法。例如，宣传者可以像广告经常做的那样，对我们的情绪加以利用。辛酸、惆怅、喜悦、内疚，甚至爱国情怀都可能成为操纵者的工具，无论证据如何。

例如，在万宝路用牛仔形象所做的著名广告宣传中，就出现了牛仔与牛角力、牛仔凝视着美国西部旷野的生动画面。这些画面会让一些人出于情感原因想去买万宝路牌香烟。电视剧《广告狂人》对这些情感诉求进行了演绎，并探讨了它们塑造当代西方文化的方式。尽管如此，这类工具仍然非常直观。虽然公众可能难以避免被情感操纵，但宣传者的操纵方式并没有多神秘。与其讨论这种影响方式，我们不如关注宣传者可用的一套更隐蔽的工具。

伯奈斯的著作以及广告和公关活动反映出伯奈斯的一个重要见解：在消费者行为和观念的形成过程中，信任和权威起着至关重要的作用。这就意味着，那些因为自身的社会地位而被赋予了特殊权威的社会成员——科学家、医生、牧师等——很可能具有特殊的影响力。伯奈斯认为，人们可以而且应该对这种影响力加以利用。

20世纪20年代，伯奈斯为比奇纳特包装公司策划了一场宣传运动。该公司希望提升培根的销量。伯奈斯知道，美国人习惯于吃清淡的早餐——咖啡配上糕点或者面包卷，也许再来杯果汁。为了改变这种状况，他提出了将培根和鸡蛋作为"美式早餐"的新理念。他在自己的著作《宣传》一书中写道：

> 全新的推销技巧是基于对社会群体的结构和大众心理的了解而发展的。我们会首先想到"是谁影响着这个世界的饮食习惯"这个问题，答案显而易见，"是医生"。然后，实践新推销技巧的人员向医生们提出建议，让他们公开表示吃培根有益健康。销售员可以绝对确定：很多人都会听从医生的建议。[58]

伯奈斯在书中称，当他发现一位医生准备宣称"营养丰富的"早餐（包括培根），比清淡的早餐更健康时，他说服这位医生在一封信上签名，然后将信的大量副本寄给成千上万名其他医生，询问他们是否同意这位医生的看法。大部分医生同意——伯奈斯随后就与全国各大报纸分享了这一事实。

实际上，没有证据能证明培根于健康有益，我们也不清楚伯奈斯所做的调查是否科学。我们甚至不知道在他接触过的医生中有多少人同意他的说法。但这些都无关紧要，重要的是这个策略提升了培根的销量。20世纪40年代至50年代，许多烟草公司都开展了类似的宣传活动，声称某些类型的香烟比其他类型的香烟更健康，或者宣称医生更喜欢某个牌子的香烟。同样，也没有证据支持烟草公司的这些说法。

当然了，科学权威和医学权威的影响是双向的。如果正确的科学论断有助于销售，那么错误的论断就能毁掉一个行业。正如

我们之前提到过的，臭氧空洞的出现很快便导致了全球对CFCs
的禁令。在这种情况下，公关人员别无选择，只能试图削弱科学
家或医生的权威——通过援引其他研究，无论它们是真实的还是
虚构的，以营造争议感，或者直接攻击科学家，说他们的研究具
有偏见、不合法。

我们在第一章中强调过，认可权威并不代表权威提出的一定
是最佳科学方法。我们关心的是如何采取行为，无论是个人行为
还是集体行为，这些行为都是以我们现有的最佳证据为依据的，
因此最有可能实现我们期望的目标。在理想的情况下，对科学或
医学领域的权威意见进行引用或加以反对不会产生任何区别，因
为重要的应该是客观证据。

当然，我们所处的环境还远远达不到理想的程度。我们大多
数人不太了解具体情况，所以很难全面了解任何给定的科学研
究。正如我们在上一章中指出的，在许多情况下，即使是科学家
也应该在评估证据时，仔细关注其来源。我们不得不依赖专家。

但专家和权威在评估证据方面的作用也有阴暗的一面。我们
越难找到可靠的证据来源，就越有可能在错误或虚假的基础上形
成观念。正因为如此，科学权威，以及科学家个人和科学作为一
项事业的声誉，便成了宣传者的首要利用目标。

罗杰·雷维尔（Roger Revelle）是20世纪最杰出的海洋学
家之一。[59]第二次世界大战期间，他在海军服役，最终晋升为指
挥官并成为海军研究办公室——雷维尔协助创建的海军科学部
门——的主任。1946年，他在比基尼环礁上亲自监督了二战结束
后的首批原子弹试验。1950年，雷维尔成了斯克里普斯海洋研究

所的所长。

1957年，他和研究所的同事汉斯·苏斯（Hans Suess）共同发表了一篇文章，这篇文章可能是他们职业生涯中最有影响力的一篇。[60]文章涉及二氧化碳被海洋吸收的速度。

早在19世纪中期，物理学家已经认识到二氧化碳就是我们现在所说的"温室气体"，因为它会吸收红外光。这意味着它能留住地表附近的热量，从而提高地表温度。如果你曾在干燥的沙漠中过夜，也曾在潮湿的环境中过夜，并且对两种环境进行过比较的话，你很可能理解这种气体的作用。在干燥的地方，太阳落山后温度会迅速下降，但在高湿度的地区则不会下降得那么迅速。同样，如果我们的大气层中没有温室气体，地球的温度将会低得多，平均地表温度将达到约零下18摄氏度。

在雷维尔和苏斯撰写这篇论文的时候，人们已经对这个假设研究了半个世纪——瑞典诺贝尔奖得主斯凡特·阿伦尼乌斯（Svante Arrhenius）和美国地质学家 T. C. 张伯伦（T. C. Chamberlin）是假设的最早提出者[61]，他们认为大气中的二氧化碳含量与全球气温直接相关，大气中二氧化碳的变化直接解释了冰期等气候变化。英国一位名叫盖伊·凯琳达（Guy Callendar）的蒸汽工程师甚至提出，自19世纪中期以来，人类活动产生的二氧化碳以指数级的增长速度被大量排放，导致地球表面温度上升。

但在1957年，大多数科学家并不担心全球变暖。因为人们普遍认为，人类活动产生的二氧化碳会被海洋吸收，这最大限度地减少了大气中二氧化碳的含量以及全球温度的变化。雷维尔和苏斯在他们的文章中驳斥了这种说法。

雷维尔和苏斯利用测定不同材料中不同种类的碳的含量的新方法，估算了二氧化碳被海洋吸收所需的时间。他们发现二氧化碳在大气中存留的时间比大多数科学家估算的要长。他们还发现，随着海洋吸收更多的二氧化碳，海洋储存二氧化碳的能力会减弱，导致二氧化碳以更高的速度回到大气中。对这些结果进行综合分析后，他们意识到，即使排放量保持不变，大气中的二氧化碳水平也会随着时间的推移而稳步上升。如果二氧化碳排放量继续增加的话，情况只会变得更糟——事实上，在雷维尔和苏斯的文章发表后的60年里，情况正是如此。

这项成果给了科学家充分的理由，让他们开始怀疑以前对温室气体的认识，他们过去可是自信满满。雷维尔的后续行动同样重要。在斯克里普斯海洋研究所，他帮助创建了一个关于大气中二氧化碳的研究项目，并聘请了一位名叫查尔斯·戴维·基林（Charles David Keeling）的化学家来领导这个项目。后来，雷维尔帮助基林获得资金，收集有关大气中二氧化碳水平的系统数据。基林的研究表明，二氧化碳的平均水平正在稳步上升——正如雷维尔和苏斯所预测的那样——而且其上升速度与人类通过自身活动向大气释放二氧化碳的速度密切相关。

1965年，雷维尔搬到了哈佛。在那里，他遇到了一位名叫阿尔·戈尔（Al Gore）的年轻本科生。戈尔大四的时候选修了雷维尔的一门课程，深受启发，于是决定采取行动应对气候变化。戈尔后来成了美国众议院议员，数年后又成为参议员。1988年竞选总统失败后，戈尔写了一本书：《濒临失衡的地球》。在书中，他将自己的观念——全球气候对人类活动极为敏感——归于雷维尔对他的影响。这本书于1992年出版，几周之后，戈尔获得民主党副总统提名。

戈尔的书使环境问题成为选举的中心议题。他本人也作为一个高效的、直言不讳的环境政策倡导者而闻名于世。那些试图反对戈尔看法的人很难改变戈尔，而作为副总统候选人，戈尔无法保持沉默。于是，他的对手采取了一种不同的策略——通过雷维尔变相削弱戈尔的可信度。

1990年2月，雷维尔在世界上最大的科学学会——美国科学促进会的年会上发表了演讲。他发言的分会场专门讨论与气候变化相关的政策问题，而雷维尔的演讲内容是如何减轻全球变暖造成的影响。[62] 后来，我们在第一章中提到过的弗雷德·辛格——酸雨同行评议小组的成员——找到雷维尔，问他是否有兴趣就这次演讲与自己共同撰写一篇文章。

至于接下来发生的事情，其细节争议已经成为许多相互矛盾的专栏和文章谈论的话题，还涉及至少一起诽谤诉讼。[63] 但有一点是清楚的。1991年，《宇宙》杂志的创刊号发表了一篇文章，将辛格列为第一作者，雷维尔是合著者。这篇文章断言："可以用一句简单的话来概括我们的结论：温室效应导致气候变暖的科学基础存在太多的不确定性，无法证明目前采取激进行动是合理的。"[64]（这话听起来和辛格就酸雨表达的看法如出一辙，毕竟它们确实出自同一人。）

不过，雷维尔是否真的支持这一主张就不得而知了，因为在很多方面，这个结论都与他毕生的工作内容相矛盾。（雷维尔也从来没有机会把这件事说清楚：文章刊发后不久，他便于1991年7月15日去世了。）

可以肯定的是，上面引用的那句话绝不是雷维尔写的。《宇宙》刊登的那篇文章，是辛格之前作为唯一作者发表在《环境科学与技术》期刊上的某篇论文的扩展版；发表在《宇宙》上的那篇文章，几乎是整段整段地从另一篇文章复制过来的。而上面的那句引文，则夹在逐字照搬的段落之间。

辛格声称，雷维尔作为共同作者，与他开展了全面的合作，为最终的文稿贡献了想法，并认可文章传达的信息。但是其他人不认可他的说法。雷维尔的私人秘书和他的长期研究助理都声称，雷维尔一直都不愿意参与其中，他对该文章几乎没有任何贡献。他们表示，在文章最后定稿的时候，雷维尔由于刚做了心脏手术，身体很虚弱，这意味着辛格利用了他。[65]辛格以诽谤罪起诉了雷维尔的研究助理贾斯廷·兰开斯特（Justin Lancaster）。该案于1994年达成和解，兰开斯特被迫收回了雷维尔不是共同作者的说法。在其后长达十年的时间里，兰开斯特不被允许就和解协议发表评论。直至2006年，兰开斯特撤回了此前发表的撤回声明，并在个人网站发表声明，表示"完全撤销并否认本人在1994年做出的撤回声明"。关于这个故事，辛格通过2003年的文章《雷维尔-戈尔的故事》发表了自己的说法，与兰开斯特的版本存在重大差异。

不过，说到底，雷维尔究竟持什么观点并不重要。他的名字出现在文章中就足以破坏戈尔的环境议程。1992年7月，《新共和》记者格雷格·伊斯特布鲁克（Gregg Easterbrook）引用了《宇宙》的那篇文章，他在报道中写道："《濒临失衡的地球》没有提到雷维尔在去世一年前发表的一篇论文，那篇论文得出的结论是'温室效应导致气候变暖的科学基础存在太多不确定性，无法证明目前采取激进行动是合理的'。"[66]几个月之后，保守派评论员乔治·威尔（George Will）在《华盛顿邮报》上发表了基本相同的文章。

这个反对意见极具破坏性：似乎就连戈尔自己选择的专家雷维尔，都明确否定了戈尔的立场。

海军上将詹姆斯·斯托克代尔（James Stockdale）——改革党候选人罗斯·佩罗（Ross Perot）的竞选搭档，后来在副总统竞选辩论中谈到了这个话题。"我发现对于戈尔参议员在书中提到的一些科学数据，就连他自己的导师都不同意。请问对此种批评，你如何回应呢？"他这样问戈尔。[67]戈尔先是试图在观众的笑声中做出回应，但是当他声称"在雷维尔去世前，他的话完全被断章取义了"，观众席传来了更大的嘘声和嘲笑声。他被迫当众出丑，而他倡导的环境保护行动也显得天真幼稚。

戈尔身上发生的事情，其实就是利用名声和权威作为影响力武器的例子。关注温室气体的真正原因与罗杰·雷维尔本人或他的看法无关。人们之所以应该关注温室气体，是因为有强有力的证据表明，大气中的二氧化碳含量正在迅速上升，二氧化碳的增加会导致全球气候的急剧变化，而如果继续排放温室气体，人类将会（事实上已经）付出巨大代价。至于到底会发生什么，以及何时发生，尚有不确定性，但这种不确定性是双向的。我们可能高估了全球变暖的代价，但也可能同样严重低估了这种代价（想想科学家当初是如何低估CFCs的危害的）。

此外，尽管《宇宙》上的那篇文章的结论常常被引用，但是在伊斯特布鲁克和威尔的文章中，他们并没有提及支持这一结论的证据。事实上，那篇文章没有提出任何新颖的论点。如果雷维尔找到了反转性的新证据，促使他改变了对全球变暖的看法，那他当然应该提出。但事实并非如此。

但是，戈尔把他的环保主义建立在雷维尔的权威之上，从而提高了雷维尔的地位。这就给了辛格——以及威尔、斯托克代尔和后来许多引用《宇宙》杂志文章的人——攻击戈尔的新理由。事实上，任何倾向于赞同戈尔看法的人都特别容易受到这类争论的影响，因为正是他们给雷维尔的看法赋予了特别的可信度。

辛格等人利用雷维尔的权威来放大要旨的细节似乎是个特例。但这个极端的个案极其清楚地表明了一种模式，这种模式在科学的行业宣传史上一直发挥着作用。[68] 它表明，人们根据证据改变自己观念的方式，取决于证据来源的权威性。当宣传者传递的信息来自我们认为可以信任的声音时，它的宣传效果便是最好的。

对科学家的权威加以利用是烟草战略的重要组成部分。行业高管试图为TIRC招募杰出的科学家。他们聘请了一位名叫C. C.利特尔（C. C. Little）的杰出遗传学家来运作TIRC，因为他的科研资历能给他开展的活动带来声望和可信度。同样，他们还组建了一个由受人尊敬的专家组成的"独立"的科学顾问委员会。这些努力的目的在于使TIRC看起来值得尊敬，并使其发表的有利于烟草行业的信息更容易被接受。这是选择性分享比偏倚性研究甚至行业选择更有效的另一个原因。研究人员越独立于具体行业，他们似乎就越权威。

即使那些想成为宣传者的人并不是独立的，假装独立也对他们有好处。例如2009年，弗雷德·辛格与保守派智库哈特兰研究所（Heartland Institute）合作，成立了一个名为"NIPCC"（非政府国际气候变化专门委员会）的组织。成立NIPCC是辛格对IPCC（联合国政府间气候变化专门委员会）的回应。由于系统地回顾了大量与气候变化有关的文献，并建立了一套具体的科学共识评估体系，2007年，IPCC（与戈尔一起）获得了诺贝尔和平奖[69]。

NIPCC的报告完全模仿IPCC的报告：篇幅相同，格式相同——当然，结论相反。IPCC是一个杰出的国际合作组织，世界上最著名的一批气候学家为其提供意见。从表面上看，NIPCC和IPCC是一样的，但NIPCC的地位当然与后者不同。NIPCC的此类做法无疑会误导一批人，包括那些专门寻找政治敏感话题做"反面"报道的记者。

当然，看透NIPCC这种明目张胆的把戏并不困难。但我们还要看到，当真正杰出的科学家投身于政治宣传时，他们的声誉会给他们带来巨大的帮助。举个例子，回想一下第一章中提到的乔治·C. 马歇尔研究所的创始人——尼伦贝格，在雷维尔去往哈佛后他成为斯克里普斯海洋研究所的主任；NASA戈达德空间研究所的创始人罗伯特·贾斯特罗；弗雷德里克·塞茨，美国国家科学院前主席和洛克菲勒大学的前校长，而洛克菲勒大学是美国首屈一指的生物医学研究机构。

这些科学家确实在各自的领域做出了重大贡献，他们的声誉使他们即使在自己很不擅长的领域也能发挥影响力。正如我们在第一章中看到的那样，正是斯克里普斯海洋研究所前主任和国家科学院成员的身份，使尼伦贝格有资格担任酸雨同行评议小组的主席，并使他有机会修改报告。

这些人的声誉，也使他们获得了可以批评其他科学家的特殊地位[70]。也许最惊人的例子便是IPCC（不是NIPCC！）于1995年发布第二次评估报告之后发生的事[71]。这份报告首次用整整一章的篇幅，专门介绍了所谓的"指纹识别"，利用这套方法，科学家可以将人类活动引起的气候变化与由太阳周期或火山活动等原因造成的气候变化进行区分。那一章是由一群杰出的科学家联合撰写的，但负责收集材料并统筹整章内容的"召集领衔作者"，是一位名叫本·桑特（Ben Santer）的美国气候学家。

在扮演这一角色时，桑特的资历相对较浅——尽管他已经在指纹识别领域做出了重大贡献，而且在很多方面，他都是统筹这一章的理想人选。然而，在报告发表后，塞茨和其他人却发起了攻击。在《华尔街日报》发表的一篇社论中，塞茨指责桑特修改了最终报告，以"欺骗政策制定者"，这违反了科学规程。事实上，桑特确实策划了对这一章的后期修订，但却是在IPCC主席波特·博林（Bert Bolin）的指导下进行的，目的是回应同行审稿人的评论意见。他做的事情非但不属违规行为，反而是科学规程所要求的。

塞茨在社论中写道，他作为美国最杰出的物理学家之一，现在要公开指责一位资历浅的学者行为不当。"该报告的主要作者本杰明·D.桑特（即本·桑特），"塞茨这样写道，"恐怕必须承担主要责任。"[72]博林和其他40位科学家签署了一封联名信，驳斥了塞茨的说法，并表示桑特的工作并无不当。塞茨和辛格的回应多少是对最初指控的重复，但暗示整个IPCC都参与了此事。

40位国际公认的气候学家联名签署了"博林回信"为桑特辩护，这或许足以提升桑特的声誉。然而即使是这么回事，最终的结果也是双方都在展示权威，这表明争议确实存在——不光是科学事实，也包括科学方法——但我们知道实际上并不存在争议。正如烟草行业的种种做法让我们明白的那样，宣传者需要做的，仅仅是制造有争议的假象。

声誉的武器化与上一章讨论到的极化模型有密切关联。请回想一下，在那些模型中，关键要素是信任。正是那些公众信任的人给出的建议，对公众的影响最大；当我们越来越信任一些人，而越来越不信任另一些人时，群体便开始分化，最终导致极化。

我们用对手头问题的不同看法来体现信任程度。这是极化的一个重要产生基础，也在一些方面解释了声誉对宣传者的用处。毕竟，雷维尔之所以受到许多人的敬佩，是因为他在气候变化方面的研究工作颇具影响力。至少在一定程度上，这些人是因为倾向于认同他的观点，才会认真对待他提供的任何证据。（至少戈尔同意他的看法，戈尔本人也会认真对待雷维尔的观点。）当伊斯特布鲁克和威尔暗示新的证据对雷维尔造成了影响时，那些赞同他的人也受到了影响。

不过，基于对当前话题的共识建立起信任，并不是声誉武器化的全部体现方式。信任往往也取决于其他特质，如一个人过去的行为、个人关系或专业训练等。当然，我们信任谁，为什么信任，也涉及许多个人心理因素。尽管如此，我们还是可以通过对信任、观念和科学成功之间的关系进行观察，来理解声誉武器化的一些有趣且重要的方面。

在上一章的极化模型中，每个人都试图解决一个问题，并利用置信度这个工具来决定自己应该信任谁。但在现实生活中，大部分情况下，除了手头的问题，我们还有很多事情要做。现在假设有一个科学家网络，他们试图解决的问题不是一个，而是两个。针对其中一个问题，他们试图在A行为和B行为之间做出选择；对于另一个不相关的问题，他们需要在Y行为和Z行为之间做出选择。现在假设对于这两个问题，在决定信任谁时，他们都会考虑自己的观念。模型的基本动态和以前一样：每个科学家都会使用杰弗里法则，请注意，该法则规定了你对证据不确定时，该如何更新自己的观念。但现在，他们对一个人提供的证据抱有何种程度的不确定，取决于在这两个问题上他们的观念有怎样的差距。

在这个模型中，我们发现群体会出现极化，只涉及一个问题时也是这种情况。但现在，也许令人惊讶的是，当他们极化时，他们倾向于形成在这两个问题上观念高度相关的亚群体。比如说，你可能会发现其中一个亚群体的成员都赞成A行为和Z行为，而另一个亚群体的成员都赞成B行为和Y行为。[73]请注意，正确观念并不一定相关：在模型中，两个亚群体通常各自抱有一个正确观念和一个错误观念。

这些模型表明，影响群体成员意见的方法之一，便是找到在其他话题上与他们意见一致的人，并让这个人和他们分享有利于宣传者偏好的立场的证据。这背后的原因是，人们会根据科学家在其他方面的成功经历，来判断总体可靠性。换句话说，一个科学家可能会想："我对如何取舍A行为和B行为不是很确定，但我确定Z行为比Y行为更好。因此，如果另一位科学家对Z行为的意见与我一致，那么对于他在A行为和B行为的问题上给出的证据，我可以信任。"[74]

此种效应可以帮助解释武器化的声誉在一些情况下是如何起

作用的。我们会关注那些成功解决了其他问题的人，在评估他们提供的证据时，表现出更高的信任度。事业突出的知名科学家，想必在过去也曾对各种证据进行过正确的评估。此外，他们的同行——其他科学家——已经对他们既往的工作进行了评估，并认为其成果和证据是强有力且可靠的。因此，当一位知名科学家提出新的证据和论点时——即使是与他们成名的领域完全无关——人们也有充分的理由相信他们。事实上，科学哲学家杰弗里·巴雷特（Jeffrey Barrett）、布莱恩·斯基尔姆斯（Brian Skyrms）以及艾登·穆赫辛尼便使用网络认识论模型，表明对此种既往可靠性的关注，能极大地提高群体观念的准确性，当然前提是没有人把声誉当作武器。[75]这些结果也可以帮助我们理解，为什么像塞茨这样的人可以在一系列问题上产生影响，包括气候变化问题——这与他之前的研究领域相距甚远。

在当前问题和其他更广泛的问题上，信任的效应，在解释声誉是如何赋予某些人巨大的影响力（至少是对群体的某些部分有影响力）时，肯定能发挥重要的作用。但正如我们在下文中将会看到的，这并不是事情的全貌。从众和网络结构也是理解声誉在宣传中的社会作用的关键要素。

玛丽·沃特利·蒙塔古（Mary Wortley Montagu）1689年出生于英国贵族家庭，以才华和美貌而闻名，是伦敦"基特猫"俱乐部（也译"半身画像俱乐部"）的会员[76]［会员还包括哲学家约翰·洛克（John Locke），蒙塔古曾被称为该俱乐部的当季第一美人］[77]。然而，她在25岁的时候不幸得了天花。她很幸运地活了下来，当时，20%~60%的天花感染者会死亡——玛丽的弟弟两年前就被天花夺走了生命。[78]但天花遗留的疤痕毁掉了她的绝世容颜。

之后不久，她的丈夫爱德华·沃特利·蒙塔古（Edward Wortley Montagu）被任命为英国驻外大使，玛丽夫人遂前往土耳其旅行。她深深地迷上了土耳其的风土人情：精致的购物中心、挂满波斯地毯的房间、裸女在公共浴室喝着咖啡和果汁。这些画面在英国可看不到。

旅行途中，玛丽夫人见到了一种奇怪的行为：接种人痘。这种接种方式与现代疫苗接种稍有不同，通常需要抓破人的手臂，然后将天花脓疱的痂或液体揉进伤口。虽然一小部分人会死于由此产生的天花感染，但绝大多数人都在经历症状之后产生了免疫力。

由于对土耳其文化的迷恋，加上自己感染天花的经历，玛丽夫人很容易接受这种做法。在英国外科医生查尔斯·梅特兰（Charles Maitland）和一位土耳其老护士的帮助下，她成功地让自己年幼的儿子接种了人痘。1721年回国后，她开始在英国提倡接种人痘。但她遭到了来自医生的巨大阻力。对许多人来说，这种做法显得很奇怪，甚至很野蛮。雪上加霜的是，这是一个女人在倡导其他女人，而且还是外国女人发明的疗法。梅特兰医生在土耳其时很乐意帮助她进行治疗，但在英国同行面前做这件事时，他还是显得很紧张。[79]伦敦的各大报纸就接种人痘是否安全有效展开了激烈的辩论。赌注非常高。就在那段时间，天花大暴发，英格兰所有人的生命受到威胁。

玛丽夫人设计的解决方案非常出色，而且非常成功，因为它迎合了从众倾向，而正是这种倾向，一开始让医生们对人痘接种持怀疑的态度。她想要表明，英国最受尊敬的人之一也愿意在自己的孩子身上做这件事。1722 年，在玛丽夫人的要求下，安斯巴赫（Ansbach）的卡洛琳（Caroline）——当时的威尔士公主，嫁给了英格兰王储——让她的两个女儿接种了人痘。这个举动为人痘接种的安全性提供了直接证据，但也许更重要的是，这一做法向英国公民表明，如果他们进行人痘接种，他们便是与优秀的人站在了一起。这种做法很快在英国贵族中传播开来，尤其是那些与玛丽夫人或卡洛琳王妃有私交的人。

人痘被广泛接种，几乎与人们对其预防能力或安全性的新认识无关。相反，这个问题被回避了，人痘接种由于社会压力而被采纳。最初，医生之间的社会压力阻止人们接受它，后来，贵族之间的社会压力，要求他们效法王妃和她的朋友们的观念和做法，从而加速了人痘接种。

虽然在这个故事里，社会压力传播的是一个正确观念，但玛丽夫人说服同胞的方式，恰恰反映了宣传者利用社会网络的一种重要方式。还记得我们上一章讲过的，从众心理在公众观念和行为方面的作用吗？人们通常倾向于让自己的观念与行为和周围的人保持一致，这种倾向会从根本上改变信息在社群中流动的方式。那些持有正确观念的人，可能由于害怕社会责难而选择不分享支持这些观念的证据，从而阻止了好理念的传播。这就是塞麦尔维斯所遭遇的情况，也正是这种情况最初减慢了英国人的人痘接种速度。

然而，在第二章中我们也曾提出，从众对科学家群体的影响，取决于这些科学家之间的交流网络的结构。有一种网络结构好比轮子，其中一个人与其他许多人相连接，周围的人都与中心的人依次发生联系。真实的社交网络则并不完全像轮子，但它们通常会有看起来像轮子中心的星状结构的子结构。有些人与很多人联系在一起，于是便具有巨大的社会影响力。这些人的行为往往会影响很多人的行为。

这也与我们前文述及的操纵声誉的一些例子有着密切的关联。卡洛琳王妃并不是一位杰出的科学家，但在她生活的那个时代，贵族，尤其是王室成员被认为高人一等。正是因为她享有很高的社会地位、声誉较高，才让那么多英国贵族希望与她建立联系，并与她的行为保持一致。

类似的一些从众行为，至少在上面描述的一些有关科学家声誉的案例中发挥了作用。正是基于他们的声誉，塞茨这样的人物才能够写出其他人会去读和听的文章和社论，从而与许多彼此隔绝的人发生接触。虽然塞茨并没有和他所有的读者建立个人联系，但一份主流报纸的评论文章的作用，就在于至少是暂时地把某人放在轮子中心的位置。

同样，雷维尔也发展了一大批拥趸，其中很多人，包括后来的美国副总统，都非常关注雷维尔发表的意见。在一定程度上，他的声誉是基于他的学术事业，以及他所展示的收集和评估证据的能力。但是，那些想要像雷维尔那样对环境科学和政策的制定产生影响的愿望，肯定也在这个过程中发挥了作用。

那些把目标对准处于中心位置的社交明星的宣传者，可以利用公众的从众倾向。每当他们说服了一个具有重要影响力的人接受某种看法或做法，他们就可以依靠这些人来说服那些试图效仿后一类人的人。玛丽夫人的策略的妙处在于她没有选择自己在英国东奔西跑，不加区别地告诉每一个张三李四有关人痘的事情。

相反，她瞄准了最富有、最有影响力和人脉最广的人。她找到了星状结构的中心，并让这些人首先接受了新的方法。她明智地认为，人痘接种被中心人物接受，相关观念和行为就会自动传播。

　　图14以一种高度简化的方式，展示了观念传播的过程。在观念一致的网络中，如果中心个体改变了观念，那么，由于从众倾向，这个个体就会对周边个体产生强烈的影响，周边个体也可能因此改变自己的观念。[80]

　　通过有影响力的人传播新做法或新看法，只是宣传者对公众的从众倾向加以利用的方式之一。与人痘接种类似的现代疫苗接种，仍然是从众倾向发挥作用的典型案例。和玛丽夫人所处的时代一样，现在仍然有一些人——"反疫苗者"——质疑给孩子接种疫苗的安全性和明智性。惊人的是，这些人倾向于聚在一起，不仅住得近，而且经常进行社交。在这样的社区中，因在有争议的话题上产生分歧而出现的不适感是可以避免的。[81]例如，在加利福尼亚州的一些富人区，疫苗接种率已降至20%，而该州的平均接种率超过85%。[82]

　　2017年，美国明尼苏达州，一个内部联系紧密的索马里裔美

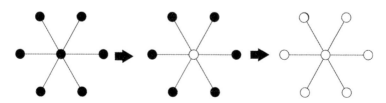

图 14　观念在星状网络结构中的传播。黑色节点代表一种行为，白色节点代表另一种行为。请注意，中心个体连接许多彼此互不连接的行为人。因此，这个中心个体对网络上的其他部分便具有了特殊的社会影响力。

国人社区暴发了该州自20世纪80年代以来最严重的麻疹疫情。[83] 原因要从多年前说起。在得知这一群体中严重孤独症的患病率特别高后，反疫苗者在索马里裔美国人社区中心张贴传单和广告，告诫人们不要接种疫苗。他们还在社区卫生会议上分发小册子。安德鲁·韦克菲尔德（Andrew Wakefield）是一名科学家，正是他最初错误地报道疫苗与孤独症存在联系。2010年和2011年，他曾多次前往明尼阿波利斯，与索马里裔美国人中孤独症儿童的父母交谈。[84]

由于这些"努力"，该社区的疫苗接种率从2004年的92%下降到2014年的42%，这加速了麻疹疫情的暴发。即便在疫情暴发后，明尼苏达州疫苗安全委员会——实质上是一个反疫苗组织——依然加倍努力，举办各种活动，传播有关麻腮风疫苗和孤独症存在关联的错误信息。甚至有报道称，反疫苗者挨家挨户地劝说人们，称麻疹疫情实际上是由卫生部门制造的，其目的是迫使索马里裔给他们的孩子接种疫苗！

在这个案例中，我们看到的是反疫苗者如何兜售他们的观念——完全没有证据支持的观念——兜售目标是一个联系紧密的群体，这个群体特别容易受他们所提供的信息的影响。在此过程中，他们利用了从众效应。明尼苏达州的索马里裔社区，是大群体中联系高度紧密的小集团的典型代表。反疫苗者对这样的社会网络结构进行了利用，将信息传播给了同一类人，而这些人在获得信息后，又很可能一起讨论，从而对这一信息进行强化。如果一个同类群体中的多个成员同时转向了一种新的思维方式，那么通常导致对变化的抵制的从众心理，就会反过来鼓励新的做法。一旦群体中的很多成员决定不接种疫苗，群体内部的社会效应就

图 15　观念在一个完整状网络，也就是完全连接的、一致的网络中的传播。黑色节点代表一种行为，而白色节点代表另一种行为。当网络中的多个个体改变了自己的行为时，群体中的其他个体便会因压力而改变行为，因为他们希望与网络中的相邻个体保持一致。一旦改变发生，群体便会变得相对稳定。

会非常稳固，从而抑制个别大胆的成员逆势而动。[85]

　　图15展示的便是这种情况。如果群体中的部分成员改变了自己的做法，其他人就会有压力，一旦他们全都达成了一致，从众效应就会使整个群体保持一致。

　　在本章中，我们探讨了宣传者如何利用公众分享信息和相互学习的规律，通过多种方式来操纵公众的观念和行为。请注意，我们在第二章中探讨的机制，既能帮助我们发现真理，也可能会让我们误入歧途，这些机制最终可能成为操纵我们观念的杠杆。

　　我们谈到，宣传者可以通过很多方法成功地进行这种操纵。他们的方法可能会很粗放，如精准地给出你喜欢的科学研究结果；也可能会更微妙，比如对科学界偶尔产生的错误结果加以利用，然后分享这些结果；还可能选择那些最有可能得出有助于宣传的结果的科学家，向他们提供额外的资助。

　　我们还提到宣传者可能会瞄准那些具有特殊影响力的个体，然后通过他们施加影响。在罗杰·雷维尔、本·桑特等人的案例中，宣传者就是先找到那些特别受人信任的人物。例如，如果一个科学家在某个领域获得了很高的成就，那些受他们早期成就影

响的人就很容易被他们说服。与此相关的一种方法是，将从众效
应作为武器，瞄准在社会网络中具有特殊关联地位的人，或者瞄
准小集团。

到目前为止，我们（主要）关注的是科学界，以及信息从科
学家到其他人的传播。但是，对科学家的观念造成影响的效应，
通常也会以戏剧性的方式在整个社会中发挥作用。在下一章中，
我们将对上文所展示的图景进行扩展，并试着揭示社会因素对大
众日常观念的影响。

第四章

社交网络

2016年12月4日，星期日，一个名叫埃德加·麦迪逊·韦尔奇（Edgar Maddison Welch）的28岁男子告诉他的妻子和两个女儿，他有些事情要处理，然后离开了家。[1]他驱车6小时，从他位于北卡罗来纳州索尔兹伯里的家行驶至华盛顿特区的一家比萨店。他携带了一把AR-15半自动步枪、一把手枪和一把猎枪，三把枪都上膛了。约下午3点他到达比萨店，带着步枪进入餐厅并开了火，多发子弹射在了餐厅的一扇上锁的门上。

韦尔奇认为自己是英雄。他确信被称为"乒乓彗星"（Comet Ping Pong）的比萨店是国际儿童卖淫集团的集结地，该集团由前民主党总统候选人希拉里·克林顿领导。韦尔奇打算调查比萨店，如果有可能，他还打算救出孩子们。

一个多月前，也就是在2016年大选前不久，联邦调查局局长詹姆斯·B. 科米宣布他将重新对希拉里·克林顿在担任国务卿期间使用私人电子邮箱服务器一事进行调查。（回想一下，根据ETF新闻的报道，正是因为科米先前已经结束了这项调查，没有建议起诉，教皇方济各才公开支持唐纳德·特朗普担任总统的。）

科米之所以宣布重新调查，是因为在希拉里的高级助手家中没收的电脑里，发现了数量不详的此前未发现的电子邮件。情况很糟糕：电脑属于名誉扫地的前国会议员安东尼·韦纳（Anthony Weiner），他最近被指控向一名15岁的女孩发送自己的裸照。（韦纳最终承认将淫秽物品发给了未成年人。）而韦纳的妻子修玛·阿贝丁（Huma Abedin）就是希拉里的高级助手。

两天后，社交媒体推特上的一条推文宣称，这些电子邮件实际上揭示了比最初的指控更糟糕的事情。援引"纽约警察局的消息"，该推文宣称这些电子邮件暗示希拉里·克林顿是"国际儿童奴役和性犯罪团伙"的头号人物。

该推文在接下来的一周内得到了6000多次转发。[2]第二天，一篇文章出现在网站"你的新闻专线"（YourNewsWire.com）上，声称一名"FBI内部人员"证实了对一个恋童癖性犯罪团伙的指控，该团伙与美国政府多名官员有联系，包括几名现任国会议员，当然还有希拉里·克林顿。这个故事很快在其他博客和新闻聚合软件上被转发，成为多则新出现的假新闻的主题。其中一些全文复制了"你的新闻专线"上那篇文章的原文，而另一些则添油加醋。一个名为"主题：政治"的网站声称纽约警察局"突袭"了希拉里的一处房产，发现了许多更可怕的材料。（其实并没有发生所谓的"突袭"搜查。）

在这些文章发布之后，网络侦探开始调查其他公开资料，包括一系列电子邮件，这些邮件可能是从希拉里的竞选主席（比尔·克林顿的前幕僚长）约翰·波德斯塔（John Podesta）那里盗取来的，被公布在"维基解密"（WikiLeaks）的网站上[3]。这些业余调查人员很快就相信他们已经破解了波德斯塔的午餐订单中隐藏的代码。他们从与"儿童卖淫"（Child Prostitution）具有相同首字母的"奶酪比萨"（Cheese Pizza）开始，创建了一本翻译手册："热狗"表示"男孩"，"面食"表示"小男孩"，"酱汁"表示"狂欢"，等等。[4]不久，一个名为"比萨门"的讨论区出现在在线社区Reddit上，网友们在那里讨论前面提到的指控，并晒出新的"证据"。其他讨论继续在流行于右翼青年中的网站上进行，例如4chan。

在一个特别令人困惑的推论中，该网络社区以某种方式推断，由于"代码"中包含与比萨有关的术语，卖淫团伙一定以比萨店为据点。（其实，邮件中提到的是一家真正的比萨店——那不是代码！）很快，这些网民确定了一个地点：华盛顿的"乒乓彗星"，该店的老板是一个与克林顿夫妇有联系的人（该老板之前曾与支持希拉里·克林顿的媒体监督机构"美国媒体事务"的首席执行官约会），而波德斯塔经常出入该店。（他们的调查还确定，波德斯塔练习巫术，并喝下了受害人的血。）

这些离奇和无证据的指控很快就从互联网的阴暗角落传播到了相对主流的右翼媒体上，例如"德鲁奇报告"（Drudge Report）和"信息战"（Infowars）。"信息战"其实并不拥有可靠的信息来源，但它拥有大量的粉丝。其创始人兼主要发言人亚历克斯·琼斯（Alex Jones）在视频网站优兔上拥有超过200万个粉丝，在推特上拥有73万个粉丝；琼斯大大增加了谣言的影响力。（他后来为自己在整个事件中所起的作用道歉。）[5]很快，"乒乓彗星"比萨店就接到无数威胁电话，网上也出现了数百条针对餐厅的负面"评价"，这些都与指控相呼应。

11月底，这个故事受到了公众极大的关注，包括《纽约时报》和《华盛顿邮报》在内的主流新闻媒体纷纷发表文章，以驳斥这些荒谬的说法。但是事与愿违，这些文章反而使得阴谋论受到了更多的关注，不断有文章和视频试图反驳这些驳斥文章。[6]

韦尔奇大概就是在这个时候开始注意到这些说法的。北卡罗来纳州的朋友首先向他讲述了这些故事；在他开车去华盛顿特区的前几天，他为自己家接通了互联网，这样他便可以亲自去了解有关"比萨门"的指控。他的发现令他深感忧虑。他"预感到一些邪恶的事情正在发生"，而且没有人对此采取任何措施。[7]于是他决定自己去解决这件事情。

前三章的重点一直被放在科学研究上。正如我们在引言中解释的那样，其原因是在科学界，某些或所有参与者都在尝试以他们认为的最可靠和最有效的方式来了解世界，这个背景是相对清晰的。科学家想在第一章讨论的意义上发现真理，他们想了解实际发生的事件及其原因。这些科学家群体的想法有可能会出错，而且的确经常出错。但是毫无疑问，他们在收集和评估证据。这使我们的模型该如何应用变得尤为清晰，更重要的是，这些群体终会以多种方式导致错误。

但是，正如我们在引言中指出的那样，科学研究可以被看作我们所有人在日常生活中都尽力去做的事的极端案例。我们中的大多数人都没有接受过专业培训，更没多少人从事研究工作。但是，我们经常试图弄清楚一些事，为此，我们使用与科学家相同的基本推理方法。我们从经验中学习——至关重要的是，我们从他人的经验中学习。

由于我们所有人都在向现实学习和相互学习，因此，我们的科学家群体模型也同样适用于普通人群。我们根据那些模型确定的传播特定观念的机制以类似的方式在广大人群中运作。了解这些机制以及它们如何被破坏以达到其他人的目的，可以让我们对当今美国、英国乃至西欧大部分地区的政治局势有更多了解。

例如，美国公众在许多问题上分歧很大，包括本书中讨论的一些主题，如全球气候变化。但是，美国人在应该将平价医疗法案——奥巴马医改成果——作为未来医疗政策的基础，还是应该废除该法案，并由一个完全不同的政策取而代之的问题上，也出现了极化。这样的例子还有不少：美国是否应该放弃促使伊朗同意放弃其核武器计划的多边条约？自由贸易协定是否改善了国家的经济状况？政府是否应该（或法律上是否可能）更严格地管制枪支？降低企业所得税税率和高收入者税率是否会刺激中产阶级工资增长？

在几乎所有这些问题上，人们都在基本事实上存在分歧，这些分歧也导致了政策分歧。这些分歧之所以产生，是因为人们倾向于信任不同的信息来源。一些人依赖微软全国广播公司（MSNBC）、《纽约时报》，或《华盛顿邮报》，而另一些人则依赖福克斯新闻频道、《华尔街日报》和《华盛顿时报》。一些人看重传统基金会、卡托研究所或哈特兰研究所进行的研究，而另一些人则援引南方贫困法律中心、布鲁金斯学会或美国进步中心的研究。有些人参考了不太可靠的信息来源，包括布赖特巴特新闻网、"信息战"、改变网和帕尔默报告。

当朋友、家人、同事，尤其是陌生人不同意我们的观点时，我们很容易认为问题出在他们身上：他们不了解事实，过于情绪化而无法正确评估情况，或者就是太愚蠢。但如果这不是实情呢？或者至少，如果无知和情绪只是部分原因，而且也许不是最重要的部分呢？

情绪在我们的模型中不起作用，智力和政治意识形态也没有被包括在内。我们的模型中只有非常简单、高度理想化的行为人，他们试图使用尽可能理性的方法来了解世界，却经常失败（未能普遍持有正确观念）。此外，他们很容易被人用某种社会机制操纵而导致失败，可在其他情况下，相同的机制却可以帮助他们取得成功。

如果假新闻的传播，甚至阴谋论流入《华盛顿邮报》和福克斯新闻频道等主流媒体的背后都隐藏着这些社会因素呢？

假新闻由来已久，尤其是在美国。例如，在美国独立战争前后的几十年里，各个党派通过恶毒的小册子攻击对手，而这些小册子往往充斥着高度可疑的指责和彻头彻尾的谎言。同样，假新闻也可以说引发了美西战争。[8] 美国军舰"缅因"号于1898年被派往古巴哈瓦那以保护美国利益，而古巴当时正在反抗西班牙的统治。"缅因"号在哈瓦那港神秘爆炸后，美国的几家报纸，最著名的是《纽约世界报》（New York World）和《纽约日报》（New York Journal），开始发表耸人听闻的文章，指责西班牙制造了爆炸，并要求发动战争作为报复。[9]（爆炸的实际原因过去和现在都有争议，但从未有具体证据表明西班牙参与了这场袭击。）[10] 最后，部分原因是受新闻媒体施加的压力的刺激，美国政府向西班牙发出最后通牒，要求西班牙向古巴投降，否则将面临战争——西班牙对此做出的回应是向美国宣战。[11]（西班牙在不到3个月后提出议和。）

1835年，政治立场保守但通常可信的《纽约太阳报》（下文称《太阳报》）发表了6篇系列文章，声称英国天文学家约翰·赫歇尔（John Herschel）发现月球上存在生命。[12]文章声明其内容转载自爱丁堡的一家报纸，其中一部分来源于赫歇尔本人。文章甚至还配了描绘有翅膀的外星人的插图，说是赫歇尔见过。不用说，月球上没有生命，赫歇尔也从未声称找到过外星人。这些文章一直未被撤回。（这些文章，与2017年6月亚历克斯·琼斯的"信息战"的广播节目中，一位嘉宾所说的美国航空航天局正在火星上管理着一个儿童奴隶殖民地，有相似之处。）[13]

9年后，埃德加·爱伦·坡在《太阳报》上发表了一篇文章，他在文章中描述（自称如实报道）了一个名为蒙克·梅森（Monck Mason）的著名热气球驾驶员，后者驾驶热气球进行了跨大西洋飞行。[14]这件事情同样从未发生过。（这篇文章两天后被撤回。）

假新闻已经和我们共存很久了。然而，有些事情已经发生了变化——在过去的10年里，假新闻渐进地影响社会，但在2016年，就在英国脱欧投票和美国大选的筹备过程中，假新闻的影响速度和范围突然变得惊人。

1898年，当《纽约世界报》和《纽约日报》开始鼓动战争时，它们的发行量很大。《纽约日报》声称每天有125万名读者购买《纽约日报》，它拥有世界上最大的读者群。[15]（当时纽约市的人口约为340万；这些报纸的数据肯定是被夸大的，但可能夸大得不太多：根据美国当年的官方统计，1900年纽约各类日报的总发行量超过270万份。）他们的读者几乎完全是纽约人。但不是所有的纽约人，因为声誉更好的《时代》、《先驱论坛报》和

《太阳报》也有广泛的读者群。纽约以外的地区性报纸一般不转载呼吁与西班牙开战的《纽约世界报》和《纽约日报》的文章。尽管这些假新闻肯定会影响公众舆论，并可能促使战争爆发，但在所谓的"镀金时代"，它们的影响力受到媒体技术的限制。

在过去的10年里，这些技术限制早已经消失。2016年2月，脸书报告称，活跃在其网站上的15.9亿人彼此之间平均间隔人数为3.59。这一数字缩小了：2011年是3.74。[16]此外，由于分布呈偏态，因此更多的人应该比平均值显示的联系情况更紧密一些。皮尤研究中心的数据显示，68%的美国成年人使用脸书（79%的美国成年人使用互联网）。[17]与此同时，在美国，推特的月活跃用户数约为7000万——略低于美国成年人口的30%——在全球，推特的月活跃用户数约为3.3亿。[18]在脸书和推特上发布以及广泛共享的信息，可以覆盖美国和其他西方民主国家的大部分选民。

假新闻不是新鲜事，但现在假新闻能以前所未有的方式传播。这使它更加危险。然而，真的有人相信那些发布在社交媒体上被转发和点赞的离谱故事吗？

这些故事的存在可能有其他原因。也许有些人觉得它们有趣、难以置信，或出于讽刺意味而转发它们。即使一些人知道内容是假的，他们也可能会转发它，因为这些故事也反映了他们对某个话题的感受。许多互联网"模因"——在互联网上被广泛分享的数字制品——都具有精心设计的笑话的特征，这些笑话往往表明某种社会地位或社会参与度。[19]假新闻也一样吗？

也许是吧。然而有些人确实相信假新闻。例如，埃德加·韦尔奇显然认为"乒乓彗星"比萨店藏着被贩卖的儿童。这么认为的不是只有他一个人。在民意调查公司益普索公共事务为蜂鸣器新闻进行的一项调查中，3015名美国成年人看到了6条新闻标题，其中3条是真实新闻，3条是假新闻。[20]这些新闻标题是从选举前几个月最受欢迎的新闻列表中选出的，它们被转发的次数相似。受访者被问到他们是否记得那些新闻标题，以及那些他们确实记得的新闻是否可信。

三分之一的受访者回忆，自己至少看到过一条假新闻的标题。那些记得标题的人中有75%判断假新闻"非常"或"有点"可信。相比之下，在回忆起自己看到过真实新闻的标题的受访者中，有83%判断这些新闻是可信的。

其他的调查和实验结果与以上情况基本一致。[21]皮尤研究中心对1002名成年人进行的一项调查发现，23%的人承认自己转发过假新闻，其中73%的人承认他们是无意中转发的，后来才发现新闻是假的。[22]（其他人声称当时知道这条新闻是假的，但无论如何还是转发了这条新闻。）当然了，这些结果不包括那些无意中转发了假新闻，之后也一直不知道这条新闻为假的受访者，也不包括那些始终不愿承认被骗的受访者。

新闻界有一句著名的格言，常被认为是19世纪《纽约太阳报》的编辑约翰·B.博加特（John B. Bogart）或者查尔斯·A.达纳（Charles A. Dana）所说："狗咬人不是新闻，人咬狗才是新闻。"业界将其当作准则：我们很少读到关于没有坠毁的飞机、没有伤害我们的化学物质、平淡无奇的股东大会的新闻，或者证实被广泛接受的假设的科研文章。

在许多事上，关注新奇或意外事件是没有问题的。新奇使事物变得引人注目，而引人注目则可以提高报刊销量、吸引用户点击。这是我们所关心的。但对于一些学科，包括科学以及政治和经济，新奇导致的偏差可能会产生严重的问题。

我们在第三章中看到，烟草战略的一环是宣传那些合格、不带偏见的科学家做出的倾向于支持烟草行业议程的研究。这是非常有效的，在我们的模型中，通过更广泛的共享来简单地放大证据的一个子集，可以引导政策制定者或公众对错误观念充满信心，哪怕科学家自己是倾向于正确观念的。这里的关键问题是，当试图判定一个证据是概率得出的，还是统计得到的，拥有完整且无偏的样本至关重要。只关注现有的部分证据很可能导致错误观念。

对于分享给公众的证据，即使没有人积极地试图制造偏差，这种偏差也可能出现。它所需要的只是一种机制，通过这种机制，证据被选择性地传播。

这正是当记者们关注新奇的、令人惊讶的或与常识相悖的事件时会发生的情况——这些事件最有可能引起关注、争议，并因此被广泛阅读或分享。当记者报道他们认为最有趣，或受众最感兴趣的内容时，他们可能会用误导性报道方式使公众的看法产生偏差，在他们只报道真实事件时也可能如此。

为了更好地理解这种事情是如何发生的，我们研究了第三章中描述的宣传者模型的一种变体。现在，我们设想有一群从单一的第三方接收所有信息的政策制定者，而不是之前假设的既和科学家联系，又和宣传者联系：比如一名女记者，她搜索科学研究结果并报道她认为最新奇的证据。

我们假设这名记者正在根据所有科学证据更新她的观念。随着收集到的证据的增多，她倾向于认同科学共识，但她只报道最令人惊讶的内容。有几种方法可以实现这个基本设想。一种方法是让模型中的记者查看每一轮科学家的测试结果，之后分享最不典型的结果。另一种方法是考虑记者当前的观念，让她分享所有超过某个阈值的结果，即记者认为足够奇怪、能引起兴趣的结果。[23]

在这两种情况下，我们发现公众有时会倾向于接受错误的观念，即使记者和科学界都认同于正确的观念。[24]

在这样一个模型中，记者通常会分享一些不太可能的结果，因为它们非常强烈地指向正确观念，或非常强烈地指向错误观念。她没有像宣传者那样明显地歪曲证据。有时，记者会增强我们对科学所支持的正确观念的信心。但这并不意味着她的行为是不偏不倚的。正如我们在宣传的例子中看到的那样，往往是证据的总体分布引导我们找到正确观念。用干预手段改变这种分布，将改变该证据的引用者的最终观念。

还有一种方式可以让记者在不知不觉中传播错误观念。新闻业有法律和道德框架，通过各方的辩论来促进"公平"。从1949年到1987年，美国联邦通信委员会（Federal Communications Commission）甚至维护了一项名为"公平原则"的规定，要求持有广播许可证的媒体在公众关心的、有争议的话题上公平地展示不同的观点。这一规定现在已不再适用——即使适用，也很少有人再从广播媒体上获取新闻了。但是，由于很少有记者喜欢被人指责带有偏见，记者们仍然面临公平呈现分歧双方意见的压力（或者至少看起来是这样）。

"公平原则"听起来很好，但它对复杂问题的公共传播具有极大的破坏性。再次考虑记者有选择地传达结果的模型。现在，与其让记者只分享令人惊讶的结果，不如假设每次她选择分享一个支持一种观点的结果时，她也会分享一个支持另一种观点的结果——通过搜索最近发表的一系列结果，找到一个反映"另一种观点"的结果。

在图16中，我们展示了科学家进行测试的可能结果样本（每个样本有10个数据点）。记者分享了两个结果（粗体数字），一个是从支持B行为的结果中随机选择的，另一个是从支持A行为的结果中随机选择的。政策制定者将看到两项研究，其中B行为成功了6次和3次，而真实的结果分布——9、6、6和3——将使政策制定者产生B行为总体成功率更高的印象。

这是怎么回事呢？[25]在这种情况下，当科学家这样做时，政策制定者倾向于向正确观念靠拢。但对于政策制定者来说，这个过程要比科学家慢得多——事实上，如果记者仅仅分享科学界的两个随机结果，政策制定者形成正确观念的过程还会快一些。这是因为我们通常期望有利于形成正确观念的证据出现得更频繁。在两个方向上分享相同比例的结果，可能会使天平指向错误的方向。事实上，"公平原则"长期以来一直被认为是宣传者的工具，例如烟草行业经常援引"公平原则"，坚持在电视和报纸文章中表达其观点。[26]

归根结底，反对者的存在并不是一个分享他们的观点或给他们展示平台的好理由。有人认为，不报道相反的观点——或者至少不将它们作为相反的观点具体报道——也是不公平的，但这种观念是错误的，尤其是在科学界已经基本达成共识的情况下，如果我们所关心的是怎样才能正确采取行动，就更是如此了。即使反对者有很好的资历和合理的结果来支持他们的观点，情况也是

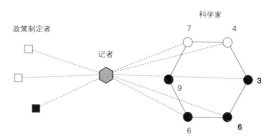

图16　一个"公平的"记者选择两个结果（粗体数字）向政策制定者报告的模型。在观察科学家的研究结果后，记者将一个支持 B 行为的结果和另一个错误地支持 A 行为的结果传达给政策制定者。这会使政策制定者可用的数据集产生偏差。白色节点代表支持 A 行为的行为人，黑色节点代表支持 B 行为的行为人。

如此。当我们试图解决难题时，总会有高质量和令人信服的证据把我们推向两个方向。

你可能会担心这一点，毕竟，在本书中，我们指出了一些专家的"共识"被证明是错误的案例。如果记者们只报道那些绅士医生的观点——他们坚持认为自己的手不可能传播疾病，并将塞麦尔维斯斥为医学惯例的逆反者，会怎么样？事实上，在2003年伊拉克战争前发生了非常类似的事情：美国和英国的对外政策专家以及各政治派别的政治家几乎一致地认为萨达姆·侯赛因正在发展大规模杀伤性武器（他没有）。依据有关伊拉克死亡人数的研究，布什政府和布莱尔政府以这些"武器"为借口，发动了一场最终导致伊拉克十多年严重内乱和近20万平民死亡的战争。[27]《纽约时报》因在没有充分审查或怀疑的情况下报道这一共识而受到广泛批评，编辑们在2004年极不寻常地发表了道歉声明。[28]这个事例告诉我们，只报道人们普遍认同的观点和与之大体一致的故事会产生可怕的后果。

好极了。那么，记者该如何分辨两者之间的区别呢，尤其是当他们不是相关领域的专家时？一方面，当前或历史事件与关于科学的故事有着截然不同的地位。裁判科学分歧不是也不应该是记者的职责，这是同行评议和科学过程的目的所在，因为专家判断通常是必不可少的。正是在这种前提下，这一过程已经在科学期刊的版面上展开，而辩论的失败者希望在公共论坛上重新讨论这些问题，记者对此应该非常谨慎。另一方面，调查和质疑国内外政策所依据的那些所谓事实——包括与决策相关的问题是否已经存在科学共识，无疑是记者的工作。

或许更重要的是，有必要关注引起明显争议的原因。我们不想排除这样一种可能性：现在塞麦尔维斯正默默无闻地工作，记者即使再有才华，也找不到他，无法用他的想法引起公众的注意。毕竟，这正是《20/20》节目在海托华发现鱼中含有甲基汞一事上的做法。我们的观点是，存在反对者或（明显的）争议本身，并不是事情的全部，也不能因此就说各方该有等同的时间来发表各自的看法以解决分歧。发表令人惊讶或出乎意料的研究文章本身并不具有新闻价值。

因此，我们需要新闻工作者避免报道耸人听闻的新发现，而应报道已经达成的共识（当有共识时）及达成共识的原因。对记者和政治家来说，仔细审查信息来源尤为重要。非专业人士总是需要专家为他们收集证据。这正是宣传者试图利用的：站在无私专家的立场，以有利于自己利益的方式收集证据。通常，这样做的团体有意尝试在独立性和资历方面误导记者。

这就是机构可以发挥重要作用的地方。记者报道科学新闻不应依赖个别科研人员（即使他们有良好的资历或受人尊敬），而应依赖独立组织，如美国国家科学院，以及国际机构，如政府间气候变化专门委员会的共识。对于其他对决策非常重要的事实，如税收和经济政策，也是如此。一些国家拥有可靠、独立的政府记录保存机构，如美国劳工统计局（Bureau of Labor Statistics），该机构负责统计失业率和通货膨胀等经济指标，再如美国国会预算办公室（Congressional Budget Office），该机构负责对预期预算影响的拟议立法进行评分。与声称"官方"数据有误、有误导性或带有偏见的所谓专家相比，这类机构的调查结果应予以特别重视。来自联合国的报告，尤其是涉及严肃的同行评议的报告，如IPCC的报告，通常也比来自个别国家的政府的报告更可靠。这些机构当然可以被操纵以达到为党派服务的目的[29]，但它们还是比因为利益而与问题牵扯在一起的个人或组织更可靠一些。

2016年7月10日黎明前，一位名叫塞思·里奇（Seth Rich）的男子从华盛顿特区的一家酒吧往家走，并在路上给女友打电话。[30]酒吧离他家只有几英里远，但里奇走得很慢，他们聊了几个小时。突然，里奇挂断了电话，紧接着，凌晨4点20分左右，里奇背部中了两枪。警方立即做出反应，将他送往当地医院，但他很快就因伤势过重死亡。

里奇只有27岁。就在几天前，他接受了一份希拉里·克林顿总统竞选团队的工作。民主党全国代表大会将在两周后开幕，届时希拉里将被正式提名为民主党总统候选人。在过去的两年里，里奇一直为DNC（民主党全国委员会）工作，负责在有争议的初选——在希拉里·克林顿和伯尼·桑德斯（Bernie Sanders）之间展开——中提高选民投票率。[31]

华盛顿特区警察局判定这是一起凶杀案，属于普通的抢劫未遂。但在里奇被枪杀后的几天内，阴谋论风起云涌，这显然是由Reddit上的一篇帖子引发的。[32]这篇帖子称里奇是被克林顿夫妇或者当时的民主党领袖黛比·沃瑟曼·舒尔茨（Debbie Wasserman Schultz）杀害的，目的是掩盖初选期间的选举舞弊。评论人士推测，里奇通过他在DNC的工作，了解到有人试图压制支持桑德斯的选民，或者以其他方式使初选结果向希拉里一方倾斜，里奇了解到的这些信息使他对希拉里的竞选活动构成了威胁。

克林顿家族的某位成员谋杀了一位负有政治责任的人并不是新鲜的传闻。1994年，来自南加州的两年前被投票罢免的前共和党国会议员威廉·E. 丹尼迈尔（William E. Dannemeyer）写信给国会领导人，声称时任总统比尔·克林顿对数十起谋杀案负有责任[33]。丹尼迈尔总共列出了24名与克林顿家族有关的人，并声称这些人是"在非自然情况下"死亡的。他的名单似乎出自一个名叫琳达·汤普森（Linda Thompson）的政治活动家之手，在此前一年，她提供了34个她认为的——当然"没有直接证据"——被克林顿或他的同伙杀害的人的名字。1994年的一部名为《克林顿纪事》的电影也提出了类似的指控[34]。

在比尔·克林顿担任总统期间，执法部门和各种特别检察官对这些指控进行了详细调查。指控没有实质内容。然而，它一直存在于极右翼和极左翼的阴谋论者心中，形成了一个生态系统，在这个系统中，存在有关里奇的指控似乎不足为奇，甚至是可信的。

很快这个故事就有了新内涵。里奇被谋杀前大约一个月，

DNC承认其服务器遭到了黑客攻击，数千封电子邮件被盗。[35] 9个月前，FBI联系DNC，称至少有一台电脑已被外国特工入侵。一名技术人员检查了系统，没有发现任何问题，DNC没有进一步回应。两个月后，FBI再次联系了DNC，这次说后者的一个服务器定期向外国发送数据。DNC的IT人员再次认定这些电脑没有遭到入侵，并且没有将FBI的警告传达给DNC领导层。

与此同时，维基解密创始人朱利安·阿桑奇宣布，他将很快发布数千页与希拉里·克林顿竞选活动有关的电子邮件。[36] 维基解密又等了一个月才发布这些电子邮件，显然是为了最大限度地损害希拉里的形象：这些邮件于2016年7月22日出现在网上，也就是民主党全国代表大会开幕前几天。一些遭泄露的电子邮件表明，DNC已采取行动支持希拉里参选，并在削弱桑德斯的支持率。

一名自称是罗马尼亚人并自称Guccifer 2.0的黑客声称对这次黑客攻击负责。但FBI于2016年7月25日展开正式调查，表示相信第三国黑客才是幕后黑手——这一指控与其早些时候向DNC发出的警告一致。有多家私人网络安全公司得出了相同的结论，2016年10月，美国情报机构普遍认为黑客攻击是由第三国情报部门主导的。[37]

不过，维基解密从未证实该国参与此事。2016年8月，阿桑奇暗示这些信息完全来自另一个来源：塞思·里奇。他悬赏两万美金，以便得到与里奇之死有关的信息，之后他接受荷兰电视节目《新闻》的采访，在回答一个关于里奇的提问后断言"我们的消息来源会承担风险"。随后补充说维基解密有一项规定，那就是绝不披露或以其他方式评论其消息的来源。[38]

这种说法缺乏证据，甚至缺乏连贯性，但这并没有阻止一些媒体继续报道这些指控。之后，更多主流消息来源也报道了阿桑奇的言论，包括《华盛顿邮报》、蜂鸣器新闻和《新闻周刊》。

故事在2017年5月有了进一步发展，当时福克斯新闻频道和其几家分支机构发布了一篇报道，称被窃取的DNC的电子邮件，是FBI在里奇的电脑上发现的。[39]这些指控来自一位名叫罗德·惠勒（Rod Wheeler）的男子，他曾是华盛顿特区的一名凶杀案侦探，一个共和党内部人士雇他调查里奇案件。从惠勒说话的口气来看，他俨然看到过里奇电脑上的信息，可以直接围绕这个新证据发言。

只有一个问题：福克斯新闻频道的报道完全是捏造的。它出现后不久，FBI表示没有参与对里奇的调查。不久惠勒承认，他根本没有看到过里奇电脑上的电子邮件。里奇的父母发表声明说，他们没有看到或听说过任何能证明里奇曾经拥有或传输任何DNC电子邮件的证据，也没有说里奇的死不是一起拙劣的抢劫造成的。要么证据不存在，要么掌握了证据的人在隐瞒证据。

在第一次播出这些报道大约一周后，福克斯新闻频道及其分支机构撤回了这些报道；同年8月，惠勒对福克斯新闻频道提起诉讼，声称福克斯的记者故意编造了引自他的言论，整个报道都是在与白宫磋商后策划的。[40]看来，现在没有，而且从来也没有任何理由可以让人们相信，里奇与DNC电子邮件事件的黑客有牵连。然而，至少一些右翼媒体人士，包括福克斯新闻频道自己的职员肖恩·汉尼蒂（Sean Hannity）继续重复这些说法。尤其是汉尼蒂，他拒绝就惠勒的言论发表撤回声明，即使惠勒本人否认了这些言论。

里奇的案例显示了"真实新闻"和"假新闻"之间的界限有多么模糊。当然，福克斯新闻频道（和ETF新闻、MSNBC一样）有着明显的政治倾向；但是，根据据称是惠勒言论的说法未经核实就发表一篇报道，已然是从有倾向性地编写新闻转向了公然编造谎言。这个例子说明，即使是合法的新闻来源也可以制造和传播假新闻。如果惠勒诉讼中有关白宫参与此事的指控是真的，那么情况就更令人不安了。

一些读者肯定会回应说，福克斯的新闻，特别是包括汉尼蒂言论在内的评论部分，根本不是一个合法的新闻来源。但这并不是自2016年大选以来传播假新闻的唯一主流来源。例如，MSNBC的主持人斯蒂芬妮·鲁勒（Stephanie Ruhle）在广播中声称，福克斯新闻频道曾在华盛顿特区的特朗普国际酒店举办2016年的圣诞派对。她后来道歉，说这一说法是错误的。[41]（然而，共和党全国委员会那年似乎确实在该酒店举办了一次圣诞派对。）[42] CNN（美国有线电视新闻网）的一个精英报道团队"CNN调查"被迫撤回了2017年夏天与特朗普有关的两则报道：其中一则声称曾短期担任白宫新闻主管的安东尼·斯卡拉穆奇（Anthony Scaramucci）与一家外国投资基金公司有牵连；在另一则报道中，他们声称FBI前局长詹姆斯·科米将向国会提供证词，但他最终也没有提供。[43]

福克斯新闻频道与ETF新闻或其他右翼消息来源，如布赖特巴特新闻网、"信息战"，属于不同的类别。CNN和MSNBC也是如此。让它们与众不同的是，福克斯新闻频道、CNN和MSNBC通常会根据新的证据撤回错误报道，说明自我修正的编辑过程在发挥作用。[44]人们可以质疑撤稿需要多长时间，以及是否会发生损害。但是，在事实简单且明显错误的情况下，这些消息来源纠正了错误——在许多情况下，它们这样做是因为其他新闻来源对它们进行了监督。[45]尽管如此，这些团体仍然可能传播虚假信息，这使得识别假新闻更加困难。它不像指出新闻来源可靠或者不可靠那么简单。

不过，这些明目张胆的谎言并不是唯一的问题，也可能不是最糟糕的问题。有一个更深层次的问题，涉及假新闻转化为真实新闻的更微妙方式：它设定了一个新闻议程。[46]与比萨门不同，里奇的故事背景中潜藏着真实的事实。里奇真的被谋杀了，确实有人指控他与DNC的电子邮件泄露事件有关，维基解密组织确实为获取与案件有关的信息提供了巨额奖励，而且真正的调查是由私人资助和实施的，以确定凶手的身份——顺便说一句，还没有谁被确认为凶手或被逮捕。这些事实报道当然并不是"假"新闻，特别是考虑到有大量读者想细读这些故事。

但是，如果人们最初感兴趣的唯一原因是这些事实与广泛传播的假新闻有关，那么就很难将其视为真正的新闻。最终，假新闻、未经证实的言论和影射可以引起人们对一个故事的兴趣，然后为通过更可靠的消息来源来调查和报道提供理由。即使进一步的调查显示最初的指控毫无根据，但它们扩大了报道的范围，让人感觉到指控有些道理。如果不是阴谋论，阿桑奇永远不会被问到塞思·里奇的事，《华盛顿邮报》也不会报道他的言论（或反驳他的言论），私人调查人员也不会得到共和党说客的资助，福克斯新闻频道也不会引用惠勒的话，等等。

这是贯穿本书的另一个主题。个人行为本身可能是正当的，是指向真理的，甚至是理性的，但是在更广泛的背景内，这些行为仍有可能产生令人不安的后果。个人对该信任谁进行判断，并以回应这些判断的方式更新自己的观念，最终却可能导致极化和富有成效的交流的破裂。寻找具有广泛兴趣和读者群的真实故事的记者最终可能会传播错误信息。每句话都是真实的并且来源无可挑剔的故事，仍然可能会导致假新闻和错误观念。

这些动态令人不安，但一旦我们认识到它们，就会发现似乎小干预就能产生重大影响。特别重要的是，可靠新闻来源会执行两项本质上不同的任务，我们要学会区分。第一项是调查指控、核实事实和驳斥虚假论点。这是一项重要的活动，但也是一项危险的活动，因为与人们的直觉相反，它可能会扩大虚假报道的影响范围。在某些情况下，就像前面提到的"乒乓彗星"事件一样，它可以把假新闻变成真实的故事。另一项任务是识别和报道有关独立利益的真实故事，这些故事与读者的生活相关并反映他们的需求。这也是一项重要的活动，尽管它同样需要判断力，但它传播虚假信息的风险较小。

我们建议，这些活动需要被严格地分开。作为主要新闻来源的媒体，如《华尔街日报》《纽约时报》和《华盛顿邮报》，应该考虑完全避免调查指控等第一类任务。查证事实和监督媒体虽然极为重要，但最好交给政治真相网（PolitiFact）和揭穿谣言网（Snopes.com）等独立的监督机构去做，因为它们不太可能给假新闻带来更多流量，也不太可能引起人们对虚假报道的关注。

对假新闻的一种自然的反应，是社交媒体网站、网络搜索供应商和新闻聚合软件有责任识别并阻止假新闻传播。毕竟是脸书的算法积极推广了 ETF 新闻的一篇关于梅根·凯利的虚假故事。在其他情况下，这些网站只提供假新闻传播的媒介。实际上，在某种程度上，这是人们对阅读什么更有兴趣的问题，但社交媒体网站用算法来识别哪些故事具有高度吸引力，从而最大限度地扩大其受众。

我们完全赞同这种解决方案：像脸书、推特和谷歌这样的组织要为过去几年假新闻在其平台上的猖獗传播负责，并最终为由此产生的政治、经济和人员损失负责。但是确定罪责并不等同于确定解决方案。

如果是社交媒体网站的算法放大和传播了假新闻，那么人们可能会希望算法也能帮助人们识别假新闻，防止假新闻在这些网站上被放大，甚至完全阻止假新闻在这些网站上被分享。但是，许多制作或传播虚构故事的网站——包括 ETF 新闻——也会发布真实的消息。如果这些真实的消息有不可靠的来源，它们是否可以被分享？正如我们刚刚看到的，媒体通常会创作真实或基本真实的故事，但有时也会编造虚假的故事。这些故事都能通过网站算法过滤吗？如果都能的话，网站发布和传播多少假新闻，或者至少是错误新闻，会被识别为假新闻网站？

自 2016 年大选以来，出现了大量的学术文章，为假新闻问题提供了多种算法解决方案。[47]这些努力肯定是值得的，但确定什么是真实的新闻是一个艰难、耗时和耗力（而且是耗人力）的过程（梅根·凯利的故事是脸书在解雇其人工编辑几天后被推广的）。算法可以帮助我们，但我们还需要做更多：我们需要让人工编辑拥有裁量权，需要大量的事实核查人员，在理想情况下，还需要使新闻机构的报道团体实现完全的财务和政治独立，谁的平台被用于广泛传播新闻，谁就应负责评估这些说法是否属实。我们需要认识到，假新闻是一个深刻的问题，需要问责和投入大量时间、精力来解决。

或许更重要的是，我们需要认识到，假新闻——以及更为普遍的宣传——并不是我们要"对付"的固定的目标。这些问题不可能一劳永逸地解决。经济学家查尔斯·古德哈特（Charles Goodhart）以提出"古德哈特定律"（Goodhart's law）而闻名，人类学家玛丽莲·斯特拉森（Marilyn Strathern）将这一定律演绎为"当指标变成目标，它就不再是一个好的指标"[48]。换言之，无论什么时候，只要有利益集团想利用指标工具，他们肯定会想出方法——一旦他们做了，指标就没有用了。一个典型的例子发生在法国殖民统治下的越南河内。20世纪初，这座城市老鼠泛滥，殖民政府按居民上缴的老鼠尾巴的数量发放奖赏。人们很快发现了投机取巧的办法，于是开始只剪掉老鼠的尾巴，然后将其放生，以繁殖更多的老鼠，这样就会有更多的尾巴可以用于领赏。[49]

我们应该对假新闻来源的类似反应有心理准备。一旦我们开发出识别和屏蔽假新闻网站的算法，这些网站的创建者将有巨大的动力去寻找和创造新的方法来战胜检测算法。我们对宣传力量设置的任何障碍，都将立即成为这些宣传来源要克服的目标。例如，本内特·霍尔曼利用历史案例来说明制药公司如何不断制定新的战略，以绕过消费者保护组织的改革，促使这些组织采取进一步行动。他把这个过程比作不对称的军备竞赛。[50]

对大多数人来说，"军备竞赛"一词会让人联想到冷战期间美苏之间的核军备竞赛，双方都试图超越对方，导致更危险和更大规模的武器扩散。在生物学领域，我们看到了利益冲突的物种之间的军备竞赛：猎豹更快地奔跑，捕捉瞪羚，而瞪羚反过来又进化得比猎豹跑得更快；猎物汇集了神经毒素，而它们的捕食者对毒素的抵抗力却在不断增强。

这个框架描绘了我们与假新闻斗争的沉闷画面，预示着胜利希望渺茫。我们越是善于发现和阻止它，我们就越该预期宣传人员能够更好地制作和传播它。也就是说，唯一的解决办法就是不断去尝试。

我们在公共话语中寻求真理的想法有如一场无休止的军备竞赛，竞赛在动力十足、资金充裕、试图保护或促进自身利益的政治和行业力量与试图适应不断变化的媒体和技术环境的社会之间进行，这意味着潜在的宣传者和其他试图歪曲事实的人会不断地发明新的方法。如果我们希望有一个公正和民主的社会，其政策对现有证据能做出反应，那么我们必须关注宣传和影响的变化特征，并制定适当的应对措施。

我们讨论的模型和例子指出了一些可以帮助公众打击假新闻的干预措施——对宣传而言更适用。正如我们只关注错误观念传播原因的一个方面——社会影响比个人心理更重要——我们关于如何更好地在社会层面应对假新闻和宣传的建议也只是故事的一部分。但是我们确实认为，即使我们假设社会中的所有人都是完全理性的（事实并非如此），考虑到社会影响对错误观念的传播和持续存在的重要性，无论我们做什么，都需要考虑将社交网络纳入考量范围的干预措施。

第一种可能的干预措施会牵扯到地方问题和全局问题之间的关系，其中全局问题从某种意义上讲是与个人日常经验脱节的。

我们的政策越是地方化，就越不可能被近年来出现的那种扭曲的社会效应主导。这是因为地方性政策给了大家更多的机会针对实际情况灵活调整，并提出批评意见。考虑旨在总体上调节排放的国家立法与旨在调节附近燃煤电厂排放的地方立法之间的差异，或者是关于城镇捕鱼区汞污染的立法，这些立法会对投票地区的人们的日常生活产生明显影响。这就产生了一种更符合模型的情况，在这种情况下，A行为和B行为的成功率之间存在显著差异，而从众则不那么重要。我们应该预料到，在这种情况下，社会效应将没有那么重要，相关行业将更难利用这些效应掩盖真相。

当然，一些紧迫的问题，如经济政策和气候政策，必然是国家或国际问题，不能以同样的方式使之成为地方问题。但是，政治人物越是能够将政治话语转向具有地方意义的问题，选民们就越有可能受到现有最佳证据的引导。具有讽刺意味的是，这表明造成美国政治功能失调的因素之一可能是与专项拨款——用于支持个别国会选区项目的联邦拨款——相关的反腐败活动。（2011年，奥巴马总统在国情咨文中宣布，他将否决任何包含专项拨款的法案。次月，共和党控制的国会颁布了一项禁止此类支出的禁令。）选举期间，担心自己的生活会受到切实影响的选民不太可能发出墨守成规的身份信号。

第二种可能的干预措施涉及我们构建社交网络的能力，这种社交网络能够最大限度地减少我们与不同意见的接触，并最大限度地获得持有某些观念的人的积极反馈，而不考虑其证据。社交媒体网站应该改变在成员之间共享信息的算法，这样网站的所有成员都可以接触到在子群体之间广泛共享和讨论的内容（而不是仅限于自己所在的子群体）[51]。请记住，在我们的从众模型中，不同意见得到了集团化、混乱的社交网络的支持和保护。当个体多数时候是与一个小集团有联系时，外部影响的重要性小于小集团内部的影响，而从众效应可以削弱与小集团的错误观念相冲突的证据的效用。即使一些成员收集到证据，他们也不愿意分享，因为他们害怕受到社会的谴责。

简单地与这样一个群体的所有成员分享更多的信息可能不会破坏他们的一致性，但是在一个网络中获得可靠信息的人越多，就越可能有人与社会趋势背道而驰。

当然，即使我们能神奇地扰乱美国所有的社交网络，也解决不了不信任的问题。正如我们所讨论的，即使一个群体的每个成员都能相互交流，但当人们不信任那些持有不同观念的人时，这个群体仍然会极化。或许具有讽刺意味的是，宣传者已经在这种情况下展示了非常有效的干预措施。要说服一个群体改变观念，你需要找到一个与他们有相同核心观念和价值观的人，并让那个人支持你的观点。我们并不建议建立虚假的脸书兴趣小组来说服譬如反对疫苗者改变主意。但我们确实建议找一些代言人，共同价值观能够让那些对既定事实高度怀疑的群体与代言人建立起信任。

在一个理想的世界里，值得信任的政治家可能会扮演这个角色。例如，如果相信人类活动会造成气候变化的共和党代表愿意与他们的保守派选民分享这一点，他们可能会对公众意见产生深刻影响。事实上，艾登·穆赫辛尼和科尔·威廉斯的联合研究表明，当个人违背自己社交网络的趋势而持有少数派观念时，他们对这种观念的陈述可能特别有力。因为其他人希望他们顺从，所以很容易推断他们肯定有充分的理由采取这种具有社会风险的立场。[52]我们可以称之为"特立独行效应",比如当亚利桑那州参议员(自封"特立独行者")约翰·麦凯恩(John McCain)说气候变化是真实的,他的言论对右翼的影响要比阿尔·戈尔的言论大得多。当然,同样的机制在罗杰·雷维尔的案例中起到了相反的作用。

这意味着寻找、瞄准和宣传少数愿意违背政治和社会共识来传播正确观念的人的观念,可能会产生巨大的社会效应。如果这些人(像政客一样)紧密联系就更好了。处于星状网络中心的人承受着不寻常的压力,一般不表现得特立独行,但当他们决定这样做时,他们也有相当大的力量来影响同伴。

我们可以继续寄希望于政治人物,希望他们愿意去做正确的事情,而不是只行权宜之举。但是对于政治人物以外的人,我们或许应抱有更多希望。

本书得出的一个结论是,我们应停止认为"思想市场"可以有效地区分虚构与事实。[53]1919 年,大法官奥利弗·温德尔·霍姆斯(Oliver Wendell Holmes)反对最高法院在艾布拉姆斯诉讼案中维持依据1918年《反煽动法》做出的裁决。[54]被告艾布拉姆斯散发传单,谴责美国企图干涉俄国革命。虽然法庭维持原判决,但霍姆斯回应说:"思想的自由贸易可以更好地实现最终的美好愿望……对真理的最好检验是思想自身在市场竞争中被接受的能力。"

霍姆斯保护言论自由的发言令人钦佩,但是思想市场的隐喻,就像经济学中的自由市场概念一样,已经被广泛采用。人们想象通过讨论就可以去芜存菁,公众最终会采纳最好的想法和观念,然后抛弃其余的。不幸的是,这个市场是虚构的,也是危险的。我们不想限制言论自由，但我们确实强烈主张，那些有权力或有影响力的人应该认清他们的言论的本质——一种运用权力的方式，能够造成真正的伤害。鼓吹不受证据支持的观点是不负责任的，这样做需要被视为一种道德错误，而不仅仅是对某种理想"市场"的无害补充。

对科研人员而言如此，对政治和社会领导人来说也如此。还记得第三章介绍的宣传模型吗？模型表明，错误地支持错误观念的研究是宣传者必不可少的工具。这不是科学家的错，但基于（确定的）假设，即行业利益将永远存在，科学家仍有义务采取一切措施，防止他们的工作被用来危害社会。[55]

这意味着，首先，科学界必须采用能够减少虚假发现的发表规范，尤其是在公共利益明显受到威胁的情况下。其次，科研人员在发表文章时需要考虑固有风险。科学哲学家希瑟·道格拉斯（Heather Douglas）的论证颇有说服力：科研人员有责任在整个科学过程中考虑他们所做工作的社会后果，并将这些结果与发表成果带来的利益进行权衡，或者至少，在选择发表之前，他们对社会敏感话题的研究必须达到特别高的标准。[56]人们可能会回答，科研人员的职责只是进行科学研究。我们同意道格拉斯的看法，认为在行业宣传者活跃的领域，发表研究成果给社会带来的风险非常高，科学家必须考虑到这些。[57]

还有其他改进科研方法的途径可以最大限度地降低科研成果被宣传者利用的风险。在本书中，我们已经指出，低效力的研究极有可能产生错误结果。一种解决方法是让科学界提高标准。另一种方法是让科研团体联合起来，当公众利益处于危险之中时，把他们的研究成果综合起来再发表，这样就产生了一项效力极强的、具有明确共识的研究，而不是许多互不相关的、具有不同结果的、说服力不强的研究。这种策略有抑制相反观点的缺点，但这也是关键所在。如果科研人员提前解决分歧，他们就可以保护公众免受那些利用分歧制造混乱的人的伤害。[58]

在科学家不可能以这种方式合作的情况下，独立机构——可能是政府组织，但最好是独立学术组织，如国家科学院——应监督学科共识的汇总和发表。这样的步骤并不能避免宣传者推动符合他们利益的研究，但它将使任何关注的人都清楚地认识到，宣传者想要引导我们注意的研究与最新成果并不一致。

另一个明确的信息是，研究必须回避行业资助。科学家很容易认为自己是廉洁的。不过，正如我们所讨论的，即使在科学家不腐败的情况下，行业资助也可以通过行业选择彻底改变科学过程。行业资助很诱人，因为它很充裕，而研究又很费钱。但是，如果我们希望科学是保护公众利益的纯粹科学，那么这个费用是公众必须承担的成本。允许行业干涉科学的代价太高，而且对行业来说太容易了，即使科学家个人是值得信任的。

为了尽量减少错误观念的传播，记者在撰写有关科学和专家意见的文章时，需要遵循与撰写普通新闻不同的标准。正如我们所讨论的那样，追求公平的努力往往会使公众看到的科学证据产生偏差。对科学界少数人的观点予以"公平对待"，可能赋予边缘分子或彻头彻尾的坏人权威与权力。我们在这本书中所看到的一切都表明，新闻工作者应该努力为公众提供公正的证据样本。如果有99项研究表明吸烟是有害的，而有1项研究的结果相反，那么记者每采访一个认为吸烟无害的科学家，就应该和99位认为吸烟有害的科学家谈谈。[约翰·奥利弗最近在他的讽刺新闻节目中实时地做到了这一点，他把97名气候研究人员和3名怀疑论者（或至少是演技很好的演员）同时请到了节目上。][59]

本着这种精神，维基百科为撰写有争议的科学主题制定了一个值得称道的标准。[60]维基百科的"适当权重"标准认为，如果期刊上的同行评议文章表达了多个论点或观点，且期刊被声誉良好的科学数据库收录，那么，在维基百科的文章中包含所有此类观点是合适的。但是，每一种观点的权重——相对于其他观点分配给该观点的空间——应与支持该观点的高影响力期刊文章的数量以及这些文章被引用的次数成正比，较新的文章和引用的权重高于较旧的。这听起来可能是一个复杂的标准，但事实上，现代学术工具（包括谷歌学术）可以很容易地确定哪些文章是高引用论文，哪些观点在知名期刊上得到了广泛支持。

当然，无论受人尊敬的记者做什么，只要其他消息来源存在虚假或误导性的材料，他们的影响就会减弱。在这一点上，我们有一个有争议的建议。目前美国有一个立法框架，限制某些行业——主要是烟草和制药行业——宣传其产品和传播错误信息的能力。这是因为允许这些行业推广他们的产品有明显的公共健康风险。美国也有反诽谤污蔑的相关法律，禁止对个人进行某些形式的（不准确的）指控。我们认为，这些立法框架应该扩大，以涵盖更广泛的传播错误信息的行为。在全球变暖的时代，像布赖特巴特新闻网和"信息战"这样的网站比过去的香烟宣传[骆驼老乔（Joe Camel）和万宝路牛仔]对公众健康的危害更大，它们应该被纳入立法框架。[61]

在许多方面，美国落后于欧洲。与美国和英国一样，法国、德国、荷兰和其他欧洲国家也成为假新闻的投放目标。[62] 2015

年，欧盟成立了一个名为"东方战略司令部"（East StratCom）的专门工作组，其目标是打击假新闻和宣传。[63]该组织利用一个庞大的志愿者网络来识别和揭穿虚假信息——类似于揭穿谣言网或政治真相网的制度化版本。最近，德国实施了新的法律，旨在要求社交媒体公司对其网站上保留的"非法"内容——包括仇恨言论——负责。[64]在本书写作期间，法国总统马克龙也签署了一项类似的法律，以便更广泛地打击假新闻。[65]

有些读者可能会认为这是一种审查制度，违背了言论自由的精神。[66]但立法的目的不是限制言论，而是为了防止言论遭到非法伪装、事实被歪曲，并防止破坏性的宣传在社交媒体网站上被放大。如果言论自由的原则与禁止诽谤个人的法律兼容，那么，言论自由也应当与治理在会产生公共影响的问题上伪装成事实报道的破坏性谎言的要求兼容。说谎的媒体应该清楚地被贴上这样的标签，就像我们在饼干包装上标示热量或在香烟盒上标明"吸烟有害健康"。而社交媒体网站应该保持警惕，阻止假新闻在自己的平台上传播，或者至少要尽力做到给这条"新闻"清楚地贴上标签。

我们预计，这些建议如果得到实施，也只是开启与宣传者进行的长期军备竞赛的新一回合。出于这个原因，政府监管机构以及网络资源必须参与其中，尽其所能识别和屏蔽错误信息的来源。这将需要大量的社会资源，但当国家和世界的安全和福祉依赖于这些方法时，这些又似乎是我们最起码要做到的。

我们以我们认为最具争议的建议来结束这本书。这个建议超越了我们关注的真相、谎言、科学、宣传等核心问题。我们认为，任何关于错误观念和宣传的社会动态的认真思考，都会引出一个令人不安的问题：

是时候重新构想民主了吗？

我们并不是要表达对民主社会理想的怀疑。（稍后会详细介绍。）但我们确实认为，西方民主国家的政治局势表明，那些曾为公民实现民主理想提供保障的机构和制度——诸如独立的媒体、接受公共资助的教育事业和科学研究、通过自由选举选出领导人和立法者、保护公民权利和自由——如今可能力有不逮。

在与这个话题相关的两本重要的书——《科学、真理和民主》（*Science, Truth, and Democracy*，2001）和《民主社会中的科学》（*Science in a Democratic Society*，2011）——中，科学哲学家菲利普·基彻（Philip Kitcher）提出了一个愿景：以一种回应民主需求的方式从事科学研究，以及拥有能适时回应科学揭示的事实的民主。

我们希望从基彻主义（Kitcherism）中提炼出一种思想，即拥有一个对事实做出回应的民主社会意味着什么。当涉及关于科学的决策和科学造成的影响时——我们可以拓展一下，类似于明确的科学结论，诸如从气候变化到计算美墨边境的实际移民数量——基彻所谓的"庸俗的民主"是完全不可接受的。庸俗的民主体现的是多数统治原则，人们通过投票决定支持什么科学研究，对它施加什么限制，以及最终根据科学结论决定采取什么政策。基彻分析，问题很简单：大多数投票的人都不知道自己在决定什么。庸俗的民主是一种"无知的暴政"，或者说，根据我们所分析的，是宣传的暴政。公众观念往往比无知更糟糕：他们被严重误导和操纵。[67]

正如我们在这本书中所分析的，政策必须以当前的最佳可用证据为依据。这些证据清楚明了，根本不需要投票表决。[68]

显然，除了庸俗的民主，还有一种政策制定方式同样令人无法接受。关于科学研究和政策的决定可以仅依照专家意见做出，而无须考虑那些生活将受到政策影响的人的意见。正如基彻指出的那样，这将迫使科学精英做出他们没有资格做出的决定，因为他们也基本上是无知的：不是关于科学，而是关于那些生活将受到政策影响的人的事情。

基彻提出了"有序的科学"模式，意在以一种上升到民主理想的方式，在庸俗的民主和专家治理（技术统治）之间周旋。如果关于科学研究的优先权、方法和伦理约束，是理想的和有代表性的公民在认真考虑和知情审议后做出的，且这些公民能够充分交流和理解相关的科学研究以及自身的偏好、价值观、关注点，那么我们就会实现有序的科学。[69]但正如基彻首先承认的那样，这里有一种强烈的乌托邦主义：有序的科学是我们在理想社会中得到的，它没有被私利、无知和腐败力量操纵。我们生活的世界离这个理想社会很远。我们可以为有序的科学而奋斗，但这不是我们所拥有的。

就目前而言，关键的公共利益问题——我们星球上大片地区的宜居性，人类对疾病的易感性及污染物、毒素和辐射暴露程度——是以模仿庸俗的民主机制的方式决定的，而没有实现任何民主理想。在科研成果能够影响政策之前，这些来之不易的知识会被无法对其进行评估的人群过滤——而且这很容易被操纵。人民的偏好和价值观没有被这个机制很好地代表，也不能反映事实。这是对民主的讽刺。

当然，用有序的科学来取代这个机制是不切实际的。我们需要做的是认识到我们当前的机制是如此糟糕，甚至无法接近有序的科学，我们应该开始重塑这些机制，以更好地满足科学先进、技术先进的民主需求：面临同样先进和不断发展的内部和外部对手的民主。我们需要发展一种实用的、充满活力的基彻主义。

当然，提出新的政府形式超出了本书的范围。但我们要强调的是，这是我们所讨论的观点的合乎逻辑的结论。这一进程的第一步，是放弃将全民投票作为解决需要专家知识的问题的适当方式这一观念。

我们面临的挑战是找到新的机制，来集中体现民主理想的价值观，同时又不让我们所有人受制于无知和操纵。

注释

引　言

1.　该游记已译成现代英语；参见Mandeville（1900）。欲知更多背景信息，参见Higgins（2011）。

2.　鄂多立克的日记由亨利·尤尔爵士（Sir Henry Yule）于1866年翻译；参见Odoric of Pordenone（2002）。这里提到的插曲在Lee（1887）中被讨论到。

3.　然而，据说他确定自己遇到过长着狗头的人及能结面包的树。

4.　乔安妮·琼斯顿（Joannes Jonstonus）在1658年出版的《四足动物的自然历史》（*Historiae Naturalis de Quadrupedibus*）一书中描述了长角的兔子。乔里斯·霍夫纳格尔（Joris Hoefnagel）在1575年出版的《四足动物与爬行动物》（*Animalia Quadrupedia et Reptilia*）一书中对此进行了说明。杜雷特（Duret 1605）用一章的篇幅论述了植物形动物，即动植物杂交物种。英国皇家学会成员罗伯特·莫雷爵士（Sir Robert Moray 1677）报告说，他曾研究过一种名为"藤壶鹅"的生物，这种鹅据说是爱尔兰西部的树结出来的，他曾见过多只长有喙及翅膀、形态完美的小鹅在藤壶体内。

5. 这段经历摘自 Lee（1887）。

6. 这段原文仍可在网上找到（"Pope Francis Shocks World" 2016）。

7. 参见 FBI National Press Office（2016）。

8. Allcott and Gentzkow（2017）估计每位脸书用户的阅读量上限为20次，但他们引用了其他作者的数据——在脸书及类似平台上，每位用户的阅读量为3~14次。

9. 蜂鸣器新闻的克雷格·西尔弗曼（2016b）对选举前几个月在社交媒体上被转发的与选举有关的事件进行了详细分析，下文展示了他的工作成果。

10. 有关2016年总统选举结果的详细报告仍可在美国政治新闻网（politico. com）（"2016 Election Results: President Live Map by State" 2016）及 cnn.com（"2016 Election Results: State Maps" 2016）中找到。

11. 参见 Allcott and Gentzkow（2017）。

12. 同样，5月至8月底，ETF 新闻热度排名前五的文章在脸书上获得了120万次转发和点赞。

13.《华盛顿邮报》（Ohlheiser 2016）报道了此事。

14. Silverman and Singer-Vine（2016）描述了 WTOE 5 新闻的历史，Snopes. com 驳斥了原文（"Nope Francis" 2016）。

15. 参见 Grice（2017），BBC News（2017），Farand（2017）和 Roxborough （2017），了解假新闻如何影响欧洲近期选举与英国2016年脱欧公投的讨论。

16. 当然，正如我们在第三章和第四章中所讨论的，假新闻披着政治动机的虚假外衣，以不同的形式伴随了我们很长一段时间。事实上，可以说它在美国的建立过程中发挥了至关重要的作用，18世纪晚期的政治小册子和暗杀就证明了这一点（Wood 1993；Chernow 2005）。它在维护奴隶制、殖民主义和民主社会中各种形式的系统性压迫方面发挥了重要作用（参见 I. B. Wells 2014 第四章关于 19 世纪晚期的描述）。因此，今天的假新闻并不是民主遇到的新问题，但我们确实认为：（1）假新闻无论新旧，都会给民主带来问题；（2）20 世纪新媒体以及当今互联网的兴起，以不同于以往任何时候的方式加速和扩大了假新闻的传播。感谢 Liam K. Bright 向我们介绍这些观点。

17. 我们在第一章中对"真"与"假"的含义讨论较多，尽管我们并不试图对真理（或意义、观念等）做出"解释"。但是我们想对不满意第一章讨论的专家说，就"真理"的形而上学而言，我们采取了真理的减缩论，这种态度有时被称为"去引号论"。相关讨论和辨析，请参见 Ramsey（1927），Field（1986），Maddy（2007, ch. II 2），Burgess and Burgess（2011）以及 Stoljar and Damnjanovic（1997）。但我们对真理的理解也有很强的实用主义色彩：我们把"正确观念"理解为通常能成功指导行为的观念，更重要的是，我们把"错误观念"理解为通常不能可靠地指导行为的观念（见 Ramsey 1931；Skyrms 1984）。但我们并没有遵循传统实用主义者的观点，认为真理在某种程度上被定义为人们在"调查结束"时所相信的内容，或由人们相信的内容构成（Peirce 1878；Misak 2004）；我们的观点是，调查很可能会使我们误入歧途，即使存在关于世界排列方式的事实，我们收集的证据也一般是反映这些事实的。这种独特的去引号论和实用主义的结合给我们留下的印象是鲜明的拉姆塞（Ramseyan）式的。

18. A. F. Smith（1994）详细介绍了番茄的使用历史。他还记录了另一起离奇的有关错误观念的事件。19 世纪中期，番茄蠕虫在美国东北部传播，认为其是致命性昆虫的恐惧也随之扩散。各种说法被广泛认同，例如被番茄蠕虫叮咬可能导致死亡。《锡拉丘兹标准报》（*Syracuse Standard*）刊登了富勒博士（Dr. Fuller）的描述，他声称番茄蠕虫"像响尾蛇一样有毒"，能喷射唾液至几英尺远的地方。"唾液溅到皮肤上，接触部位立刻开始肿胀，病人疼痛不堪，几小时后死亡"（同上，58）。事实上，这种可怕的虫子是天蛾的无害幼虫。

19. 关于这一视角的探索，参见 Tversky and Kahneman（1974），Kahneman（2011）和 Ariely（2008）。另见 Festinger（1962）。

20. 参见 NSF（2014）。

21. 科学哲学家 Axel Gelfert（2014）称此为一个证明难题。正如他所指出的那样，"观念传播是一种认知上的'冒险'行为，为了让冒险变得值得，从行为人的角度来看，获得新知的好处必须超过获得谬误的危险"（43）。Zollman（2015）使用了一个简单的数学模型来说明在不同的给定目标下，从他人的证词中获取观念的不同策略是如何取得成功的，例如最大化一个人的正确观念数量，最小化错误观念数量，或者获得最佳的正误观念比率。

22. 请再次参阅注释16所强调的内容。

23. Oreskes 和 Conway 的研究建立在 David Michaels 稍早的、同样重要的研究之上（Michaels and Monforton 2005；Michaels 2008）；另见 Davis（2002）。

24. 在这里，我们遵循科学哲学和所谓的社会认识论的重要传统，即研究社会因素如何影响知识和观念（Fuller 1988；A. I. Goldman 1986，1999；Longino 1990，2002；Gilbert 1992）。有关概述，请参见 Goldman and Blanchard（2001）。

25. 请回顾注释19。

26. 这一点在社会认识论领域得到了广泛的论证，例如 Alvin Goldman（1999）和女权主义科学哲学家 Okruhlik（1994）和 Longino（1990）。

27. 这一点被称为"独立理论"——理性个体可以形成非理性群体，反之，非理性个体可以形成理性群体（Mayo-Wilson，Zollman，and Danks 2011）。

28. 有关对饮水氟化的担忧的详细说明，包括对约翰·伯奇协会的讨论，请参见Freeze and Lehr（2009）。

29. Pariser（2011）写了大量有关"过滤泡沫"的文章，即个人删减他们的社交媒体联系网，过滤掉他们不同意的观点。

30. 美国全国公共广播电台（NPR Staff 2016）的一篇报道，在2016年总统大选前对"回声室"现象表达了担忧。

31. Oreskes and Conway（2010）也很好地阐述了这一点。我们将在第四章回到这个话题并详细讨论。

32. 参见Schiffrin（2017）。

第一章

1. 臭氧空洞的发现历史（Farman，Gardiner，and Shanklin 1985）及其与CFCs背景讨论的联系应归功于Oreskes and Conway（2010，ch. 4）。关于这一发现的讨论，另见原著作者之一Shanklin（2010）。

2. 关于臭氧科学的早期历史，参见Rubin（2001，2002，2003，2004）。

3. 其实BAS的科学家已经写信给北加州劳伦斯利弗莫尔（the Lawrence Livermore）国家实验室卫星臭氧分析中心的负责人，询问异常情况。（BAS团队一直没有收到回复。）

4. 参见Crutzen（1970），Johnston（1971），McElroy and McConnell（1971），McElroy et al.（1974），Wofsy and McElroy（1974），Stolarski and Cicerone（1974）和Lovelock（1974）。

5. 莫利纳和罗兰（1974）首先提出了CFCs可以损耗臭氧的观点；另见 Cicerone，Stolarski，and Walters（1974）。罗兰（1989）在首次提出CFCs 损耗臭氧的15年后，概述了研究历史和证据。

6. 根据谷歌学术，1974—1985年，当BAS的研究结果发布时，Molina and Rowland（1974）被引用517次。这无疑低估了建立在他们和克鲁岑（Crutzen）等人的研究基础上的研究数量。

7. 参见 Oreskes and Conway（2010，118–119）。

8. Sunstein（2007）详细讨论了《蒙特利尔议定书》，并将它的成功与《京都议定书》在控制气候变化方面的失败进行了比较。

9. 参见《圣经·约翰福音》（18:38）。

10. 罗夫（Rove）的引文最早出现在 Suskind（2004）的书中，被认为出自一位匿名的"布什的高级顾问"；此后则被普遍认为出自罗夫（Danner 2007）。Kellyanne Conway 在 2017 年 1 月 22 日《与媒体见面》（*Meet the Press*）的访谈中提到了另类事实。

11. 参见 McMaster（2011）。

12. 同样，相关背景信息中关于真理的观点的概要，见引言注释17。

13. 参见 McCurdy（1975）。

14. 业界因舍伍德·罗兰继续研究和宣传自己的成果而对其进行恶意攻击显得不够明智。参见 Jones（1988）。

15. 《纽约时报》（Glaberson 1988）对此进行了报道，Peterson（1999，246）对此事进行了描述。奇怪的是，杜邦公司在发出这封信后的3周内改变了立场，宣布该公司将暂停所有CFCs的生产。是什么最终说服了杜邦公司？似乎市场力量起了大部分作用：随着对臭氧空洞的认识的增加，消费者停止购买含有CFCs的产品。到了1988年，人们清楚地认识到，即使增加了保护成本，继续生产CFCs的收益仍在急剧下降（Maxwell and

Briscoe 1997）。然而，仍有人认为，即使到了20世纪90年代，反对CFCs的理由依然不甚清晰。前民主党人、华盛顿州州长 Dixy Lee Ray 在她的著作 *Trashing the Planet*（Ray and Guzzo 1990）中持此观点。

16. 休谟在《人性论》第一卷（1738）第三章第六节和《人类理智研究》第四卷（1748）中提出了此论点。

17. 休谟致力于一种被称为经验主义的传统，这种传统在17世纪和18世纪对不列颠群岛产生了影响。（经验主义传统中的其他著名哲学家包括弗朗西斯·培根、约翰·洛克、乔治·伯克利，甚至包括艾萨克·牛顿。）经验主义者遵循这样一个基本原则，即我们所有的知识，就我们所知，都必定来自经验。这种看法可能听起来颇具吸引力，甚至具有广泛的科学性，但它最终会出人意料、令人遗憾，部分原因是归纳问题。

18. 参见 Weatherall（2016）。

19. 有关该论证的经典版本，请参见 Laudan（1981）。Stanford（2001，2010）将此与未构想的替代方案问题联系起来——在整个科学史上，我们最好的理论似乎是最好的，因为到目前为止，我们还无法构想出更好的替代方案。这些论点是关于科学理论的"现实主义"长期争论的一部分。有关这些问题的讨论，请参见 Godfrey-Smith（2009）。

20. 引自《人类理智研究》，第10.1节（Hume 1748）。

21. 参见 Skyrms（1984）的观点，该观点与我们在这里要支持的观点非常相似。

22. 关于贝叶斯法则的介绍，参见 Skyrms（1986）和 Hacking（2001）；Earman（1992）提出了一个更为复杂（且更具批判性）的观点。所谓荷兰人书中关于贝叶斯法则独特合理性的论据可以追溯到 Ramsey（1931）的著作。Hajek（2008）详细阐述了这一论点。非学术性的引人入胜的描述，见 McGrayne（2011）；另见 Silver（2012）。

23. 本段中的引文以及对罗兰的批评的一般特征的描述引自 Jones（1988）。

24. 有关科学价值观的较新的文献综述见 Elliott（2017）。

25. Bird（2014）提供了托马斯·库恩的详细传记。库恩的著作是我们正在探讨的这一传统的早期且极具影响力的例子，但它也建立在更早的作品所蕴含的思想之上。特别是，科学社会学有一个先验的传统，最著名的例子与罗伯特·K. 默顿（Robert K. Merton）（1942，1973）有关。然而，与后来的科学社会学家不同，默顿似乎没有将社会因素与科学思想的内容联系起来。

26. 除非我们将这个现象复杂化：一个物体沿着它的自然时空测地线移动，突然被另一个物体挡住停了下来。参见 Wald（1984）或 Weatherall（2016）中更为文雅的介绍。

27. 库恩所探讨的主要例子是 19 世纪早期从化学亲和论到原子论的转变。他声称，约翰·道尔顿（John Dalton）提出的原子论做出了具体的可检验的预测，当遵循道尔顿思想的化学家对这些预测进行检验时，他们发现实际情况与道尔顿的理论高度吻合。但库恩观察到，在道尔顿之前的 18 世纪晚期，学者们也曾进行过类似的实验，结果与原子论完全不一致。库恩的结论是范式的变化改变了实验结果。

28. 库恩本人是否愿意接受自己观点的最极端形式，这一点一直不甚明了，但其他受他影响的人肯定愿意接受。

29. 波普尔（Popper）（1959）就是一个很好的例子。对库恩之前和之后的科学哲学的讨论见 Godfrey-Smith（2009）或 Barker and Kitcher（2013）。

30. 事实上，最近的哲学家和历史学家认为，"科学客观性"的概念随着时间的推移而改变（Daston and Galison 2007）。

31. 参见 Cowan（1972）和 MacKenzie（1999）。

32. 参见 Foucault（2012）。福柯的书最初出版于 1963 年，似乎与库恩的著作并驾齐驱；福柯的著作本身也具有深远的影响，但并不是说福柯只是沿袭了库恩的观点。

33. 参见 Dennis（1995）。

34. 参见 Douglas（2009）。

35. 参见 Kimble（1978）；Wang（1992）。

36. 有关火山喷发的第一手资料，请参见 Steingrímsson（1998）；对火山喷发及其对大气的影响进行的各种较新的分析有赖于以下资料：Thordarson and Self 1993；Thordarson 2003；Stevenson et al. 2003；Trigo, Vaquero, and Stothers 2010；Schmidt et al. 2012。《经济学人》（*The Economist*）（2007）刊发了一篇叙述性好文。

37. 引自 *The Economist*（2007）。

38. 对气体释放量的估计来自 Thordarson 等人（1996）。火山灰和有毒气体云扩散到世界各地，导致埃及发生饥荒，超过16%的人口死亡（Oman et al. 2006），用本杰明·富兰克林的话来说，"整个欧洲和北美大部分地区持续的浓雾"导致新英格兰和大西洋中部出现了有记录以来最冷、雪最多的冬天之一（Franklin 1785，359）。

39. Reed（2014）提供了安格斯的详细传记，包括关于他在早期环境监管中发挥的作用的讨论。

40. 有关这些影响的讨论，请参见 Likens，Bormann，and Johnson（1972）和 Winkler（1976，2013）。

41. Likens 和 Bormann（1974）报道了这些发现；另见 Likens，Bormann，and Johnson（1972）以及 Cogbill and Likens（1974）。Likens（1999）提供了关于这个主题的研究的综述，特别是基于哈伯德·布鲁克实验森林进行的研究。Oreskes and Conway（2010，ch. 3）提供了有关酸雨的发现和随之而来的争议的详细历史资料，我们依靠他们的成果了解了许多历史细节。

42. Oreskes 和 Conway（2010）大致描述了这两份报告。

43. 参见《华尔街日报》（1982）。

44. Oreskes and Conway（2010，ch.3）对 Nierenberg 报告被篡改的说法进行了广泛且详细的记录。

45. 卡特政府时期相关研究小组得出的结论与其他所有主要科学机构的结论一样，认为人类活动产生的酸雨正在造成严重破坏。他们的研究在加拿大由皇家学会审查，一般情况下，美国国家科学院的小组也会审查。但里根政府决定绕过国家科学院，组建自己的专家小组。

46. 参见 Oreskes and Conway（2010，86）。

47. 我们在谷歌学术上搜索了 1983 年以前发表的、作者署名为"SF Singer"（这是 Singer 发表文章的署名方式）、关键词为"酸雨"（acid rain）或"酸性降水"（acid precipitation）的文章；我们还搜索了"雨"（rain）和"降水"（precipitation），并对似乎涉及酸雨的文章进行了人工查验。最近的一篇文章是关于污染的（S. F. Singer 1970）；1984 年，在成为小组成员之后，他在一本关于政策而非科学的杂志上写了一份关于酸雨的立场文件（S. F. Singer 1984）。

48. 拉恩（Rahn）的这句话引自 M. Sun 1984。

49. 参见 Franklin（1984）。

50. 有关 1983 年和 1984 年更新《清洁空气法》（Clean Air Act）的立法工作的讨论，请参阅 Wilcher（1986）。

51. 参见 F. Singer（1996）；Oreskes and Conway（2010，133）中也有引用。

52. 参见 Ross（1996），该专著从科学研究的角度对科学战争中的关键问题进行了概述（该书包含了 Ross 在《社会文本》专刊中发表的文章以及索卡尔的恶作剧论文，如注释 53 所述）。关于另一方（除了 Gross and Levitt

1997，以及 Sokal and Bricmont 1999 外），参见 Newton 1997。Kitcher 2001 提供了一条引人注目的中间道路，影响了科学哲学领域的大量后续工作。

53. 也许整个时期最著名的插曲是"索卡尔事件"（Sokal affair），纽约大学物理学家艾伦 · D. 索卡尔（Alan D. Sokal）向名为《社会文本》（*Social Text*）（1996）的学术期刊提交了一篇论文，题为《超越边界：走向量子引力的变革性解释学》（"Transgressing the Boundaries: Toward a Transformative Hermeneutics of Quantum Gravity"）。该期刊的大部分文章是由从事科研工作的学者撰写的；索卡尔的论文出自一位真正的物理学家之手，尤显上乘。而就在该论文被采用并发表之时，索卡尔透露，该文其实是胡言乱语，只是对同领域论文的模仿。他和其他许多人都认为，该文被采用并发表，是整个领域缺乏理论严谨性的无可争辩的证据［与索卡尔的恶作剧论文一起发表的其他论文收录在 Ross（1996）中。读者可以自己判断作者是否都欠缺智力］。索卡尔接着与法国物理学家让 · 布里克蒙特（Jean Bricmont）合著了一本名为《时尚废话》（*Fashionable Nonsense*，1999）的书，在美国出版，该书称各类名流学者是江湖骗子。我们普遍同情索卡尔和布里克蒙特，甚至莱维特和格罗斯，因为他们声称一些"后现代主义"作家崇拜蒙昧主义写作与草率的思想。另一方面，那些研究科学史、哲学和社会学的人也揭示了大量的科学思想。许多被认为是科学战争的东西只不过是一个政治噱头，经过精心策划，其目的是让那些试图打破阻止女性及少数群体的成员进入科学领域的历史障碍的人，看起来好像是在反对科学本身。虽然他没有这样说，但我们的观点受到了 Kitcher 2001 的强烈影响。

54. Gross and Levitt（1997，9）声称他们不是"跟踪社会保守主义的马"，他们试图在"学术左派"和对政治左派更普遍的理解之间划清界限，"学术左派"是一个专门指称那些"因其学术上的癖好导致对科学的误读"的人的术语。但他们的研究仍然有明确的政治潜台词。

55. 参见Lewontin（1998）。

56. 参见Rifkin（1980）。

57. Shrader-Frechette（2014）强调了这一点，特别是科学哲学家能够很好地帮助揭露建立在错误假设基础上的科学理论。

58. 参见引言注释17。至此我们已阐释清楚。

第二章

1. 参见Clarkson（1997）。

2. 参见Keynes（2008），他详细描述了牛顿生命最后阶段的疯狂。

3. Stokes和Giang（2017）提供了当前国际汞法规清单。

4. 这段历史大多取材于Hightower（2011）。

5. 参见Rice，Schoeny，and Mahaffey（2003）。

6. 以Hightower（2011）为据。

7. ABC News（2006）报道了这一事件。

8. 参见Weatherall（2016）第三章。

9. 詹姆斯·沃森（James Watson 2011）转述了这一著名逸事。

10. 包括由国王学院的罗莎琳德·富兰克林（Rosalind Franklin）研究整理的电子键角数据和分子图像。天才单枪匹马（在这个例子中是两个）取得重大科学突破的套路再次被证明并不现实。有关这一事件的历史，请参见Olby（1974）。

11. 万能工匠是为孩子们设计的玩具，包含一套互锁的建筑部件。

12. 当然，建模实践是多种多样的（参见 Downes 1992；O'Connor and Weatherall 2016）。我们并不是要暗示所有科学模型都涉及旨在揭示真理的简化系统。例如，天气模式的预测模型极其复杂，通常不旨在揭示大气系统运作的完整方式。Weisberg（2012）深入讨论了模型在科学中的多种使用方式。

13. 我们选择了一个框架来简化叙述，因为我们更愿意专注于我们的原创贡献。我们之所以使用这个特殊的框架，是因为它很适合作为科学的代表，但并不是说这是唯一的选择。下面举几个突出的例子。关于创新或思想在社会网络中的传播，以及这一过程与传染过程之间的相似性，有大量的存在已久的文献。其中一些模型在假设个体只采纳他们所接触的想法或行为的基础上做出了一些改变（见 Abrahamson and Rosenkopf 1997；Allen 1982；Rogers 2010；Kleinberg 2007）。另一些模型认为，个体会考虑是否采用社会网络中相邻个体的行为和观念（如 Young 2006a, 2001；Montanari and Saberi 2010）。然而，一些模型则关注一个特殊的假设，即个体采纳的想法或行为已经超过了某个流行阈值（Granovetter 1978；Deffuant, Huet, and Amblard 2005；Weisbuch et al. 2002）。市场营销文献的一些作者研究了干预措施如何改进创新的传播（Choi, Kim, and Lee 2010）。通过一些调整，这些模型可以被修改，以模拟新科学思想的传播。这些文献的一些结论相关性较大，例如传播速度受网络结构的深刻影响。其他相关的模型则侧重于"观点动力学"（opinion dynamics）——在对行为人和意见传播方式的不同假设下，不同观点在网络上传播。这些观点有时会影响模型中玩家（行为人）的收益（Ellison and Fudenberg 1995），但通常不会。有关示例，请参见 Arifovic, Eaton, and Walker（2015）；Jalili（2013，2015）；Holyst, Kacperski, and Schweitzer（2001）；Lu, Sun, and Liu（2017）；Golub and Jackson（2007）。

此外，一些作者，尤其是最近，已经开始通过社交媒体和社交网络明确地模拟错误观念的传播（如 Ioannidis and Varsakelis 2017）。

14. 参见 Zollman（2007）及 Bala and Goyal（1998）。这一哲学传统中的其他文章包括 Zollman（2010a, b）；Mayo-Wilson, Zollman, and Danks（2011）；Zollman（2013）；Kummerfeld and Zollman（2015）；Holman and Bruner（2015）；Borg et al.（2017）；Rosenstock, Bruner, and O'Connor（2016）；and Holman and Bruner（2017）。

15. Bruner and O'Connor（2017）确实使用模型来解决科学规范出现过程中权力的作用。其他科学哲学家使用模型来研究科学的不同方面，从作者性别的出版差距（Bright 2017）到引用率（Heesen 2017a）。

16. 事实上，由于这个原因，这种模型有时被称为"双臂赌博机问题"，因为"单臂赌博机"是老虎机的另一个名称。

17. 真正的人际网络往往是"小世界"，在任何两个节点之间往往有相互关联的小集团和短路径连接。Granovetter（1973）认为人际网络是由紧密联系的小集团组成的，这些小集团通过纽带连接起来。Watts and Strogatz（1998）开发了他们著名的"小世界"网络，试图捕捉人际网络的现实方面。Onnela et al.（2007）在手机用户中观察到这种结构。Newman（2001）发现科学协作网络也是如此。

18. 当置信度等于 0.5 时，我们也让行为人选择 A 行为，但这基本上从未发生过。

19. Zollman（2007, 2010b）首先将这些模型与医生的治疗选择联系起来。

20. 这里假设 B 行为获得回报的概率为 0.6，而 A 行为获得回报的概率为 0.5。行为人知道执行 A 行为可以以该固定概率获得回报，并且他们不确定 B 行为的回报概率是 0.6 还是 0.4（但他们知道仅有这两种可能性）。

21. 科学哲学中的一种建模方法与我们采用的方法非常相似，那就是网络认识论框架 Laputa（Angere 未注明日期）。主要区别在于，Laputa 框架涉及分享意见而非证据的行为人，我们认为它虽没有准确地代表科学分享，但准确地模拟了日常观念传播。该框架已被用于研究观念极化（Olsson 2013）、对认知能力的信心（Vallinder and Olsson 2014）、断言规范（Olsson and Vallinder 2013）以及网络结构对观念准确性的影响（Jönsson，Hahn，and Olsson，2015；Angere and Olsson，2017）。这些结果和其他结果发表在 Angere，Masterton，and Olsson（未注明日期）中。

22. 有关幽门螺杆菌被发现的过程的更多信息，请参见 Warren and Marshall（1983）和 Marshall and Warren（1984）。这段历史的部分内容，我们参考的是 Zollman（2010b），他用这个例子来说明认知网络模型。

23. 参见 Kidd and Modlin（1998）中的详细历史记录。

24. 参见 Palmer（1954）。

25. 出自 Barry Marshall（2002）的自传。

26. 参见 Bala and Goyal（1998）中的佐证及 Zollman（2007）中的模拟，后者还表明（2010b），在极端条件下，科学家可以在此类模型中长期持有不同的观念。

27. Rosenstock，Bruner，and O'Connor（2016）表明，Zollman 关于连接性和共识的研究对参数值非常敏感，特别是在科学家收集大量数据集且数据更可靠的群体中，最好的情况是始终传递这些数据。一般来说，他们的研究表明，问题越难，社会结构对结果产生影响的可能性就越大。

28. 这一结果归功于 Zollman（2007，2010b），其与幽门螺杆菌和胃溃疡案例研究相关联。

29. 另一种在足够长的时间内保持观念多样性的方法是，科学家从一开始就确信不同的理论。正如 Zollman（2010b）所示，这意味着在这种模型中，不同的观念都具有非常高的置信度。其他的科学哲学家也考虑过信用经济，即科学家在某种程度上受到学术信用的激励。如果他们都认为一种理论是最有前途的，如何激励他们去检验不同的理论？Kitcher（1990）与 Strevens（2003）都提出了有影响力的模型，说明了信用如何改善科学界的认知劳动分工。

30. Zollman（2010b）首先将这一案例与他为过度分享证据的不利影响建立的模型联系起来。

31. 与此相关的是，Kummerfeld and Zollman（2015）证明更具冒险精神的科学家不会成为措尔曼效应的牺牲品，因为他们测试的理论并不一定是他们认为最好的，因为他们自然而然地在他们的网络中引入了行为（观念）的多样性，这个群体不需要依靠有限的交流来确保这种多样性。

32. 默里（Murray）在《扩大的圈子：莱姆病先驱讲述她的故事》（*The Widening Circle: A Lyme Disease Pioneer Tells Her Story*）（1996）中讲述了她的经历。

33. 这段历史部分源自戴维·格兰（David Grann）在《纽约时报》上发表的文章《在莱姆病问题上跟从斯蒂尔医生》（Stalking Dr. Steere over Lyme Disease）（2001）。更多信息，请参见 Specter（2013）。

34. 斯蒂尔与合著者在《康涅狄格州三个社区的儿童和成人关节炎流行病研究》（An Epidemic of Oligoarticular Arthritis in Children and Adults in Three Connecticut Communities）（1977）中描述了他们的早期发现。

35. 参见 Burgdorfer et al.（1982）。

36. 参见 Auwaerter，Aucott，and Dumler（2004）。

37. 参见 Halperin（2008）。

38. 参见 Bratton et al.（2008）及 Fallon and Nields（1994）。

39. 莱姆病治疗指南见 CDC（2015）。

40. 参见 Feder et al.（2007）。

41. 关于这些研究的讨论，见 Feder et al.（2007）及 Marques（2008）。

42. 这段历史部分摘自《纽约客》（*New Yorker*）的文章《莱姆病战争》（The Lyme Wars）（Specter 2013）。

43. Straubinger 2000；Straubinger et al. 2000；Embers et al. 2012；Bockenstedt et al. 2002.

44. 参见 Embers et al.（2012）和 Bockenstedt et al.（2002）。近期研究见 Embers et al.（2017）和 Crossland，Alvarez，and Embers（2017）。Marques et al.（2014）从一只无菌蜱虫身上提取了伯氏疏螺旋体 DNA，这只蜱虫曾叮咬过一名接受莱姆病抗生素治疗的人。然而，这并不能确切地证明检测到的伯氏疏螺旋体是活体。Stricker（2007）提供了迄今为止的研究概况。

45. 参见纪录片《肌肤之下》（*Under Our Skin*）（Wilson 2008）。

46. 纪录片《肌肤之下》讲述了琼斯医生与其他了解莱姆病的医生对莱姆病的诊治（Wilson 2008）。

47. 参见 Shear，Goldman，and Cochrane（2017）。

48. 参见 Zadronsky et al.（2017）。

49. 参见 Bromwich and Blinder（2017）。

50. 参见 Koerner and Lewis（2017）。

51. 女权主义科学哲学家和女权主义认识论学者在强调科学的价值负载方面所做的研究也许比任何其他群体都多。例如 Longino（1990）、Haraway（1989）和 Okruhlik（1994）。另见 Kitcher（2001，2011）。

52. 我们不应该夸大这一点。很可能是一些知名医生受到了保险机构的影响，也可能有一些通晓莱姆病治疗的医生为了挣钱才这么做。但关键是，大多数参与莱姆病战争的人的主要目的似乎是治愈病人。

53. 从本质上讲，所有现存的模型都采用了某种版本的假设，即个体之间的社会影响是由他们的观念的相似性介导的。这些模型大多着眼于观点的极化，所有的选择基本上都是同样有用的。例如，Hegselmann and Krause（2002）提出了一个被广泛使用的模型，其中个体采纳的观点是介于0和100之间的数字。对于接近自己观点的一组观点（例如五个单位左右），每一轮，个体都将改变该组观点的平均值。随着时间的推移，我们看到了达成共识的趋势。如果观点组足够大，那么每个人最终都会有相同的看法。但是，如果观点组很小，子群体则会产生不同的、稳定的观念。换言之，如果添加这样一个事实，即个体只受与自己观点相同的个体的影响，模型最终会出现极化（另见Deffuant et al. 2002；Deffuant 2006）。尽管细节差别很大，但R. Axelrod（1997），Macy et al.（2003）以及Baldassarri and Bearman（2007）都包含了这种假设，且出现了极化。还有两个模型与我们的模型一样，在一种观念优于另一种观念的情况下显示出极化。这两个模型来自D. J. Singer et al.（未注明日期）与Olsson（2013）。在Singer et al. 的模型中，行为人共享证据，但这些证据并不像我们的模型那样映射到科学实验收集的数据上。Olsson模型与我们的模型非常相似，因为它使用网络结构和贝叶斯观念更新模型，但是行为人陈述他们的观点而不是共享数据。在O'Connor and Weatherall（2017）一书中，我们重点解释了科学家，比如那些研究莱姆病的科学家，如何在共享价值观和数据的情况下产生极化。另见Galam and Moscovici（1991）的模型；Galam（2010，2011）；Nowak, Szamrei, and Latané（1990）；Mäs and Flache（2013）；La Rocca, Braunstein, and Vazquez（2014）。

54. Jeffrey在《决策的逻辑》（*The Logic of Decision*）（1990）中阐述了这一更新规则。

55. 一些心理学家和其他人主张这种反向更新的现实性——有时被称为"适

得其反效应"或"回旋镖效应"——特别是在个体政治极化的情况下（参见Nyhan and Reifler 2010）。其他研究未能再现这种效应，如Cameron et al.（2013）。参见Engber（2018）对这项研究的普及性讨论。

56. 参见O'Connor and Weatherall（2017）。"极化"可能有多种含义（Bramson et al. 2016）。在我们的研究中，我们关注一系列广泛的结果，即一个群体分成两组，一组成员对正确的理论有很高的置信度，另一组成员相信错误的理论，但不受群体其他成员的影响。

57. Jern，Chang，and Kemp（2014）对这些文献进行了概述，同时展示了与心理学研究结果相反的观点，探讨那些具有不同背景假设的人在面对相同证据时，是如何"理所当然"地极化的。

58. 参见Taber，Cann，and Kucsova（2009）。Kuhn and Lao（1996）认为这种结果虽是真实的，但也并不像一些心理学家所说的那样普遍。另见Engber（2018）。

59. 塞麦尔维斯在其1861年出版的《产褥热的病因、概念与预防》（*The Etiology, Concept, and Prophylaxis of Childbed Fever*）（Semmelweis 1983）一书中记录了这段历史。

60. 更多信息，参见Carter（2017）。

61. 参见Wallace（2017）和Ford（2017）。

62. 参见Fandos（2017）。

63. 参见Schaffner and Luks（2017）和Levinovitz（2017）。

64. 参见Asch（1951）。

65. 参见Bond and Smith（1996）和Padalia（2014）。

66. 参见Condorcet（1785）的原著。

67. 同样，Zollman（2010a）展示了从众偏差如何在某些情况下改善群体的判断力。在他的模型中，一个网络群体的成员根据独立信息发表公开声明，然后在接下来的每一轮中，发表符合大多数相邻个体看法的公开声明。有时，这些群体会非常易于达成正确观念，因为他们的从众性聚合了原始的、部分可靠的独立信息。

68. James Surowiecki（2005）在他的书《群体的智慧》（*The Wisdom of Crowds*）中介绍了这个例子，该书还更深入地讨论了基于群体的知识，并讨论了信息级联。

69. 参见 Bikhchandani，Hirshleifer，and Welch（1992）对信息级联概念的介绍，以及信息级联产生的从众的一些典型示例。有关该主题的更多信息，参见 Easley and Kleinberg（2010）。说服偏差模型也探讨了分享相互依赖的观点如何导致错误观念（DeMarzo，Vayanos，and Zwiebel 2003）。

70. Asch 1951, 227.

71. 很明显，在这些情况下，从众偏差可能不是唯一的原因。例如，医生可能震惊于他们对患者的死亡负有直接责任的想法，因此不愿推崇塞麦尔维斯的做法。特朗普的支持者可能对批评特朗普和斯派塞的主流媒体不屑一顾。

72. 我们从 Weatherall and O'Connor（2018）的研究中借鉴了大部分讨论。如前所述，我们还借鉴了 Mohseni and Williams（未注明日期）以及 Schneider（未注明日期）的著作。

73. 许多现存的探索从众与行为的模型都有一种类似于信息级联模型（如上所述）的味道，如 Banerjee（1992）；Buechel，Hellmann，and Klössner（2015）；Walden and Browne（2009）。一些从众模型旨在研究多数无知现象，即许多人私下怀疑公众支持的观念或规范（Huang，Tzou，and Sun 2011）。Duggins（2017）考虑了具有不同心理倾向的行为人，包括从众，但也包括不容忍、易感性和与众不同的内驱力，以表明在这样一个模型中可以维持的观念多样性的程度。

74. Schneider（未注明日期）研究了一种旨在代表科学界的模型。行为人可以从两种观念中选择一种，并基于与相邻行为人保持一致的愿望进行选择。他对这个模型的解释是，科学家于从众中获得了真正的回报，因为在科学中协调理论选择是有好处的。他探讨了这样一种可能性，即之所以一种观念可能会更好，是因为与其他人保持一致会产生更多的好处。正如他所展示的，即使一个观念更好，如果聚集到社会群体中，也可能不会被所有行为人接受。此外，以往的研究者已经用这些模型研究了不同网络结构的创新动力。参见 Young（2006a，2006b，2011）。

75. 参见 Schneider（未注明日期）。

76. 事实上，一个人可以选择这样一个网络：任何你喜欢的部分，不管有多接近百分之百正确，都会继续执行更糟糕的行为，即使每个人都持有正确观念。即使执行正确的行为和从众对每个人都很重要，但只要从众足够重要，便仍会如此。

77. 参见 Mohseni and Williams（未注明日期）。

78. 事实上，基于这个原因，类似植物羊的观念的传播，可以用一个研究谣言和错误信息传播的模型分支更有效地表现出来。以 Daley and Kendal（1965）为例，在一个较为早期的模型中，研究谣言的随机传播是通过假设个人会根据谣言是否过时来传播或扼杀谣言。Dabke and Arroyo（2016）使用这个框架明确地对社交媒体上的信息传播进行建模。另一些人则认为，行为人的个性或权力差异是影响信息传播的一个因素。如 Acemoglue，Ozdaglar，and ParandehGheibi（2010），另见 Zhao et al.（2011）。

79. 参见 Baron，Vandello，and Brunsman（1996）。不过，值得注意的是，在阿希实验的一个变体中，选择正确的线段更加困难，因为货币激励增加了从众性。这一点支持了这样一种说法，即一些从众行为是对不确定性的理性反应，而另一些从众行为则是作为做与其他人相同的事情的直接愿望而产生的。

80. Conley（1992）记录了当时广泛存在的对辐照的恐惧，尽管辐照食品是安全的（Joint FAO/IAEA/WHO Study Group 1999）。Funk and Rainie（2015）发现，科学家和美国公众对转基因食品安全性的看法存在很大差异。尽管几乎没有证据表明转基因食品会造成危害，但还是有大规模的抗议活动旨在遏制转基因食品的使用（见 Kuntz 2012；Nicolia et al. 2014）。虽然许多消费者认为有机食品比同类非有机食品含有更多的营养，但这方面的证据并不清晰（Smith-Spangler et al. 2012；Hunter et al. 2011）。

81. 参见 Zucker et al.（2017）。

第三章

1. 参见 Norr（1952）。此处介绍的历史借鉴了 Oreskes and Conway（2010, ch.1）的描述，但请注意，我们描述的年代顺序与他们的略有不同，因为他们报告说《读者文摘》的文章是在 Wynder，Graham，and Croninger（1953）之后发表的，而事实上它比后者早出现近一年。关于烟草制品管制斗争的进一步背景，参见 Kluger（1997），Brandt（2009），尤其是 Koop（1998）。许多与烟草行业及烟草制品监管工作相关的文件可通过加州大学旧金山分校的烟草控制档案馆（加州大学旧金山分校图书馆 未注明时间）获得。

2. 关于这一时期《读者文摘》的历史，见 Heidenry（1995）。

3. 见 Wynder，Graham，and Croninger（1953）。

4. 《时代》（1953）。

5. 参见《纽约时报》（1953a）。

6. 参见《纽约时报》（1953b）。

7. Dorn 1954, 7.

8. 尽管我们关注Oreskes and Conway（2010）的报告，但他们并不是首先确定和描述烟草战略的学者；例如，David Michaels在他关于行业和公共卫生的研究中称这种策略为"制造不确定性"（Michaels and Monforton 2005；Michaels 2008）。参见McGarity and Wagner（2008），该文对行业宣传者通常可采取的策略类型进行了出色的分析。

9. 该备忘录可在烟草控制档案馆（加州大学旧金山分校图书馆 未注明日期）找到。这份备忘录还认为，"怀疑也是我们进行'偏倚性研究'的极限。不幸的是，我们不能采取直接反对反香烟势力的立场，说香烟有助于健康。我们没有任何证据支持这种说法"。

10. 这份声明（Frank Statement）可在烟草控制档案馆（加州大学旧金山分校图书馆 未注明日期，文件编号：zkph0129）中找到。

11. 烟草公司自己在20世纪50年代就承认了这一点。例如，没有参加TIRC的烟草公司Liggett & Myers在1958年制作的一份备忘录中指出，"面对越来越多的相反证据，不断重申'未经证实的'说法已经彻底败坏了TIRC的信誉，TIRC的科学咨询委员会（SAB）几乎无一例外地支持研究吸烟和肺癌没有直接关系的项目"（引自 State of Minnesota and Blue Cross Blue Shield of Minnesota v. Philip Morris, Inc. 1998）。

12. Oreskes and Conway（2010, 17）描述了TIRC对Wilhelm Hueper的支持，Wilhelm Hueper是国家癌症研究所的一名研究人员，专注于石棉研究，他经常在法庭上作证说，石棉才是导致特定患者罹患癌症的原因，而不是烟草。

13. 参见 Cummings，Morley，and Hyland（2002）引用的 1953 年 Teaque 的备忘录。

14. 请注意，香烟人均消费量直到 20 世纪 60 年代初才有所增加，到 60 年代末才保持稳定，此后一直下降。但这并不意味着总吸烟量，或者说香烟总产量此后不再增加。香烟总产量在 20 世纪 80 年代初有所增加，因为它与人口的增加成比例。

15. 参见 Dunn（1979）对这一时期欧洲宗教战争的概述。

16. CPI 的历史信息由 A. Axelrod（2009）提供。Bernays（1942）在后来的一篇文章中将这些活动称为"心理战"。

17. 关于公共错误信息委员会的社论，见《纽约时报》（1917）。Edward Bernays（1942）将 CPI 描述为美国"心理战"的一部分；Walter Lippmann 也使用了这个词（Kennedy 1980，91）。

18. 参见 Kearns，Schmidt，and Glantz（2016）。

19. 自烟草战略问世以来，对烟草行业为影响科学共识而采用的各种战略的引人入胜的概述，以及众多案例研究，参见 McGarity and Wagner（2008）。

20. Bernays 1928, 9.

21. 参见 Advisory Committee to the Surgeon General of the Public Health Service（1964）。

22. 本时间表摘自美国卫生与公共服务部（US Department of Health and Human Services）网站（2012）。

23. 参见 Christakis and Fowler（2008）。

24. 在之前的一项研究中，Christakis and Fowler（2007）发现了类似效应——那些减肥的人带动了他们的朋友。后来他们（Christakis and Fowler 2009）讨论了这些以及其他与人们通过社交网络影响彼此行为方式相关的发现。

25. 请注意，上一章中讨论的从众模型可能会帮助人们理解与吸烟及戒烟相关的社会压力。

26. 该模型在Weatherall，O'Connor，and Bruner（2018）中有详细描述。需要强调的是，Holman and Bruner（2015，2017）在顽固偏见行为人和行业选择方面的研究（这部分内容我们将在下文中讨论）采用了相同的模型框架来分析科学界中行业宣传的多方面问题，他们的研究在我们研究烟草战略之前便已完成，并为我们的建模工作提供了灵感。我们以自己的研究为主要内容，因为我们更愿意在本书中关注我们认为是原创的内容，还因为这一章的主要关注点是科学思想如何流向公众，而不是作用于科学界本身的干预措施（尽管这肯定也是相关的）。

27. 除了Oreskes and Conway（2010）提供的说明之外，参见Koop（1998）；Cummings，Morley，and Hyland（2002）；Michaels and Monforton（2005）；Michaels（2008）；Brandt（2009）以及Smith-Spangler et al.（2012）对烟草战略的讨论。

28. 这些数字引自Warner（1991），源于烟草研究所的一份文件。

29. 这里与Holman and Bruner（2015）的建模工作有一些相似之处，我们稍后会详细讨论。他们认为，宣传者使用有偏见的科学武器（偏倚性研究）——对宣传者来说，B行为似乎比A行为更糟糕——并且在科学界内分享这些结果，目的是说服这个群体执行A行为。不同之处在于，（1）他们考虑的是有偏见的人，而不是只分享部分科研结果，这意味着他们的模型体现这样的事实：在某些情况下，偏倚性研究成本过高；（2）他们模型中的宣传者与其他科学家分享证据，即其他人正在收集他们自己的证据，相互作用发生了改变，这意味着受宣传者影响的行为人可以选择不继续测试B行为，而在我们的模型中，这些选择独立于宣传者的任何决定。和我们一样，他们发现低效力研究对宣传者而言特别有用，尽管原因不同：在我们的模型中，这是因为研究的相对成本和错误结果出现的速度对其有利，而在他们的模型中，这是因为科学家正在积极地识别宣传者，当可能的结果分布相对较广时，这就更加困难了。

30. 科学哲学家Felipe Romero（2016）用模型证明，在科学家压制不重要的数据或未显示积极结果的情况下，社会最终将产生错误观念，即使假设他们有充足的资源对一种现象进行无限制的研究。

31. Rosenthal（1979）展示了如何填补缺失无效结果的大型数据集的空白；然而，Scargle（2000）批评了这些方法。相反，后者主张在进行所有科学研究之前，都必须进行预先登记，这种做法已在某些情况下实施，应该会大大改善偏倚性研究的影响。

32. 科学社会学家Robert Merton（1973）指出，科学界倾向于遵循一种"公共规范"——科学研究必须共享。把未发表的研究论文放在抽屉里确实与这一规范相冲突，但如前所述，这仍然是标准的科学实践。有关科学中公共规范的建模研究，请参见Strevens（2017）和Heesen（2017b）。

33. 该期刊的样章，参见Tobacco Institute, Inc.（1958）。

34. 我们未能找到一本引用这句话的书。

35. 举一个最近的选择性分享的例子。从1987年到2004年，FDA资助的38项研究显示了抗抑郁药的有效性，而36项研究发现使用它们没有任何益处。所有的正面研究结果都发表了，负面研究结果只发表了3篇（Turner et al. 2008）。Elliott and Holman（未注明日期）从整体上评估了行业资助科研的利弊，包括对此案例的讨论。

36. 我们假设每位科学家每轮行动10次，而行为人试图确定B行为获得回报的概率是0.6还是0.4。

37. 参见Button et al.（2013），他们认为神经科学研究的统计效力平均来看非常低，这降低了具有统计意义的结果反映真实效果的可能性。（对该论文的回应质疑低效力研究是否真的会导致错误结果，但似乎并不否认神经科学依赖"小规模科学"。）Szucs and Ioannidis（2017）为神经科学和心理学依赖低效力研究的说法提供了进一步的实证支持。其他领域也出现了类似担忧，如生态学（Lemoine et al. 2016）和进化生物学（Hersch and Phillips 2004）。

38. 科学哲学家Remco Heesen（2015）认为，如果权衡错误成本和收集任何主题的数据的成本，那么科学家有时收集非常少量的证据是合理的。然而，当我们缩小到群体层面时，对于科学家个体来说有意义的事情却可能使更广泛的群体处于风险之中。

39. 关于统计效力的基础知识，见Cohen（1992）。

40. 除了注释38中的参考文献外，Smaldino and McElreath（2016）还对过去60年中行为科学的统计效力进行了综合分析，结果表明，尽管一再呼吁采取措施，但统计效力还是未得到改善。这些作者展示了发表和录用的过程如何"鼓励"效力不足的研究持续出现。

41. 参见Open Science Collaboration（2015）。

42. 参见Baker（2016）。

43. 参见Benjamin et al.（2017）。

44. 这段历史大部分来自Hightower（2011）。

45. 参见Davidson et al.（1998）；Davidson et al.（1995）；Davidson，Myers，and Weiss（2004）；and Myers et al.（1995）。

46. 参见Grandjean et al.（1998）。

47. 参见Hightower（2011）和Davidson（2003）。

48. 参见Hightower（2011）和JIFSAN（1999）。

49. 参见Hightower（2011，104）。

50. 另一种将科学界视为达尔文型种群的模型，参见 Smaldino and McElreath（2016）。

51. 《圣经·马太福音》25:29:"因为凡有的，还要加给他，叫他有余；没有的，连他所有的也要夺过来。"有影响力的科学社会学家 Robert Merton（1968）是第一个将这个术语应用于学术界的人。

52. 参见 Moore（1995）。

53. 参见 Morganroth et al.（1978）和 Winkle（1978）。

54. 参见 Moore（1995）。

55. CAST 1989.

56. 参见 Moore（1995）。

57. Holman and Bruner（2015）将此类宣传者称为"顽固偏见行为人"，并特别关注科学界避免此类人的负面影响的可能方式。另见注释30。

58. Bernays 1928, 76.

59. 这里呈现的传记材料主要遵循尼伦贝格为雷维尔写的讣告（Nierenberg 1992）。

60. Revelle and Suess 1957.

61. 参见 Arrhenius（1896）和 Chamberlin（1899）。

62. 参见 "1990 AAAS Annual Meeting"（1989）。

63. 故事由 Oreskes and Conway 详细讲述（2010，93-94）；另见 Justin Lancaster（Revelle 的研究助理）和 Christa Beran（Revelle 的秘书）的证词，以及 Singer 对 Lancaster（*S. Fred Singer v. Justin Lancaster* 1993）提起的诉讼中的证词。Revelle 的女儿写了一篇评论文章，阐述了她对父亲的观点的理解（Hufbauer 1992）；如文中所述，Singer 后来对整个事件进行了描述（S. F. Singer 2003）。Lancaster 的描述版本可以在2006年的一份声明（Lancaster 2006）中以及对 Oreskes 和 Conway 的一次采访中

找到。

64. Singer 1990, 1139; Singer, Revelle, and Starr 1991, 28.

65. 这些主张是在 *S. Fred Singer v. Justin Lancaster*（1993）的宣誓书中提出的。

66. Easterbrook 1992, 24.

67. 参见 Bailey（2016, 28）。

68. 一个相关的例子是制药公司对"关键意见领袖"的使用方法。这些"关键意见领袖"都是医生，受雇担任特定药物的代言人（例如，见 Krimsky 2004；Moynihan 2008；Proctor 2012；Sismondo 2013；Elliott and Holman 2018）。此外，Holman（2015）提出了行业利益的一般策略，即召集精心挑选的"专家"小组，以支持实用的科学主张。

69. 电影《贩卖怀疑的商人》（Kenner 2014）描绘了 Singer 公然讨论 NIPCC 策略的场景。

70. 这里还有第二种现象与此相关，但我们认为，其本质是不同的：有些专门进行"人肉搜索"的网站，披露从事全球气候变化研究的科学家的联系信息。在某些情况下，这些网站上发表的言论会损害个别科学家的可信度。比如美国航空航天局科学家詹姆斯·汉森（James Hansen）。1988年，他成为首位向国会作证，称已经检测到全球变暖的学者。但在许多情况下，这类网站的目的似乎纯粹是恐吓。一旦这类网站发布了联系信息，科学家就开始收到包含人身攻击和死亡威胁的电子邮件。

71. 这个故事在很多地方都有详细的讲述，但我们所知道的最好的叙述出自 Oreskes and Conway（2010, ch. 6）。另见 Bolin（2008），文章从政府间气候变化专门委员会第一任主席的角度看待该委员会的历史。

72. Seitz 1996.

73. Bramson et al.（2016）将这种观念聚类称为"观念融合"。

74. 同样，一些模型讨论的是这样一些行为人，他们可能假装与相邻个体分享意见，其实是想对其施加影响（Afshar and Asadpour 2010；Fan and Pedrycz 2016）。

75. Barrett，Skyrms，and Mohseni（2017）展示了学会倾听那些准确探索世界的人的群体如何拥有更好的观念。另见 Douven and Riegler（2010）以及 Acemoglue，Bimpikis，and Ozdaglar（2014）。

76. 这段历史摘自 Grundy（1999）。

77. 参见 Grundy（1999）。

78. 参见 Riedel（2005）。

79. Grundy 报道说，玛丽夫人回到英国后要求梅特兰给她年幼的女儿接种人痘，梅特兰"起初拒绝，他考虑的是自己的职业前途：对于一个仅仅是外科医生的人来说，在伦敦医学院的眼皮底下为孩子接种人痘比在遥远的土耳其接种人痘要严重得多"（1999，210）。他最终同意了。

80. 正如我们所提示的，行为人在人际网络中的地位远不是决定其对他人影响的唯一相关因素。一些人比其他人更有影响力，是因为个性、声望或权力的差异，而与他们的网络关系无关。在人痘接种的例子中，卡洛琳王妃和玛丽·蒙塔古夫人的社会阶层以及中心地位是一个重要因素。此外，有些人比其他人更容易受到社会的影响，更倾向于墨守成规。虽然我们的模型没有考虑到这一点，但这将影响观念的传播。［参见 Wagner et al.（2012）］的例子。）沿着这些思路，陈曦等（X. Chen et al. 2016）利用网络模型论证了操纵专家意见（专家有影响他人的特殊能力）可能比操纵那些仅仅有很多关系的人更有效。Förster，Mauleon，and Vannetelbosch（2016）考虑了行为人观念转变的前提，这个前提可能是要为操纵他人观念的能力付出代价。

81. 有关概述，见 P. J. Smith，Chu，and Barker（2004）。未接种疫苗的儿童

往往是白人，来自富裕家庭及同一地区，具有讽刺意味的是，反疫苗主张增加了儿童感染流行病的概率。

82. 参见 X. Chen et al.（2016）和 Bloch, Keller, and Park（2015）。

83. 参见 Molteni（2017）.

84. 这篇已撤回的文章描述了疫苗与孤独症之间的虚假联系，请参见 Wakefield et al.（1998）。《华盛顿邮报》报道了明尼阿波利斯市 2017 年 5 月和 8 月反疫苗者的行动（L. H. Sun 2017a，2017b）。

85. 营销人员已经学会利用相同的效应为自己谋利。例如 Choi, Kim, and Lee（2010）提出了一个模型。在该模型中，他们认为，对某个小集团进行营销往往特别成功。尤其是社交媒体营销，这充分利用了从众效应。如果一个朋友在脸书上"点赞"某种东西，那么同龄人也"点赞"的概率增加了一倍（Egebark and Ekström 2011），需要 3 个陌生人才能产生同样的效果。既然"点赞"可以促进产品销售，那么明智地利用社交媒体上的从众效应，让密切联系的人群观看相同的广告，是会获得回报的（Yeung and Wyer 2005）。

第四章

1. 韦尔奇对事件的描述见 Adam Goldman（2016）；另见 Fisher, Cox, and Hermann（2016）；Lipton（2016）Weiner（2016）。Robb（2017）对整个事件的顺序进行了深入分析。

2. 参见 Silverman（2016a）。

3. 毫无疑问，波德斯塔的账户遭到黑客攻击，被公开的许多电子邮件是真实的；目前尚不清楚被公布的所有材料是否都未被更改（Cheney and

Wheaton 2016）。

4. 参见 Aisch，Huang，and Kang（2016）。

5. 参见 Rosenberg（2017）。

6. 参见 Aisch，Huang，and Kang（2016）以及 Fisher，Cox，and Hermann（2016）。

7. Adam Goldman（2016）引用了韦尔奇的言论。

8. Wood 1993; Chernow 2005.

9. Woolf（2016）报道了这个故事。另见 Krauss（1998）。W. J. Campbell（2001）更全面地介绍了这段历史。

10. 最近的调查总是得出相反的结论。有人发现"缅因"号是因外部原因沉没的，例如可能是外国敌对势力放置的水雷；另有人发现，沉船最符合"内部"爆炸的特征，很可能是船舶煤炭储藏室自发爆炸。参见 Wegner（2001）。

11. 关于美西战争的历史，见 Keller（1969）。

12. Thornton（2000）讨论了这一事件。

13. Collins 2017.

14. 参见 Poe 的《热气球骗局》（*Balloon-Hoax*）（1844）。Scudder（1949）讨论了这一事件。

15. 所谓的发行量印在《纽约日报》的头版。另请参见 W. J. Campbell（2001）和 Smythe（2003）。人口数据和纽约报纸总发行量数据来自《美国第十二次人口普查》第九卷（1902，1051）。

16. 参见 Bhagat et al.（2016）。

17. 参见 Greenwood，Perrin，and Duggan（2016）。

18. 参见 Fiedgerman（2017）和 G. Wells（2017）；美国大约有 2.45 亿成年人（当然，并非所有推特用户都是成年人，因此 30% 的数字只是一个近似值）。

19. 术语"模因"（meme）是古希腊语词"模仿的东西"（mimeme）的缩写，Dawkins（2006）用这个术语来描述文化传播的单位。

20. 参见 Singer-Vine and Silverman（2016）。

21. 参见 Pennycook and Rand（2017）以及 Allcott and Gentzkow（2017）。

22. Barthel, Mitchell, and Holcomb 2016.

23. 关于媒体影响公众观念的模型，见 Candia and Mazzitello（2008）；Rodríguez, Castillo-Mussot, and Vázquez（2009）；Pinto, Balenzuela, and Dorso（2016）。

24. 这些结果的细节最终取决于手头问题的统计特征，例如，是否有更多的方法来获得超过给定 p 值的结果，这些结果具有指向性。这种行为无疑是模型的产物，很难从这些模型中提取出任何关于新闻实践最有可能产生有害影响的条件的具体说法。另一方面，这些非常规结果事实上强调了我们试图说明的一点，即我们在这里考虑的对全部证据的歪曲可能会产生不可预测的重大影响。不管是什么情况，如果以记者在模型中的行为方式进行干预，那么新闻消费者就不应期望这些干预有利于自己获得真相。

25. Weatherall，O'Connor，and Bruner（2018）对这些结果进行了更详细的讨论。

26. Oreskes and Conway（2010）非常令人信服地强调了这一点。

27. 参见"伊拉克尸体计数"（Iraq Body Count）（2013）。伊拉克尸体计数项目受到了美英双方的批评，其他统计版本估计的平民死亡人数从几万到60万甚至更多不等。

28. *New York Times* 2004。

29. 它们一直如此——参见 Weatherall（2013）第八章关于消费价格指数的

讨论。

30. 许多新闻来源对这个故事进行了详尽的讨论，但并非所有的新闻来源都可靠。我们尤其依赖《洛杉矶时报》（Shalby 2017）和CNN（Cillizza 2017）的报道来了解事件的大致时间表。

31. 里奇在民主党全国委员会的工作在Morton（2016）中有描述。

32. 参见kurtchella（2016）。

33. 参见Knight（2003）。

34. 参见Matrisciana（1994）。

35. CNN Library（2017）提供了黑客攻击和后续影响的时间表。

36. 参见Tran（2016）。

37. 参见2016年10月7日美国国土安全部与国家情报局局长发表的联合声明（Department of Homeland Security 2016）；另见"Assessing Russian Activities"（2017）。

38. 参见Ewing（2016）。

39. 参见Stuart（2017）。

40. 参见Folkenflik（2017）。

41. Concha 2016.

42. Stein 2016.

43. 参见Ember and Grynbaum（2017）。

44. 在这两则虚假报道之后，CNN不仅撤回了这些报道，还解雇了为他们的调查报道团队工作的3名记者。

45. 至少，我们所说的对印刷媒体来说通常是正确的；监管电视上的"新闻"要困难得多，而且往往不太成功。

46. Vargo，Guo，and Amazeen（2017）对假新闻在设置议程中的作用进行了详细研究；他们发现，假新闻在设置议程方面并没有发挥"过度的力量"，但它似乎确实对党派媒体产生了强大的影响。

47. 参见 Tacchini et al.（2017）；Figueira and Oliveira（2017）；Shao et al.（2017）。关于旧提案，见 Gupta et al.（2013）和 C. Chen et al.（2013）。假新闻挑战网站（fakenewschallenge.org）鼓励计算机研究人员通过竞争找出解决假新闻问题的最佳算法。

48. 这段引文可以在 Strathern（1997，308）中找到。心理学家唐纳德·坎贝尔（Donald Campbell）提出的坎贝尔定律（Campbell's law）也有类似的特点。他写道："任何量化指标用于社会决策的次数越多，它就越容易受到腐败压力的影响，也就越容易扭曲和破坏它意欲监测的社会进程。"（D. T. Campbell 1979, 85）

49. 参见 Vann（2003）。

50. 参见 Holman（未注明日期）。

51. Pariser（2011）讨论了所谓的过滤泡沫的现实及危害。

52. 参见 Mohseni and Williams（未注明日期）。

53. A. I. Goldman and Cox（1996）在更详细的分析中提出了一个相关的观点。

54. 参见 Urofsky 和 Finkelman（2008）。

55. Geislar and Holman（未注明日期）最近提出了用于评估旨在减轻行业影响的科学政策中可能的干预措施的标准。他们强调了政策的重要性，这些政策是对霍尔曼（Holman）先前提出的行业宣传的不对称军备竞赛概念做出的回应，我们将在下文更详细地描述这一概念。

56. 科学家是否应该考虑这种"归纳风险"，这一点在科学哲学中存在广泛的争论。参见 Douglas（2000，2009）。

57. 这并不是说科学家不应该发表恰好符合行业利益的研究成果（或言论）。相反，他们应该权衡发表错误成果的成本和发表炫技论文的收益，并对敏感课题的研究提出高标准。

58. 然而，这种考虑还有另一个方面，那就是在发表高水平研究成果的小型科学家群体中巩固影响力，原则上可以使行业利益集团更容易获得利益，因为宣传者可以将注意力集中在这些群体上。

59. Nuccitelli（2014）对此进行了报道。

60. 该标准见如下网址：https://en.wikipedia.org/wiki/Wikipedia: Scientific_standards#Proper_weighting。感谢耶鲁大学出版社的一位匿名读者让我们注意到这一标准。

61. Strathern（1997）发现骆驼老乔被儿童广泛认可，儿童把老乔与香烟联系在一起。该公司被起诉，1997年庭外和解，骆驼老乔的营销活动结束。《纽约时报》对此事的报道也被Broder（1997）引用。

62. 参见Soergel（2017）或Farand（2017）。

63. McDonald-Gibson 2017.

64. 参见Roxborough（2017）和Schiffrin（2017）。

65. McAuley 2018.

66. Verstraete，Bambauer，and Bambauer（2017）讨论了与此类提案有关的一些法律问题。

67. Kitcher 2011, 113.

68. 正如基彻（2001，2011）指出的那样，西方人普遍认为民主就是"自由选举"。在西方民主社会，通过普选解决关键问题既必要又充分，例如谁将立法或执行外交政策，或者在某些情况下，国家的法律将是怎样的。但是选举是一种机制，一种实现更深层次、更重要事务的程序，即一种汇集民众意见和偏好的方式，或者作为行使"人民意志"的一种手段。过分强调普选是民主的特征，掩盖了单纯的投票往往不是实现这种聚合的有效手段的方式。为了取代这种将民主简单化为多数人统治的观点，基彻提出了一种民主概念，其基础是自由和（特别是）平等的概念，即自由民主社会的所有成员都是这种自由的平等参与者。社会成员参与对他们产生影响的决定，而且，由于他们是社会的自由平等的成员，因此不会默认哪个人的偏好占主导地位。我们每个人都有自己的兴趣，都有我们非常关心的事（以及对我们影响不大的事），但这些都会对其他人产生影响。在民主社会中，我们共同做出的决定必须符合我们每个人的利益和价值观。其余的——法律、选举等——仅仅是实现这些自由、平等和参与的民主理想的不完美手段。

69. 在许多方面，基彻的主要目标是理解以这种审议过程为指导的科学如何能够并且应该对多元化社会的需求做出反应。这是一种双重思想，即科学可以是纯粹的或不受人的关注，如果不是，则它只不过是一种文化背景的建构。（回想起来，这些是我们在第一章讨论的科学战争的支柱；基彻和我们一样，也在寻求一条中间道路。）我们非常赞同基彻所说的大部分内容。

参考文献

ABC News. 2006. "20/20: Health Risks of Mercury in Fish." January 6, 2006. http://abcnews.go.com/2020/story?id=124062&page=1.

Abrahamson, Eric, and Lori Rosenkopf. 1997. "Social Network Effects on the Extent of Innovation Diffusion: A Computer Simulation." *Organization Science* 8 (3): 289–309. https://doi.org/10.1287/orsc.8.3.289.

Acemoglue, Daron, Kostas Bimpikis, and Asuman Ozdaglar. 2014. "Communication Information Dynamics in Endogenous Networks." *Theoretical Economics* 9: 41–97.

Acemoglue, Daron, Asuman Ozdaglar, and Ali ParandehGheibi. 2010. "Spread of Misinformation in Social Networks." *Games and Economic Behavior* 70 (2): 194–227.

Advisory Committee to the Surgeon General of the Public Health Service. 1964. "Smoking and Health." Public Health Service Publication No. 1103. https://profiles.nlm.nih.gov/NN/B/B/M/Q/.

Afshar, Mohammad, and Masoud Asadpour. 2010. "Opinion Formation by Informed Agents." *Journal of Artificial Societies and Social Simulation* 13 (4). https://doi.org/10.18564/jasss.1665.

Aisch, Gregor, Jon Huang, and Cecilia Kang. 2016. "Dissecting the #PizzaGate Conspiracy Theories." *New York Times*, December 10, 2016. https://www.nytimes.com/interactive/2016/12/10/business/media/pizzagate.html.

Allcott, Hunt, and Matthew Gentzkow. 2017. "Social Media and Fake News in the 2016 Election." *Journal of Economic Perspectives* 31 (2): 211–236. https://doi.org /10.1257/jep.31.2.211.

Allen, Beth. 1982. "A Stochastic Interactive Model for the Diffusion of Information." *Journal of Mathematical Sociology* 8 (2): 265–281. https://doi.org/10.1080 /0022250X.1982.9989925.

Angere, Staffan. n.d. "Knowledge in a Social Network." Unpublished manuscript.

Angere, Staffan, George Masterton, and Erik J. Olsson. n.d. "The Epistemology of Social Networks." Unpublished manuscript.

Angere, Staffan, and Erik J. Olsson. 2017. "Publish Late, Publish Rarely!: Network Density and Group Competence in Scientific Communication." In *Scientific Collaboration and Collective Knowledge: New Essays*, edited by T. Boyer-Kassem, C. Mayo-Wilson, and M. Weisberg. Cambridge: Oxford University Press.

Ariely, Dan. 2008. *Predictably Irrational: The Hidden Forces That Shape Our Decisions.* New York: HarperCollins.

Arifovic, Jasmina, Curtis Eaton, and Graeme Walker. 2015. "The Coevolution of Beliefs and Networks." *Journal of Economic Behavior and Organization* 120: 46–63.

Arrhenius, Svante. 1896. "XXXI. On the Influence of Carbonic Acid in the Air upon the Temperature of the Ground." *Philosophical Magazine* 41 (251): 237–276. https://doi.org/10.1080/14786449608620846.

Asch, Solomon. 1951. "Effects of Group Pressure upon the Modification and Distortion of Judgments." In *Groups, Leadership and Men: Research in Human Relations,* edited by Harold Guetzkow, 222–236. Oxford: Carnegie Press.

"Assessing Russian Activities and Intentions in Recent US Elections." 2017. Office of the Director of National Intelligence, ICA 2017-01D, January 6, 2017. https://www.dni.gov/files/documents/ICA_2017_01.pdf.

Auwaerter, Paul G., John Aucott, and J. Stephen Dumler. 2004. "Lyme Borreliosis (Lyme Disease): Molecular and Cellular Pathobiology and Prospects for Prevention, Diagnosis and Treatment." *Expert Reviews in Molecular Medicine* 6 (2): 1–22. https://doi.org/10.1017/S1462399404007276.

Axelrod, Alan. 2009. *Selling the Great War: The Making of American Propaganda.* New York: St. Martin's.

Axelrod, Robert. 1997. "The Dissemination of Culture: A Model with Local Convergence and Global Polarization." *Journal of Conflict Resolution* 41 (2): 203–226. https://doi.org/10.1177/0022002797041002001.

Bailey, Christopher J. 2016. *US Climate Change Policy.* New York: Routledge.

Baker, Monya. 2016. "1,500 Scientists Lift the Lid on Reproducibility." *Nature News* 533 (7604): 452. https://doi.org/10.1038/533452a.

Bala, Venkatesh, and Sanjeev Goyal. 1998. "Learning from Neighbours." *Review of Economic Studies* 65 (3): 595–621.

Baldassarri, Delia, and Peter Bearman. 2007. "Dynamics of Political Polarization." *American Sociological Review* 72 (5): 784–811. https://doi.org/10.1177/0003122 40707200507.

Banerjee, Abhijit. 1992. "A Simple Model of Herd Behavior." *Quarterly Journal of Economics* 107 (3): 797–817.

Barker, Gillian, and Philip Kitcher. 2013. *Philosophy of Science: A New Introduction.* New York: Oxford University Press.

Baron, Robert, Joseph A. Vandello, and Bethany Brunsman. 1996. "The Forgotten Variable in Conformity Research: Impact of Task Importance on Social Influence." *Journal of Personality and Social Psychology* 71 (5): 915–927.

Barrett, Jeffrey, Brian Skyrms, and Aydin Mohseni. 2017. "Self-Assembling Networks." *British Journal for the Philosophy of Science.* https://doi.org/10.1093/bjps /axx039.

Barthel, Michael, Amy Mitchell, and Jesse Holcomb. 2016. "Many Americans Believe Fake News Is Sowing Confusion." Pew Research Center. December 15, 2016. http://www.journalism.org/2016/12/15/many-americans-believe-fake-news -is-sowing-confusion/.

BBC News. 2017. Technology. "Brexit: MPs Quiz Facebook over Brexit 'Fake News.'" October 24, 2017. http://www.bbc.com/news/technology-41736333.

Benjamin, Daniel Jacob, James Berger, Magnus Johannesson, Brian A. Nosek, Eric-Jan Wagenmakers, Richard Berk, Kenneth Bollen, et al. 2017. "Redefine Statistical Significance." PsyArXiv Preprints, July 22, 2017. https://doi.org/10.17605 /OSF.IO/MKY9J.

Bentzen, Naja. 2017. "'Fake News' and the EU's Response." At a Glance, April 2017. European Parliament. http://www.europarl.europa.eu/RegData/etudes /ATAG/2017/599384/EPRS_ATA(2017)599384_EN.pdf.

Bernays, Edward L. 1923. *Crystallizing Public Opinion.* New York: Boni and Liveright.

———. 1928. *Propaganda.* Reprint, Brooklyn, NY: Ig Publishing, 2005.

———. 1942. "The Marketing of National Policies: A Study of War Propaganda." *Journal of Marketing* 6 (3): 236–244. https://doi.org/10.2307/1245869.

Bhagat, Smriti, Moira Burke, Carlos Diuk, Ismail Onur Filliz, and Sergey Edunov. 2016. "Three and a Half Degrees of Separation." Facebook Research. February 4, 2016. https://research.fb.com/three-and-a-half-degrees-of-separation.

Bikhchandani, Sushil, David Hirshleifer, and Ivo Welch. 1992. "A Theory of Fads, Fashion, Custom, and Cultural Change as Informational Cascades." *Journal of Political Economy* 100 (5): 992–1026. https://doi.org/10.1086/261849.

Bird, Alexander. 2014. *Thomas Kuhn*. New York: Routledge.

Bloch, Matthew, Joseph Keller, and Haeyoun Park. 2015. "Vaccination Rates for Every Kindergarten in California." *New York Times*, February 6, 2015. https:// www.nytimes.com/interactive/2015/02/06/us/california-measles-vaccines-map .html.

Bockenstedt, Linda K., Jialing Mao, Emir Hodzic, Stephen W. Barthold, and Durland Fish. 2002. "Detection of Attenuated, Noninfectious Spirochetes in Borrelia Burgdorferi—Infected Mice After Antibiotic Treatment." *Journal of Infectious Diseases* 186 (10): 1430–1437. https://doi.org/10.1086/345284.

Bolin, Bert. 2008. *A History of the Science and Politics of Climate Change: The Role of the Intergovernmental Panel on Climate Change*. Cambridge: Cambridge University Press.

Bond, Richard, and Peter B. Smith. 1996. "Culture and Conformity: A Meta-Analysis of Studies Using Asch's (1952b, 1956) Line Judgement Task." *Psychological Bulletin* 119 (1): 111–137.

Borg, AnneMarie, Daniel Frey, Dunja Šešelja, and Christian Straßer. 2017. "Examining Network Effects in an Argumentative Agent-Based Model of Scientific Inquiry." In *Logic, Rationality, and Interaction*, 391–406. Lecture Notes in Computer Science. Berlin: Springer. https://doi.org/10.1007/978-3-662-55665 -8_27.

Bramson, Aaron, Patrick Grim, Daniel J. Singer, William J. Berger, Graham Sack, Steven Fisher, Carissa Flocken, and Bennett Holman. 2016. "Understanding Polarization: Meanings, Measures, and Model Evaluation." *Philosophy of Science* 84 (1): 115–159. https://doi.org/10.1086/688938.

Brandt, Allan. 2009. *The Cigarette Century: The Rise, Fall, and Deadly Persistence of the Product That Defined America*. Reprint edition. New York: Basic Books.

Bratton, Robert L., John W. Whiteside, Michael J. Hovan, Richard L. Engle, and Frederick D. Edwards. 2008. "Diagnosis and Treatment of Lyme Disease." *Mayo Clinic Proceedings* 83 (5): 566–571. https://doi.org/10.4065/83.5.566.

Bright, Liam Kofi. 2017. "Decision Theoretic Model of the Productivity Gap." *Erkenntnis* 82 (2): 421–442. https://doi.org/10.1007/s10670-016-9826-6.

Broder, John M. 1997. "F.T.C. Charges Joe Camel Ad Illegally Takes Aim at Minors." *New York Times*, May 29, 1997. https://www.nytimes.com/1997/05/29/us /ftc-charges-joe-camel-ad-illegally-takes-aim-at-minors.html.

Bromwich, Jonah Engel, and Alan Blinder. 2017. "What We Know About James Alex Fields, Driver Charged in Charlottesville Killing." *New York Times*, August 13, 2017. https://www.nytimes.com/2017/08/13/us/james-alex-fields-charlottes ville-driver-.html.

Bruner, Justin, and Cailin O'Connor. 2017. "Power, Bargaining, and Collabora-tion." In *Scientific Collaboration and Collective Knowledge: New Essays*, edited by T. Boyer-Kassem, C. Mayo-Wilson, and M. Weisberg. Cambridge: Oxford University Press.

Buechel, Berno, Tim Hellmann, and Stefan Klössner. 2015. "Opinion Dynamics and Wisdom Under Conformity." *Journal of Economic Dynamics and Control* 52: 240–257.

Bump, Philip. 2017. "Here's the Public Evidence That Supports the Idea That Russia Interfered in the 2016 Election." *Washington Post*, July 6, 2017. https://www.washingtonpost.com/news/politics/wp/2017/07/06/heres-the-public-evidence-that-supports-the-idea-that-russia-interfered-in-the-2016-election/.

Burgdorfer, W., A. G. Barbour, S. F. Hayes, J. L. Benach, E. Grunwaldt, and J. P. Davis. 1982. "Lyme Disease—A Tick-Borne Spirochetosis?" *Science* 216 (4552): 1317–1319. https://doi.org/10.1126/science.7043737.

Burgess, Alexis G., and John P. Burgess. 2011. *Truth*. Princeton, NJ: Princeton University Press.

Burns, David M., Lora Lee, Larry Z. Shen, Elizabeth Gilpin, H. Dennis Tolley, Jerry Vaughn, and Thomas G. Shanks. 1997. "Cigarette Smoking Behavior in the United States." In *Changes in Cigarette-Related Disease Risks and Their Implication for Prevention and Control*. NCI Tobacco Control Monograph 8, 13–42.

Button, Katherine S., John P. A. Ioannidis, Claire Mokrysz, Brian A. Nosek, Jonathan Flint, Emma S. J. Robinson, and Marcus R. Munafò. 2013. "Power Failure: Why Small Sample Size Undermines the Reliability of Neuroscience." *Nature Reviews Neuroscience* 14 (5): 365–376. https://doi.org/10.1038/nrn3475.

Cameron, Kenzie A., Michael E. Roloff, Elisha M. Friesema, Tiffany Brown, Borko D. Jovanovic, Sara Hauber, and David W. Baker. 2013. "Patient Knowledge and Recall of Health Information Following Exposure to 'Facts and Myths' Message Format Variations." *Patient Education and Counseling* 92 (3): 381–387. https://doi.org/10.1016/j.pec.2013.06.017.

Campbell, Donald T. 1979. "Assessing the Impact of Planned Social Change." *Evaluation and Program Planning* 2 (1):67–90. https://doi.org/10.1016/0149-7189 (79)90048-X.

Campbell, W. Joseph. 2001. *Yellow Journalism: Puncturing the Myths, Defining the Legacies*. Westport, CT: Greenwood.

Candia, Julián, and Karina Mazzitello. 2008. "Mass Media Influence Spreading in Social Networks with Community Structure." *Journal of Statistical Mechanics: Theory and Experiment* 2008 (7). http://iopscience.iop.org/article/10.1088/1742 -5468/2008/07/P07007/meta.

Carter, K. Codell. 2017. *Childbed Fever: A Scientific Biography of Ignaz Semmelweis.* New York: Routledge.

CAST (Cardiac Arrhythmia Suppression Trial) Investigators. 1989. "Preliminary Report: Effect of Encainide and Flecainide on Mortality in a Randomized Trial of Arrhythmia Suppression After Myocardial Infarction." *New England Journal of Medicine* 321 (6): 406–412.

CDC (Centers for Disease Control and Prevention). 2015 (last reviewed). "Lyme Disease." Last updated January 19, 2018. https://www.cdc.gov/lyme/index.html.

Chamberlin, T. C. 1899. "An Attempt to Frame a Working Hypothesis of the Cause of Glacial Periods on an Atmospheric Basis." *Journal of Geology* 7 (6): 545–584. https://doi.org/10.1086/608449.

Chen, C., K. Wu, V. Srinivasan, and X. Zhang. 2013. "Battling the Internet Water Army: Detection of Hidden Paid Posters." In *Proceedings of the 2013 IEEE/ACM International Conference on Advances in Social Networks Analysis and Mining (ASONAM 2013)*, 116–120. https://doi.org/10.1145/2492517.2492637.

Chen, Xi, Xi Xiong, Minghong Zhang, and Wei Li. 2016. "Public Authority Control Strategy for Opinion Evolution in Social Networks." *Chaos: An Interdisciplinary Journal of Nonlinear Science* 26. https://doi.org/10.1063/1.4960121.

Cheney, Kyle, and Sarah Wheaton. 2016. "The Most Revealing Clinton Campaign Emails in WikiLeaks Release." Politico, October 7, 2016. http://politi.co/2d BOoRl.

Chernow, Ron. 2005. *Alexander Hamilton.* New York: Penguin.

Choi, Hanool, Sang-Hoon Kim, and Jeho Lee. 2010. "Role of Network Structure and Network Effects in Diffusion of Innovations." *Industrial Marketing Management* 39 (1): 170–177. https://doi.org/10.1016/j.indmarman.2008.08.006.

Christakis, Nicholas A., and James H. Fowler. 2007. "The Spread of Obesity in a Large Social Network over 32 Years." *New England Journal of Medicine* 357 (4): 370–379. https://doi.org/10.1056/NEJMsa066082.

———. 2008. "The Collective Dynamics of Smoking in a Large Social Network." *New England Journal of Medicine* 358 (21): 2249–2258. https://doi.org/10.1056/NEJMsa0706154.

———. 2009. *Connected: The Surprising Power of Our Social Networks and How They Shape Our Lives.* New York: Little, Brown.

Cicerone, Ralph J., Richard S. Stolarski, and Stacy Walters. 1974. "Stratospheric Ozone Destruction by Man-Made Chlorofluoromethanes." *Science* 185 (4157): 1165–1167. https://doi.org/10.1126/science.185.4157.1165.

Cillizza, Chris. 2017. "The Tragic Death and Horrible Politicization of Seth Rich,

Explained." CNN Politics, August 2, 2017. http://www.cnn.com/2017/08/02 /politics/seth-rich-death-fox-news-trump/index.html.

Clarkson, Thomas W. 1997. "The Toxicology of Mercury." *Critical Reviews in Clinical Laboratory Sciences* 34 (4): 369–403. https://doi.org/10.3109/1040836970 8998098.

Cloud, David S., Tracy Wilkinson, and Joseph Tanfani. 2017. "FBI Investigates Russian Government Media Organizations Accused of Spreading Propaganda in U.S." *Los Angeles Times*, September 13, 2017. http://www.latimes.com/nation /la-na-russia-propaganda-20170913-story.html.

CNN Library. 2017. "2016 Presidential Campaign Hacking Fast Facts." CNN, October 31, 2017. http://www.cnn.com/2016/12/26/us/2016-presidential-cam paign-hacking-fast-facts/index.html.

Cogbill, Charles V., and Gene E. Likens. 1974. "Acid Precipitation in the Northeastern United States." *Water Resources Research* 10 (6): 1133–1137. https://doi .org/10.1029/WR010i006p01133.

Cohen, Jacob. 1992. "A Power Primer." *Psychological Bulletin* 112 (1): 155–159.

Collins, Ben. 2017. "NASA Denies That It's Running a Child Slave Colony on Mars." *Daily Beast*, June 29, 2017. https://www.thedailybeast.com/nasa-denies -that-its-running-a-child-slave-colony-on-mars.

Concha, Joe. 2016. "MSNBC Anchor Apologizes over False Statement About Fox." The Hill, December 9, 2016. http://thehill.com/homenews/media/309763-msnbc -anchor-apologizes-over-false-statement-about-fox.

Condorcet, Jean-Antoine-Nicolas de Caritat, marquis de. 1785. *Essai sur l'application de l'analyse à la probabilité des décisions rendues à la pluralité des voix . . .* Paris. http://gallica.bnf.fr/ark:/12148/bpt6k417181.

Conley, S. T. 1992. "What Do Consumers Think About Irradiated Foods?" *FSIS Food Safety Review* (Fall): 11–15.

Cowan, Ruth Schwartz. 1972. "Francis Galton's Statistical Ideas: The Influence of Eugenics." *Isis* 63 (4): 509–528. https://doi.org/10.1086/351000.

Crossland, Nicholas A., Xavier Alvarez, and Monica E. Embers. 2017. "Late Disseminated Lyme Disease: Associated Pathology and Spirochete Persistence Post-Treatment in Rhesus Macaques." *American Journal of Pathology.* https://doi .org/10.1016/j.ajpath.2017.11.005.

Crutzen, P. J. 1970. "The Influence of Nitrogen Oxides on the Atmospheric Ozone Content." *Quarterly Journal of the Royal Meteorological Society* 96 (408): 320–325. https://doi.org/10.1002/qj.49709640815.

Cummings, K. M., C. P. Morley, and A. Hyland. 2002. "Failed Promises of the

Cigarette Industry and Its Effect on Consumer Misperceptions About the Health Risks of Smoking." *Tobacco Control* 11 (suppl 1): i110–i117. https://doi.org/10.1136/tc.11.suppl_1.i110.

Dabke, Devavrat, and Eva Arroyo. 2016. "Rumors with Personality: A Differential and Agent-Based Model of Information Spread Through Networks." *SIURO* 9: 453–467.

Daley, D. J., and D. G. Kendal. 1965. "Stochastic Rumors." *IMA Journal of Applied Mathematics* 1 (1): 42–55.

Danner, Mark. 2007. "Words in a Time of War." *The Nation*, May 31, 2007. https://www.thenation.com/article/words-time-war/.

Daston, Lorraine, and Peter Galison. 2007. *Objectivity.* New York: Zone Books.

Davidson, Philip W. 2003. "Methylmercury: A Story of Loaves and Fishes." Paper presented at Pollution, Toxic Chemicals, and Mental Retardation: A National Summit. American Association on Mental Retardation, Racine, WI, July 22–24, 2003.

Davidson, Philip W., Gary J. Myers, Christopher Cox, Catherine Axtell, Conrad Shamlaye, Jean Sloane-Reeves, Elsa Cernichiari, et al. 1998. "Effects of Prenatal and Postnatal Methylmercury Exposure from Fish Consumption on Neuro-development: Outcomes at 66 Months of Age in the Seychelles Child Development Study." *Journal of the American Medical Association* 280 (8): 701–707. https://doi.org/10.1001/jama.280.8.701.

Davidson, Philip W., Gary J. Myers, Christopher Cox, Conrad Shamlaye, D. O. Marsh, M. A. Tanner, Cheston M. Berlin, J. Sloane-Reeves, E. Cernichiari, and O. Choisy. 1995. "Longitudinal Neurodevelopmental Study of Seychellois Children Following in Utero Exposure to Methylmercury from Maternal Fish Ingestion: Outcomes at 19 and 29 Months." *Neurotoxicology* 16 (4): 677–688.

Davidson, Philip W., Gary J. Myers, and Bernard Weiss. 2004. "Mercury Exposure and Child Development Outcomes." *Pediatrics* 113 (Supplement 3): 1023–1029.

Davis, Devra Lee. 2002. *When Smoke Ran like Water.* New York: Basic Books.

Dawkins, Richard. 2006. *The Selfish Gene: 30th Anniversary Edition.* Oxford: Oxford University Press.

Deffuant, Guillaume. 2006. "Comparing Extremism Propagation Patterns in Continuous Opinion Models." *Journal of Artificial Societies and Social Simulation* 9 (3). http://jasss.soc.surrey.ac.uk/9/3/8.html.

Deffuant, Guillaume, Frédéric Amblard, Gérard Weisbuch, and Thierry Faure. 2002. "How Can Extremism Prevail? A Study Based on the Relative Agreement Interaction Model." *Journal of Artificial Societies and Social Simulation* 5 (4). October 31, 2002. http://jasss.soc.surrey.ac.uk/5/4/1.html.

Deffuant, Guillaume, Sylvie Huet, and Frédéric Amblard. 2005. "An Individual-Based Model of Innovation Diffusion Mixing Social Value and Individual Benefit." *American Journal of Sociology* 110 (4): 1041–1069. https://doi.org/10.1086/430220.

DeMarzo, Peter, Dimitri Vayanos, and Jeffrey Zwiebel. 2003. "Persuasion Bias, Social Influence, and Unidimensional Opinions." *Quarterly Journal of Economics* 118 (3): 909–968.

Dennis, Rutledge M. 1995. "Social Darwinism, Scientific Racism, and the Metaphysics of Race." *Journal of Negro Education* 64 (3): 243–252. https://doi.org/10.2307/2967206.

Department of Homeland Security. 2016. "Joint Statement from the Department of Homeland Security and Office of the Director of National Intelligence on Election Security." October 7, 2016. https://www.dhs.gov/news/2016/10/07/joint-statement-department-homeland-security-and-office-director-national.

Dorn, Harold F. 1954. "The Relationship of Cancer of the Lung and the Use of Tobacco." *American Statistician* 8 (5): 7–13. https://doi.org/10.1080/00031305.1954.10482762.

Douglas, Heather. 2000. "Inductive Risk and Values in Science." *Philosophy of Science* 67 (4): 559–579. https://doi.org/10.1086/392855.

———. 2009. *Science, Policy, and the Value-Free Ideal.* Pittsburgh, PA: University of Pittsburgh Press.

Douven, Igor, and Alexander Riegler. 2010. "Extending the Hegselmann-Krause Model I." *Logic Journal of the IGPL* 18: 323–335.

Downes, Stephen M. 1992. "The Importance of Models in Theorizing: A Deflationary Semantic View." *PSA: Proceedings of the Biennial Meeting of the Philosophy of Science Association* 1992 (1): 142–153. https://doi.org/10.1086/psaprocbienmeetp.1992.1.192750.

Duggins, Peter. 2017. "A Psychologically-Motivated Model of Opinion Change with Applications to American Politics." *Journal of Artificial Societies and Social Simulation* 20(1): 13. http://jasss.soc.surrey.ac.uk/20/1/13/13.pdf.

Dunn, Richard S. 1979. *The Age of Religious Wars, 1559–1715.* 2nd edition. New York: W. W. Norton.

Duret, Claude. 1605. *Histoire admirable des Plantes et Herbes esmerveillables et miraculeuses en nature.* Paris. http://gallica.bnf.fr/ark:/12148/bpt6k5606404b.

Earman, John. 1992. *Bayes or Bust?: A Critical Examination of Bayesian Confirmation Theory.* Cambridge, MA: MIT Press.

Easley, David, and Jon Kleinberg. 2010. *Networks, Crowds, and Markets: Reasoning About a Highly Connected World.* Cambridge: Cambridge University Press.

Easterbrook, Gregg. 1992. "Green Cassandras." *New Republic,* July 6, 1992: 23–25.

Economist. 2007. "The Summer of Acid Rain." *Economist,* December 19, 2007. http://www.economist.com/node/10311405.

Egebark, Johan, and Mathias Ekström. 2011. "Like What You Like or Like What Others Like?: Conformity and Peer Effects on Facebook." IFN Working Paper No. 886. http://www.ifn.se/wfiles/wp/wp886.pdf.

Elliott, Kevin C. 2017. *A Tapestry of Values: An Introduction to Values in Science.* New York: Oxford University Press.

Elliott, Kevin C., and Bennett Holman. n.d. "The Promise and Perils of Industry-Funded Science." Unpublished manuscript.

Ellison, Glenn, and Drew Fudenberg. 1995. "Word-of-Mouth Communication and Social Learning." *Quarterly Journal of Economics* 110 (1): 93–125. https://doi.org/10.2307/2118512.

Ember, Sydney, and Michael M. Grynbaum. 2017. "At CNN, Retracted Story Leaves an Elite Reporting Team Bruised." *New York Times,* September 5, 2017. https://www.nytimes.com/2017/09/05/business/media/cnn-retraction-trump-scaramucci.html.

Embers, Monica E., Stephen W. Barthold, Juan T. Borda, Lisa Bowers, Lara Doyle, Emir Hodzic, Mary B. Jacobs, et al. 2012. "Persistence of Borrelia Burgdorferi in Rhesus Macaques Following Antibiotic Treatment of Disseminated Infection." *PLOS ONE* 7 (1): e29914. https://doi.org/10.1371/journal.pone.0029914.

Embers, Monica E., Nicole R. Hasenkampf, Mary B. Jacobs, Amanda C. Tardo, Lara A. Doyle-Meyers, Mario T. Philipp, and Emir Hodzic. 2017. "Variable Manifestations, Diverse Seroreactivity and Post-Treatment Persistence in Non-Human Primates Exposed to Borrelia Burgdorferi by Tick Feeding." *PLOS ONE* 12 (12): e0189071. https://doi.org/10.1371/journal.pone.0189071.

Engber, Daniel. 2018. "LOL Something Matters." Slate, January 3, 2018. https://slate.com/health-and-science/2018/01/weve-been-told-were-living-in-a-post-truth-age-dont-believe-it.html.

Ewing, Philip. 2016. "WikiLeaks Offers Reward in Search for Democratic Party Staffer's Killer." National Public Radio, August 10, 2016. http://www.npr.org/sections/thetwo-way/2016/08/10/489531198/wikileaks-offers-reward-in-search-for-democratic-party-staffers-killer.

Fallon, B. A., and J. A. Nields. 1994. "Lyme Disease: A Neuropsychiatric Illness." *American Journal of Psychiatry* 151 (11): 1571–1583. https://doi.org/10.1176/ajp.151.11.1571.

Fan, Fangqi, and Witold Pedrycz. 2016. "Opinion Evolution Influenced by Informed Agents." *Physica A: Statistical Mechanics and Its Applications* 462: 431–441.

Fandos, Nicholas. 2017. "White House Pushes 'Alternative Facts.' Here Are the Real Ones." *New York Times*, January 22, 2017. https://www.nytimes.com/2017 /01/22/us/politics/president-trump-inauguration-crowd-white-house.html.

Farand, Chloe. 2017. "French Social Media Is Being Flooded with Fake News, Ahead of the Election." Independent, April 22, 2017. http://www.independent .co.uk/news/world/europe/french-voters-deluge-fake-news-stories-facebook -twitter-russian-influence-days-before-election-a7696506.html.

Farman, J. C., B. G. Gardiner, and J. D. Shanklin. 1985. "Large Losses of Total Ozone in Antarctica Reveal Seasonal ClO_x/NO_x Interaction." *Nature* 315 (6016): 207–210. https://doi.org/10.1038/315207a0.

FBI (Federal Bureau of Investigation) National Press Office. 2016. "Statement by FBI Director James B. Comey on the Investigation of Secretary Hillary Clinton's Use of a Personal E-Mail System." July 5, 2016. https://www.fbi.gov /news/pressrel/press-releases/statement-by-fbi-director-james-b-comey-on -the-investigation-of-secretary-hillary-clinton2019s-use-of-a-personal-e-mail -system.

Feder, Henry M. Jr., Barbara J. B. Johnson, Susan O'Connell, Eugene D. Shapiro, Allen C. Steere, Gary P. Wormser, and the Ad Hoc International Lyme Disease Group. 2007. "A Critical Appraisal of 'Chronic Lyme Disease.'" *New England Journal of Medicine* 357 (14): 1422–1430. https://doi.org/10.1056/NEJMra072023.

Festinger, Leon. 1962. *A Theory of Cognitive Dissonance*. Stanford, CA: Stanford University Press.

Fiegerman, Seth. 2017. "Twitter Now Losing Users in the U.S." CNN, July 27, 2017. http://money.cnn.com/2017/07/27/technology/business/twitter-earnings /index.html.

Field, Hartry. 1986. "The Deflationary Conception of Truth." In *Fact, Science and Morality*, edited by Graham Macdonald and Crispin Wright, 55–117. Oxford: Blackwell.

Figueira, Álvaro, and Luciana Oliveira. 2017. "The Current State of Fake News: Challenges and Opportunities." *Procedia Computer Science* 121: 817–825. https:// doi.org/10.1016/j.procs.2017.11.106.

Fisher, Marc, John Woodrow Cox, and Peter Hermann. 2016. "Pizzagate: From Rumor, to Hashtag, to Gunfire in D.C." *Washington Post*, December 6, 2016. https://www.washingtonpost.com/local/pizzagate-from-rumor-to-hashtag-to -gunfire-in-dc/2016/12/06/4c7def50-bbd4-11e6-94ac-3d324840106c_story .html.

Folkenflik, David. 2017. "No Apology, No Explanation: Fox News and the Seth Rich Story." National Public Radio, September 15, 2017. http://www.npr.org

/2017/09/15/551163406/fox-news-has-yet-to-explain-what-what-wrong-in
-seth-rich-story.

Ford, Matthew. 2017. "Trump's Press Secretary Falsely Claims: 'Largest Audience Ever to Witness an Inauguration, Period.'" *The Atlantic*, January 21, 2017. https://www.theatlantic.com/politics/archive/2017/01/inauguration-crowd -size/514058/.

Förster, Manuel, Ana Mauleon, and Vincent Vannetelbosch. 2016. "Trust and Manipulation in Social Networks." *Network Science* 4 (2): 216–243.

Foucault, Michel. 2012. *The Birth of the Clinic.* New York: Routledge.

Franklin, Ben A. 1984. "Legislators Say White House Suppressed Acid Rain Report." *New York Times*, August 18, 1984. http://www.nytimes.com/1984/08/18 /us/legislators-sat-white-house-suppressed-acid-rain-report.html.

Franklin, Benjamin. 1785. "Meteorological Imaginations and Conjectures." *Memoirs of the Literary and Philosophical Society of Manchester*, 2: 357—361.

Freeze, R. Allan, and Jay H. Lehr. 2009. *The Fluoride Wars: How a Modest Public Health Measure Became America's Longest Running Political Melodrama.* Hoboken, NJ: John Wiley & Sons.

Fuller, Steve. 1988. *Social Epistemology.* Bloomington: Indiana University Press.

Funk, Cary, and Lee Rainie. 2015. "Public and Scientists' Views on Science and Society." Pew Research Center, January 29, 2015. http://www.pewinternet.org /2015/01/29/public-and-scientists-views-on-science-and-society/.

Galam, Serge. 2010. "Public Debates Driven by Incomplete Scientific Data: The Cases of Evolution Theory, Global Warming and H1N1 Pandemic Influenza." *Physica A: Statistical Mechanics and Its Applications* 389 (17): 3619–3631. https:// doi.org/10.1016/j.physa.2010.04.039.

———. 2011. "Collective Beliefs Versus Individual Inflexibility: The Unavoidable Biases of a Public Debate." *Physica A: Statistical Mechanics and Its Applications* 390 (17): 3036–3054. https://doi.org/10.1016/j.physa.2011.03.021.

Galam, Serge, and Serge Moscovici. 1991. "Towards a Theory of Collective Phenomena: Consensus and Attitude Changes in Groups." *European Journal of Social Psychology* 21 (1): 49–74. https://doi.org/10.1002/ejsp.2420210105.

Geislar, Sally, and Bennett Holman. n.d. "Sex Drugs and Money: How to Evaluate Science Policies Intended to Manage Industry Bias." *Philosophy of Science*. Forthcoming. https://www.academia.edu/35666553/Sex_Drugs_and_Money_How_ to_Evaluate_Science_Policies_Intended_to_Manage_Industry_Bias.

Gelfert, Axel. 2014. *A Critical Introduction to Testimony.* London: A & C Black.

Gilbert, Margaret. 1992. *On Social Facts.* Princeton, NJ: Princeton University Press.

Glaberson, William. 1988. "Behind Du Pont's Shift on Loss of Ozone Layer." *New*

York Times, March 26, 1988. http://www.nytimes.com/1988/03/26/business/be
hind-du-pont-s-shift-on-loss-of-ozone-layer.html.

Godfrey-Smith, Peter. 2009. *Theory and Reality: An Introduction to the Philosophy of Science*. Chicago: University of Chicago Press.

Goldman, Adam. 2016. "The Comet Ping Pong Gunman Answers Our Reporter's Questions." *New York Times*, December 7, 2016. https://www.nytimes.com/2016 /12/07/us/edgar-welch-comet-pizza-fake-news.html.

Goldman, Alvin I. 1986. *Epistemology and Cognition*. Cambridge, MA: Harvard University Press.

———. 1999. *Knowledge in a Social World*. Oxford: Oxford University Press.

Goldman, Alvin I., and Thomas Blanchard. 2001 (rev. 2015). "Social Epistemology." In *The Stanford Encyclopedia of Philosophy* (Winter 2016 edition), edited by Edward N. Zalta. https://plato.stanford.edu/archives/win2016/entries/epis temology-social/.

Goldman, Alvin I., and James C. Cox. 1996. "Speech, Truth, and the Free Market for Ideas." *Legal Theory* 2 (1): 1–32.

Golub, Benjamin, and Matthew Jackson. 2007. "Naïve Learning in Social Networks: Convergence, Influence, and Wisdom of Crowds." *American Economic Journal: Microeconomics* 2 (1): 112–149.

Gore, Al. 1992. *Earth in the Balance: Ecology and the Human Spirit*. Boston: Houghton Mifflin

Grandjean, Philippe, Pal Weihe, Roberta F. White, and Frodi Debes. 1998. "Cognitive Performance of Children Prenatally Exposed to 'Safe' Levels of Methylmercury." *Environmental Research* 77 (2): 165–172. https://doi.org/10.1006/enrs .1997.3804.

Grann, David. 2001. "Stalking Dr. Steere over Lyme Disease." *New York Times Magazine*, June 17, 2001.

Granovetter, Mark. 1978. "Threshold Models of Collective Behavior." *American Journal of Sociology* 83: 1360–1380.

Granovetter, Mark S. 1973. "The Strength of Weak Ties." *American Journal of Sociology* 78 (6): 1360–1380. https://doi.org/10.1086/225469.

Greenwood, Shannon, Andrew Perrin, and Maeve Duggan. 2016. "Social Media Update 2016." Pew Research Center, November 11, 2016. http://www.pewinter net.org/2016/11/11/social-media-update-2016/.

Grice, Andrew. 2017. "Fake News Handed Brexiteers the Referendum—and Now They Have No Idea What They're Doing." Independent, January 18, 2017. http://www.independent.co.uk/voices/michael-gove-boris-johnson-brexit-eu rosceptic-press-theresa-may-a7533806.html.

Grim, Ryan. 2010. "California Pot Initiative Opposed by Beer Industry." HuffPost, September 21, 2010. https://www.huffingtonpost.com/2010/09/21/this-buds -not-for-you-bee_n_732901.html.

Gross, Paul R., and Norman Levitt. 1997. *Higher Superstition: The Academic Left and Its Quarrels with Science.* Baltimore: Johns Hopkins University Press.

Grundy, Isobel. 1999. *Lady Mary Wortley Montagu.* Oxford: Oxford University Press.

Gupta, Aditi, Hemank Lamba, Ponnurangam Kumaraguru, and Anupam Joshi. 2013. "Faking Sandy: Characterizing and Identifying Fake Images on Twitter During Hurricane Sandy." In *Proceedings of the 22nd International Conference on World Wide Web*, 729–736. New York: ACM. https://doi.org/10.1145/2487788 .2488033.

Hacking, Ian. 2001. *An Introduction to Probability and Inductive Logic.* Cambridge: Cambridge University Press.

Hajek, Alan. 2008. "Dutch Book Arguments." In *The Handbook of Rational and Social Choice*, edited by Paul Anand, Prasanta K. Pattanaik, and Clemens Puppe, 173– 196. Oxford: Oxford University Press.

Halperin, John J. 2008. "Nervous System Lyme Disease." *Infectious Disease Clinics of North America, Tick-borne Diseases, Part I: Lyme Disease*, 22 (2): 261–274. https:// doi.org/10.1016/j.idc.2007.12.009.

Haraway, Donna Jeanne. 1989. *Primate Visions: Gender, Race, and Nature in the World of Modern Science.* Hove, UK: Psychology Press.

Harding, Sandra G. 1986. *The Science Question in Feminism.* Ithaca, NY: Cornell University Press.

Heesen, Remco. 2015. "How Much Evidence Should One Collect?" *Philosophical Studies* 172 (9): 2299–2313. https://doi.org/10.1007/s11098-014-0411-z.

———. 2017a. "Academic Superstars: Competent or Lucky?" *Synthese* 194 (11): 4499–4518. https://doi.org/10.1007/s11229-016-1146-5.

———. 2017b. "Communism and the Incentive to Share in Science." *Philosophy of Science* 84 (4): 698–716. https://doi.org/10.1086/693875.

Hegselmann, Rainer, and Ulrich Krause. 2002. "Opinion Dynamics and Bounded Confidence Models, Analysis, and Simulation." *Journal of Artificial Societies and Social Simulation* 5 (3). http://citeseerx.ist.psu.edu/viewdoc/download?doi=10.1 .1.454.3597&rep=rep1&type=pdf.

Heidenry, John. 1995. *Theirs Was the Kingdom: Lila and DeWitt Wallace and the Story of the Reader's Digest.* New York: W. W. Norton.

Hersch, Erika I., and Patrick C. Phillips. 2004. "Power and Potential Bias in Field Studies of Natural Selection." *Evolution; International Journal of Organic Evolution* 58 (3): 479–485.

Higgins, Iain Macleod. 2011. *The Book of John Mandeville: With Related Texts.* Indianapolis, IN: Hackett.

Hightower, Jane M. 2011. *Diagnosis: Mercury: Money, Politics, and Poison.* Washington, DC: Island Press.

Holman, Bennett. 2015. "The Fundamental Antagonism: Science and Commerce in Medical Epistemology." PhD diss., University of California, Irvine.

Holman, Bennett, and Justin Bruner. 2017. "Experimentation by Industrial Selection." *Philosophy of Science* 84 (5): 1008–1019. http://www.journals.uchicago.edu/doi/abs/10.1086/694037.

Holman, Bennett, and Justin Bruner. 2015. "The Problem of Intransigently Biased Agents." *Philosophy of Science* 82 (5): 956–968. https://doi.org/10.1086/683344.

Holyst, Janusz, Krzysztof Kacperski, and Frank Schweitzer. 2001. "Social Impact Models of Opinion Dynamics." *Annual Review of Computational Physics* 19: 253–273.

Huang, Chung-Yuan, Pen-Jung Tzou, and Chuen-Tsai Sun. 2011. "Collective Opinion and Attitude Dynamics Dependency on Informational and Normative Social Influences." *Simulation* 87: 875–892.

Hufbauer, Carolyn Revelle. 1992. "Global Warming: What My Father Really Said." *Washington Post*, September 13, 1992. https://www.washingtonpost.com/archive/opinions/1992/09/13/global-warming-what-my-father-really-said/5791977b-74b0-44f8-a40c-c1a5df6f744d/.

Hume, David. 1738. *A Treatise of Human Nature.* Reprint, Mineola, NY: Dover Publications, 2003.

———. 1748. *An Enquiry Concerning Human Understanding: A Critical Edition.* Reprint, Oxford: Clarendon, 2000.

Hunter, Duncan, Meika Foster, Jennifer O. McArthur, Rachel Ojha, Peter Petocz, and Samir Samman. 2011. "Evaluation of the Micronutrient Composition of Plant Foods Produced by Organic and Conventional Agricultural Methods." *Critical Reviews in Food Science and Nutrition* 51 (6): 571–582. https://doi.org/10.1080/10408391003721701.

Ioannidis, Evangelos, and Nikos Varsakelis. 2017. "False Beliefs in Unreliable Knowledge Networks." *Physica A: Statistical Mechanics and Its Applications* 470: 275–295.

Iraq Body Count. 2013. "Total Violent Deaths Including Combatants, 2003–2013. December 31, 2013. https://www.iraqbodycount.org/analysis/reference/announcements/5/.

Isaac, Mike, and Scott Shane. 2017. "Facebook's Russia-Linked Ads Came in Many

Disguises." *New York Times,* October 2, 2017. https://www.nytimes.com/2017/10/02/technology/facebook-russia-ads-.html.

Isaac, Mike, and Daisuke Wakabayashi. 2017. "Russian Influence Reached 126 Million Through Facebook Alone." *New York Times,* October 30, 2017. https://www.nytimes.com/2017/10/30/technology/facebook-google-russia.html.

Jalili, Mahdi. 2013. "Social Power and Opinion Formation in Complex Networks." *Physica A: Statistical Mechanics and Its Applications* 392 (4): 959–966.

———. 2015. "Coevolution of Opinion Formation and Network Dynamics in Complex Networked Systems." In *2015 International Conference on Information Society,* IEEE. London, November 9–11, 2015. https://doi.org/10.1109/i-society.2015.7366863.

Jeffrey, Richard C. 1990. *The Logic of Decision.* Chicago: University of Chicago Press.

Jern, Alan, Kai-min K. Chang, and Charles Kemp. 2014. "Belief Polarization Is Not Always Irrational." *Psychological Review* 121 (2): 206–224. https://doi.org/10.1037/a0035941.

JIFSAN (Joint Institute for Food and Safety and Applied Nutrition). 1999. "Annual Report 1998–1999." https://jifsan.umd.edu/docs/annual_reports/98-99%20Annual%20Report.pdf.

Johnston, Harold. 1971. "Reduction of Stratospheric Ozone by Nitrogen Oxide Catalysts from Supersonic Transport Exhaust." *Science* 173 (3996): 517–522. https://doi.org/10.1126/science.173.3996.517.

Joint FAO/IAEA/WHO Study Group. 1999. *High-Dose Irradiation: Wholesomeness of Food Irradiated with Doses Above 10 KGy.* Geneva: World Health Organization.

Jones, Lanie. 1988. "Ozone Warning: He Sounded Alarm, Paid Heavy Price." *Los Angeles Times,* July 14, 1988. http://articles.latimes.com/1988-07-14/news/mn-8873_1_ozone-layer.

Jönsson, Martin L., Ulrike Hahn, and Erik J. Olsson. 2015. "The Kind of Group You Want to Belong To: Effects of Group Structure on Group Accuracy." *Cognition* 142 (September): 191–204. https://doi.org/10.1016/j.cognition.2015.04.013.

Kahneman, Daniel. 2011. *Thinking, Fast and Slow.* New York: Macmillan.

Kearns, Cristin E., Laura A. Schmidt, and Stanton A. Glantz. 2016. "Sugar Industry and Coronary Heart Disease Research: A Historical Analysis of Internal Industry Documents." *JAMA Internal Medicine* 176 (11): 1680–1685. https://doi.org/10.1001/jamainternmed.2016.5394.

Keller, Allan. 1969. *The Spanish-American War: A Compact History.* Portland, OR: Hawthorne Books.

Kennedy, David M. 1980. *Over Here: The First World War and American Society.* New York: Oxford University Press.

Kenner, Robert, dir. 2014. *Merchants of Doubt.* Participant Media.

Keynes, Milo. 2008. "Balancing Newton's Mind: His Singular Behaviour and His Madness of 1692–93." *Notes and Records* 62 (3): 289–300. https://doi.org/10.1098/rsnr.2007.0025.

Kidd, Mark, and Irvin M. Modlin. 1998. "A Century of Helicobacter Pylori." *Digestion* 59 (1): 1–15.

Kimble, Gregory A. 1978. *How to Use (and Misuse) Statistics.* Englewood Cliffs, NJ: Prentice-Hall.

Kitcher, Philip. 1990. "The Division of Cognitive Labor." *Journal of Philosophy* 87 (1): 5–22. https://doi.org/10.2307/2026796.

———. 2001. *Science, Truth, and Democracy.* New York: Oxford University Press.

———. 2011. *Science in a Democratic Society.* Amherst, NY: Prometheus Books.

Kleinberg, Jon. 2007. "Cascading Behavior in Networks: Algorithmic and Economic Issues." In *Algorithmic Game Theory*, edited by Noam Nisan, Tim Roughgarden, Eva Tardos, and Vijay Vazirani, 613–632. Cambridge: Cambridge University Press.

Kluger, Richard. 1997. *Ashes to Ashes: America's Hundred-Year Cigarette War, the Public Health, and the Unabashed Triumph of Philip Morris.* New York: Vintage.

Knight, Peter, ed. 2003. *Conspiracy Theories in American History: An Encyclopedia.* Santa Barbara, CA: ABC-CLIO.

Koerner, Claudia, and Cora Lewis. 2017. "Here's What We Know About the Man Accused of Killing a Woman at a White Supremacist Rally." BuzzFeed News, August 13, 2017. https://www.buzzfeed.com/claudiakoerner/what-we-know-about-james-alex-fields-charlottesville-crash?utm_term=.qiD39kE7x#.ntzbvpK5W.

Koop, C. Everett. 1996. Foreword to *The Cigarette Papers.* Edited by Stanton A. Glantz, John Slade, Lisa A. Bero, Peter Hanauer, and Deborah E. Barnes, xiii–xv. Berkeley: University of California Press.

Krauss, Clifford. 1998. "The World; Remember Yellow Journalism." *New York Times*, February 15, 1998. https://www.nytimes.com/1998/02/15/weekinreview/the-world-remember-yellow-journalism.html.

Krimsky, Sheldon. 2004. *Science in the Private Interest: Has the Lure of Profits Corrupted Biomedical Research?* Lanham, MD: Rowman & Littlefield.

Kuhn, Deanna, and Joseph Lao. 1996. "Effects of Evidence on Attitudes: Is Polarization the Norm?" *Psychological Science* 7 (2): 115–120. https://doi.org/10.1111/j.1467-9280.1996.tb00340.x.

Kummerfeld, Erich, and Kevin J. S. Zollman. 2015. "Conservatism and the Scientific State of Nature." *British Journal for the Philosophy of Science* 67 (4): 1057–1076.

Kuntz, Marcel. 2012. "Destruction of Public and Governmental Experiments of GMO in Europe." *GM Crops & Food* 3 (4): 258–264. https://doi.org/10.4161/gmcr.21231.

kurtchella. 2016. "The Death of Seth Rich." Reddit. https://www.reddit.com/r/conspiracy/comments/4sejv7/the_death_of_seth_rich/.

La Rocca, C. E., L. A. Braunstein, and F. Vazquez. 2014. "The Influence of Persuasion in Opinion Formation and Polarization." *Europhysics Letters* 106 (4). http://iopscience.iop.org/article/10.1209/0295-5075/106/40004.

Lancaster, Justin. 2006. "The Cosmos Myth: The Real Truth About the Revelle-Gore Story." Internet Archive Wayback Machine. https://web.archive.org/web/20070824182650/http://home.att.net/~espi/Cosmos_myth.html.

Laudan, Larry. 1981. "A Confutation of Convergent Realism." *Philosophy of Science* 48 (1): 19–49. https://doi.org/10.1086/288975.

Lee, Henry. 1887. *The Vegetable Lamb of Tartary: A Curious Fable of the Cotton Plant. To Which Is Added a Sketch of the History of Cotton and the Cotton Trade.* London.

Lemoine, Nathan P., Ava Hoffman, Andrew J. Felton, Lauren Baur, Francis Chaves, Jesse Gray, Qiang Yu, and Melinda D. Smith. 2016. "Underappreciated Problems of Low Replication in Ecological Field Studies." *Ecology* 97 (10): 2554–2561. https://doi.org/10.1002/ecy.1506.

Levinovitz, Alan. 2017. "Trump Supporters Refuse to Believe Their Own Eyes." *Slate*, January 27, 2017. http://www.slate.com/articles/health_and_science/science/2017/01/trump_supporters_think_trump_crowds_are_bigger_even_when_looking_at_photos.html.

Lewontin, Richard C. 1998. "Survival of the Nicest?" *New York Review of Books*, October 22, 1998. http://www.nybooks.com/articles/1998/10/22/survival-of-the-nicest/.

Likens, Gene E. 1999. "The Science of Nature, the Nature of Science: Long-Term Ecological Studies at Hubbard Brook." *Proceedings of the American Philosophical Society* 143 (4): 558–572.

Likens, Gene E., and F. Herbert Bormann. 1974. "Acid Rain: A Serious Regional Environmental Problem." *Science* 184 (4142): 1176–1179. https://doi.org/10.2307/1738257.

Likens, Gene E., F. Herbert Bormann, and Noye M. Johnson. 1972. "Acid Rain." *Environment: Science and Policy for Sustainable Development* 14 (2): 33–40. https://doi.org/10.1080/00139157.1972.9933001.

Lipton, Eric. 2016. "Man Motivated by 'Pizzagate' Conspiracy Theory Arrested in

Washington Gunfire." *New York Times*, December 5, 2016. https://www.nytimes
.com/2016/12/05/us/pizzagate-comet-ping-pong-edgar-maddison-welch.html.

Longino, Helen E. 1990. *Science as Social Knowledge: Values and Objectivity in Scientific Inquiry*. Princeton, NJ: Princeton University Press.

———. 2002. *The Fate of Knowledge*. Princeton, NJ: Princeton University Press.

Lovelock, J. E. 1974. "Atmospheric Halocarbons and Stratospheric Ozone." *Nature* 252 (5481): 292–294. https://doi.org/10.1038/252292a0.

Lu, An, Chunhua Sun, and Yezheng Liu. 2017. "The Impact of Community Structure on the Convergence Time of Opinion Dynamics." *Discrete Dynamics in Nature and Society* 2017. https://doi.org/10.1155/2017/9396824.

MacKenzie, Donald. 1999. "Eugenics and the Rise of Mathematical Statistics in Britain." In *Statistics in Society: The Arithmetic of Politics*, edited by Daniel Dorling and Stephen Simpson, 55–61. London: Arnold.

Macy, Michael, James A. Kitts, Andreas Flache, and Steve Benard. 2003. "Polarization in Dynamic Networks: A Hopfield Model of Emergent Structure." In *Dynamic Social Network Modeling and Analysis: Workshop Summary and Papers*, edited by R. Brieger, K. Carley, and P. Pattison, 162–173. Washington, DC: National Academies Press.

Maddy, Penelope. 2007. *Second Philosophy: A Naturalistic Method*. Oxford: Clarendon.

Mandeville, John. 1900. *The Travels of Sir John Mandeville*. New York: Macmillan.

Marques, Adriana. 2008. "Chronic Lyme Disease: A Review." *Infectious Disease Clinics of North America, Tick-borne Diseases, Part I: Lyme Disease* 22 (2): 341–360. https://doi.org/10.1016/j.idc.2007.12.011.

Marques, Adriana, Sam R. Telford, Siu-Ping Turk, Erin Chung, Carla Williams, Kenneth Dardick, Peter J. Krause, et al. 2014. "Xenodiagnosis to Detect Borrelia Burgdorferi Infection: A First-in-Human Study." *Clinical Infectious Diseases* 58 (7): 937–945. https://doi.org/10.1093/cid/cit939.

Marshall, Barry J. 2002. "The Discovery That Helicobacter Pylori, a Spiral Bacterium, Caused Peptic Ulcer Disease." In *Helicobacter Pioneers: First Hand Accounts from the Scientists Who Discovered Helicobacters 1892–1982*, edited by Barry Marshall. 165–202. Hoboken, NJ: Wiley-Blackwell.

Marshall, Barry J., and J. Robin Warren. 1984. "Unidentified Curved Bacilli in the Stomach of Patients with Gastritis and Peptic Ulceration." *Lancet* 323 (8390): 1311–1315. https://doi.org/10.1016/S0140-6736(84)91816-6.

Marx, Karl, and Friedrich Engels. 1906. *Manifesto of the Communist Party*. Chicago: C. H. Kerr.

Mäs, Michael, and Andreas Flache. 2013. "Differentiation Without Distancing. Explaining Bi-Polarization of Opinions Without Negative Influence." *PLOS*

ONE 8 (11). http://journals.plos.org/plosone/article?id=10.1371/journal.pone
.0074516#pone.0074516-Myers1.

Matrisciana, Patrick, dir. 1994. *The Clinton Chronicles: An Investigation into the Al-
leged Criminal Activities of Bill Clinton.* Citizens for Honest Government.

Maxwell, James, and Forrest Briscoe. 1997. "There's Money in the Air: The CFC
Ban and DuPont's Regulatory Strategy." *Business Strategy and the Environment* 6:
276–286.

Mayo-Wilson, Conor, Kevin J. S. Zollman, and David Danks. 2011. "The Inde-
pendence Thesis: When Individual and Social Epistemology Diverge." *Philoso-
phy of Science* 78 (4): 653–677. https://doi.org/10.1086/661777.

McAuley, James. 2018. "France Weighs a Law to Rein in 'Fake News,' Raising
Fears for Freedom of Speech." *Washington Post*, January 10, 2018. https://www
.washingtonpost.com/world/europe/france-weighs-a-law-to-rein-in-fake-news
-raising-fears-for-freedom-of-speech/2018/01/10/78256962-f558-11e7-9af7-a
50bc3300042_story.html.

McCurdy, Patrick. 1975. "Fluorocarbons: Still Time for Fair Shake, Not Bum's
Rush." *Chemical Week*, July 4, 1975.

McDonald-Gibson, Charlotte. 2017. "The E.U. Agency Fighting Russia's Wildfire
of Fake News with a Hosepipe." *Time*, September 11, 2017. http://time.com
/4887297/europe-fake-news-east-stratcom-kremlin/.

McElroy, Michael B., and John C. McConnell. 1971. "Nitrous Oxide: A Natural
Source of Stratospheric NO." *Journal of the Atmospheric Sciences* 28 (6): 1095–
1098.https://doi.org/10.1175/1520-0469(1971)028<1095:NOANSO>2.0.CO;2.

McElroy, Michael B., Steven C. Wofsy, Joyce E. Penner, and John C. McConnell.
1974. "Atmospheric Ozone: Possible Impact of Stratospheric Aviation." *Journal
of the Atmospheric Sciences* 31 (1): 287–304. https://doi.org/10.1175/1520-0469
(1974)031<0287:AOPIOS>2.0.CO;2.

McGarity, Thomas O., and Wendy Elizabeth Wagner. 2008. *Bending Science: How
Special Interests Corrupt Public Health Research.* Cambridge, MA: Harvard Uni-
versity Press.

McGrayne, Sharon Bertsch. 2011. *The Theory That Would Not Die: How Bayes' Rule
Cracked the Enigma Code, Hunted Down Russian Submarines, and Emerged Trium-
phant from Two Centuries of Controversy.* New Haven, CT: Yale University Press.

McMaster, H. R. 2011. *Dereliction of Duty: Johnson, McNamara, the Joint Chiefs of
Staff.* New York: HarperCollins.

Merton, Robert K. 1942. "A Note on Science and Democracy." *Journal of Legal and
Political Sociology* 1: 115–126.

———. 1968. "The Matthew Effect in Science." *Science* 159 (3810): 56–63.

————. 1973. *The Sociology of Science: Theoretical and Empirical Investigations.* Chicago: University of Chicago Press.

Michaels, David. 2008. *Doubt Is Their Product: How Industry's Assault on Science Threatens Your Health.* Oxford: Oxford University Press.

Michaels, David, and Celeste Monforton. 2005. "Manufacturing Uncertainty: Contested Science and the Protection of the Public's Health and Environment." *American Journal of Public Health* 95 (S1): S39–S48.

Misak, C. J. 2004. *Truth and the End of Inquiry: A Peircean Account of Truth.* Oxford Philosophical Monographs. Oxford: Oxford University Press.

Mohseni, Aydin, and Cole Randall Williams. n.d. "Truth and Conformity on Networks." Unpublished manuscript.

Molina, Mario J., and F. S. Rowland. 1974. "Stratospheric Sink for Chlorofluoromethanes: Chlorine Atom-Catalysed Destruction of Ozone." *Nature* 249 (5460): 810–812. https://doi.org/10.1038/249810a0.

Molteni, Megan. 2017. "Anti-Vaxxers Brought Their War to Minnesota—Then Came Measles." Wired. May 7, 2017. https://www.wired.com/2017/05/anti-vaxxers-brought-war-minnesota-came-measles/.

Montanari, Andrea, and Amin Saberi. 2010. "The Spread of Innovations in Social Networks." *Proceedings of the National Academy of Sciences* 107 (47): 20196–20201. https://doi.org/10.1073/pnas.1004098107.

Moore, Thomas J. 1995. *Deadly Medicine: Why Tens of Thousands of Heart Patients Died in America's Worst Drug Disaster.* New York: Simon & Schuster.

Moray, Robert. 1677. "A Relation Concerning Barnacles, by Sr. Robert Moray, Lately One of His Majesties Council for the Kingdom of Scotland." *Philosophical Transactions* 12 (137): 925–927. https://doi.org/10.1098/rstl.1677.0032.

Morganroth, J., E. L. Michelson, L. N. Horowitz, M. E. Josephson, A. S. Pearlman, and W. B. Dunkman. 1978. "Limitations of Routine Long-Term Electrocardiographic Monitoring to Assess Ventricular Ectopic Frequency." *Circulation* 58 (3): 408–414. https://doi.org/10.1161/01.CIR.58.3.408.

Morton, Joseph. 2016. "WikiLeaks Offers $20,000 Reward for Help Finding Omaha Native Seth Rich's Killer." *Omaha World Herald.* August 11, 2016. http://www.omaha.com/news/crime/wikileaks-offers-reward-for-help-finding-omaha-native-seth-rich/article_cfb287bc-5e98-11e6-aeoc-8b471b8cbfbb.html.

Moynihan, Ray. 2008. "Key Opinion Leaders: Independent Experts or Drug Representatives in Disguise?" *BMJ: British Medical Journal* 336 (7658): 1402–1403. https://doi.org/10.1136/bmj.39575.675787.65I.

Murray, Polly. 1996. *The Widening Circle: A Lyme Disease Pioneer Tells Her Story.* New York: St. Martin's.

Myers, G. J., D. O. Marsh, P. W. Davidson, C. Cox, C. F. Shamlaye, M. Tanner, A. Choi, E. Cernichiari, O. Choisy, and T. W. Clarkson. 1995. "Main Neurodevelopmental Study of Seychellois Children Following in Utero Exposure to Methylmercury from a Maternal Fish Diet: Outcome at Six Months." *Neurotoxicology* 16 (4): 653–664.

Newman, M. E. J. 2001. "The Structure of Scientific Collaboration Networks." *Proceedings of the National Academy of Sciences* 98 (2): 404–409. https://doi.org /10.1073/pnas.98.2.404.

Newton, Roger G. 1997. *The Truth of Science: Physical Theories and Reality.* Cambridge, MA: Harvard University Press.

New York Times. 1917. "The Committee of Public Misinformation." *New York Times,* July 7, 1917. http://query.nytimes.com/mem/archive-free/pdf?res=9B0CE2DC 133BE03ABC4F53DFB166838C609EDE.

———. 1953a. "Lung Cancer Rise Is Laid to Smoking; Four Medical Reports Agree That Cigarettes Also Cause Circulatory Diseases." *New York Times,* December 9, 1953. https://www.nytimes.com/1953/12/09/archives/lung-cancer-rise -is-laid-to-smoking-four-medical-reports-agree-that.html.

———. 1953b. "Tobacco Stocks Hit by Cancer Reports; Some Drop to Lows for Year After Medical Warnings, but Industry Spokesman Scoffs." *New York Times,* December 10, 1953. https://www.nytimes.com/1953/12/10/archives/tobacco -stocks-hit-by-cancer-reports-some-drop-to-lows-for-year.html.

———. 2004. "From the Editors; The Times and Iraq." *New York Times,* May 26, 2004. https://www.nytimes.com/2004/05/26/world/from-the-editors-the-times -and-iraq.html.

Nicolia, Alessandro, Alberto Manzo, Fabio Veronesi, and Daniele Rosellini. 2014. "An Overview of the Last 10 Years of Genetically Engineered Crop Safety Research." *Critical Reviews in Biotechnology* 34 (1): 77–88. https://doi.org/10.3109 /07388551.2013.823595.

Nierenberg, William A. 1992. "Roger Revelle." *Physics Today* 45 (2): 119–120. https:// doi.org/10.1063/1.2809551.

"1990 AAAS Annual Meeting." 1989. *Science* 246 (4935): 1313–1327.

"Nope Francis: Reports That His Holiness Has Endorsed Republican Presidential Candidate Donald Trump Originated with a Fake News Web Site." 2016. Snopes.com, July 10, 2016. https://www.snopes.com/pope-francis-donald -trump-endorsement/.

Norr, Roy. 1952. "Cancer by the Carton." *Reader's Digest,* December 1952.

Nowak, Andrzei, Jacek Szamrei, and Bibb Latané. 1990. "From Private Attitude to

Public Opinion: A Dynamic Theory of Social Impact." *Psychological Review* 97 (3): 362–376.

NPR Staff. 2016. "The Reason Your Feed Became an Echo Chamber—And What to Do About It." National Public Radio, July 24, 2016. http://www.npr.org /sections/alltechconsidered/2016/07/24/486941582/the-reason-your-feed-be came-an-echo-chamber-and-what-to-do-about-it.

NSF (National Science Foundation). 2014. Science and Engineering Indicators 2014. "Chapter 7. Science and Technology: Public Attitudes and Understand- ing." https://www.nsf.gov/statistics/seind14/index.cfm/chapter-7/c7h.htm.

Nuccitelli, Dana. 2014. "John Oliver's Viral Video: The Best Climate Debate You'll Ever See." *Guardian*, May 23, 2014. http://www.theguardian.com/environment /climate-consensus-97-per-cent/2014/may/23/john-oliver-best-climate-debate -ever.

Nyhan, Brendan, and Jason Reifler. 2010. "When Corrections Fail: The Persis- tence of Political Misperceptions." *Political Behavior* 32 (2): 303–330. https:// doi.org/10.1007/s11109-010-9112-2.

O'Connor, Cailin, and James Owen Weatherall. 2016. "Black Holes, Black-Scholes, and Prairie Voles: An Essay Review of Simulation and Similarity, by Michael Weisberg." *Philosophy of Science* 83 (4): 613–626. https://doi.org/10.1086/687265.

———. 2017. "Scientific Polarization." Cornell University Library, arXiv.org. De- cember 12, 2017. https://arxiv.org/abs/1712.04561.

Odoric of Pordenone. 2002. *The Travels of Friar Odoric: A 14th-Century Journal of the Blessed.* Cambridge: Eerdmans.

Ohlheiser, Abby. 2016. "Three Days After Removing Human Editors, Facebook Is Already Trending Fake News." *Washington Post*, August 29, 2016. https://www .washingtonpost.com/news/the-intersect/wp/2016/08/29/a-fake-headline -about-megyn-kelly-was-trending-on-facebook/.

Okruhlik, Kathleen. 1994. "Gender and the Biological Sciences." *Canadian Journal of Philosophy* 24 (suppl 1): 21–42. https://doi.org/10.1080/00455091.1994.10717 393.

Olby, Robert Cecil. 1974. *The Path to the Double Helix: The Discovery of DNA.* Re- print, Mineola, NY: Dover Publications, 1994.

Olsson, Erik J. 2013. "A Bayesian Simulation Model of Group Deliberation and Polarization." In *Bayesian Argumentation*, edited by Frank Zenker, 113–133. Synthese Library. Dordrecht: Springer. https://doi.org/10.1007/978-94-007 -5357-0_6.

Olsson, Erik J., and Aron Vallinder. 2013. "Norms of Assertion and Communica-

tion in Social Networks." *Synthese* 190 (13): 2557–2571. https://doi.org/10.1007
/s11229-013-0313-1.

Oman, Luke, Alan Robock, Georgiy L. Stenchikov, and Thorvaldur Thordarson.
2006. "High-Latitude Eruptions Cast Shadow over the African Monsoon and
the Flow of the Nile." *Geophysical Research Letters* 33 (18). https://doi.org/10
.1029/2006GL027665.

Onnela, J.-P., J. Saramäki, J. Hyvönen, G. Szabó, D. Lazer, K. Kaski, J. Kertész, and
A.-L. Barabási. 2007. "Structure and Tie Strengths in Mobile Communication
Networks." *Proceedings of the National Academy of Sciences* 104 (18): 7332–7336.
https://doi.org/10.1073/pnas.0610245104.

Open Science Collaboration. 2015. "Estimating the Reproducibility of Psycho-
logical Science." *Science* 349 (6251): aac4716. https://doi.org/10.1126/science
.aac4716.

Oreskes, Naomi, and Erik M. Conway. 2010. *Merchants of Doubt: How a Handful of
Scientists Obscured the Truth on Issues from Tobacco Smoke to Global Warming.* New
York: Bloomsbury.

O'Sullivan, Donie, and Dylan Byers. 2017. "Exclusive: Even Pokémon Go Used by
Extensive Russian-Linked Meddling Effort." CNNMoney. October 13, 2017.
http://money.cnn.com/2017/10/12/media/dont-shoot-us-russia-pokemon-go
/index.html.

Padalia, Divya. 2014. "Conformity Bias: A Fact or an Experimental Artifact?" *Psy-
chological Studies* 59 (3): 223–230. https://doi.org/10.1007/s12646-014-0272-8.

Palmer, E. D. 1954. "Investigation of the Gastric Mucosal Spirochetes of the
Human." *Gastroenterology* 27 (2): 218–220.

Pariser, Eli. 2011. *The Filter Bubble: How the New Personalized Web Is Changing What
We Read and How We Think.* London: Penguin.

Peirce, Charles Sanders. 1878. "How to Make Our Ideas Clear." *Popular Science
Monthly* 12: 286–302.

Pennycook, Gordon, and David G. Rand. 2017. "Who Falls for Fake News? The
Roles of Analytic Thinking, Motivated Reasoning, Political Ideology, and
Bullshit Receptivity." September 12, 2017. https://ssrn.com/abstract=3023545.

Peterson, Russell Wilbur. 1999. *Rebel with a Conscience.* Newark: University of Del-
aware Press.

Pinto, Sebastián, Pablo Balenzuela, and Claudio Dorso. 2016. "Setting the Agenda:
Different Strategies of a Mass Media in a Model of Cultural Dissemination."
Physica A: Statistical Mechanics and Its Applications 458: 378–390.

Poe, Edgar Allan. 1844. *The Balloon-Hoax.* Booklassic, 2015.

"Pope Francis Shocks World, Endorses Donald Trump for President, Releases

Statement." 2016. ETF News, September 26, 2016. https://web.archive.org/web/20160929104011/http://endingthefed.com/pope-francis-shocks-world-endorses-donald-trump-for-president-releases-statement.html.

Popper, Karl. 1959. *The Logic of Scientific Discovery*. Reprint, New York: Routledge, 2005.

Proctor, Robert N. 2012. *Golden Holocaust: Origins of the Cigarette Catastrophe and the Case for Abolition*. Berkeley: University of California Press.

Ramsey, Frank P. 1927. "Facts and Propositions." *Proceedings of the Aristotelian Society* 7 (1): 153–170.

———. 1931. "Truth and Probability." In *The Foundations of Mathematics and Other Logical Essays*, edited by R. B. Braithwaite, 156–198. New York: Harcourt, Brace.

Ray, Dixy Lee, and Louis R. Guzzo. 1990. *Trashing the Planet: How Science Can Help Us Deal with Acid Rain, Depletion of the Ozone, and Nuclear Waste (Among Other Things)*. New York: HarperPerennial.

Reed, Peter. 2014. *Acid Rain and the Rise of the Environmental Chemist in Nineteenth-Century Britain: The Life and Work of Robert Angus Smith*. Burlington, VA: Ashgate.

Revelle, Roger, and Hans E. Suess. 1957. "Carbon Dioxide Exchange Between Atmosphere and Ocean and the Question of an Increase of Atmospheric CO_2 During the Past Decades." *Tellus* 9 (1): 18–27. https://doi.org/10.1111/j.2153-3490.1957.tb01849.x.

Rice, Deborah C., Rita Schoeny, and Kate Mahaffey. 2003. "Methods and Rationale for Derivation of a Reference Dose for Methylmercury by the U.S. EPA." *Risk Analysis: An Official Publication of the Society for Risk Analysis* 23 (1): 107–115.

Riedel, Stefan. 2005. "Edward Jenner and the History of Smallpox and Vaccination." *Proceedings (Baylor University. Medical Center)* 18 (1): 21–25.

Rifkin, Jeremy. 1980. *Entropy: A New World View*. New York: Viking Adult.

Robb, Amanda. 2017. "Anatomy of a Fake News Scandal." *Rolling Stone*, November 16, 2017. https://www.rollingstone.com/politics/news/pizzagate-anatomy-of-a-fake-news-scandal-w511904.

Rodríguez, Arezky, M. del Castillo-Mussot, and G. J. Vázquez. 2009. "Induced Monoculture in Axelrod Model with Clever Mass Media." *International Journal of Modern Physics C* 20 (8): 1233–1245.

Rogers, Everett M. 2010. *Diffusion of Innovations*. 4th edition. New York: Simon and Schuster.

Romero, Felipe. 2016. "Can the Behavioral Sciences Self-Correct? A Social Epistemic Study." *Studies in History and Philosophy of Science Part A* 60 (Supplement C): 55–69. https://doi.org/10.1016/j.shpsa.2016.10.002.

Rosenberg, Eli. 2017. "Alex Jones Apologizes for Promoting 'Pizzagate' Hoax." *New York Times*, March 25, 2017. https://www.nytimes.com/2017/03/25/busi ness/alex-jones-pizzagate-apology-comet-ping-pong.html.

Rosenstock, Sarita, Justin Bruner, and Cailin O'Connor. 2016. "In Epistemic Networks, Is Less Really More?" *Philosophy of Science* 84 (2): 234–252. https://doi .org/10.1086/690717.

Rosenthal, Robert. 1979. "The File Drawer Problem and Tolerance for Null Results." *Psychological Bulletin* 86 (3): 638–641.

Ross, Andrew. 1996. *Science Wars*. Durham, NC: Duke University Press.

Rowland, F. Sherwood. 1989. "Chlorofluorocarbons and the Depletion of Stratospheric Ozone." *American Scientist* 77 (1): 36–45.

Roxborough, Scott. 2017. "How Europe Is Fighting Back Against Fake News." *Hollywood Reporter*, August 21, 2017. http://www.hollywoodreporter.com/news/how -europe-is-fighting-back-fake-news-1030837.

RT American. 2016. "RT America—July 28, 2016." July 29, 2016. https://www.rt .com/shows/rt-america/353838-rt-america-july282016/.

RT International. 2016. "Wikileaks Offers $20k Reward over Dead DNC Staffer, but Won't Confirm He Leaked Emails." RT International, August 10, 2016. https://www.rt.com/usa/355361-murdered-dnc-staffer-assange/.

Rubin, Mordecai B. 2001. "The History of Ozone. The Schönbein Period, 1839–1868." *Bulletin for the History of Chemistry* 26 (1): 40–56.

———. 2002. "The History of Ozone. II. 1869–1899." *Bulletin for the History of Chemistry* 27 (2): 81–106.

———. 2003. "The History of Ozone. Part III." *Helvetica Chimica Acta* 86 (4): 930–940. https://doi.org/10.1002/hlca.200390111.

———. 2004. "The History of Ozone. IV. The Isolation of Pure Ozone and Determination of Its Physical Properties." *Bulletin for the History of Chemistry* 29 (2): 99–106.

Scargle, Jeffrey D. 2000. "Publication Bias (the 'File-Drawer Problem') in Scientific Inference." *Journal of Scientific Exploration* 14 (1): 91–106.

Schaffner, Brian, and Samantha Luks. 2017. "This Is What Trump Voters Said When Asked to Compare His Inauguration Crowd with Obama's." *Washington Post*, January 25, 2017. https://www.washingtonpost.com/news/monkey-cage /wp/2017/01/25/we-asked-people-which-inauguration-crowd-was-bigger-heres -what-they-said/.

Schiffrin, Anya. "How Europe Fights Fake News." 2017. *Columbia Journalism Review*, October 26, 2017. https://www.cjr.org/watchdog/europe-fights-fake-news -facebook-twitter-google.php.

Schmidt, Anja, Thorvaldur Thordarson, Luke D. Oman, Alan Robock, and Stephen Self. 2012. "Climatic Impact of the Long-Lasting 1783 Laki Eruption: Inapplicability of Mass-Independent Sulfur Isotopic Composition Measurements." *Journal of Geophysical Research: Atmospheres* 117 (D23). https://doi.org/10.1029/2012JD018414.

Schneider, Mike. n.d. "The Non-Epistemic Origins of Research Strongholds." Working manuscript.

Scudder, Harold H. 1949. "Poe's 'Balloon Hoax.'" *American Literature* 21 (2): 179–190. https://doi.org/10.2307/2922023.

Seitz, Frederick. 1996. "A Major Deception on Global Warming." *Wall Street Journal*, June 12, 1996. http://www.wsj.com/articles/SB834512411338954000.

Semmelweis, Ignác Fülöp. 1983. *The Etiology, Concept, and Prophylaxis of Childbed Fever*. Madison: University of Wisconsin Press.

S. Fred Singer v. Justin Lancaster. 1993. Commonwealth of Massachusetts, Middlesex, Superior Court Department, Civil Action No. 93-2219. http://ossfoundation.us/projects/environment/global-warming/myths/revelle-gore-singer-lindzen/cosmos-myth/Lancaster_affidavit.pdf.

Shalby, Colleen. 2017. "How Seth Rich's Death Became an Internet Conspiracy Theory." *Los Angeles Times*, May 24, 2017. http://www.latimes.com/business/hollywood/la-fi-ct-seth-rich-conspiracy-20170523-htmlstory.html.

Shanklin, Jonathan. 2010. "Reflections on the Ozone Hole." *Nature* 465 (7294): 34–35. https://doi.org/10.1038/465034a.

Shao, Chengcheng, Giovanni Luca Ciampaglia, Onur Varol, Alessandro Flammini, and Filippo Menczer. 2017. "The Spread of Misinformation by Social Bots." Cornell University Library, arXiv.org. July 24, 2017. http://arxiv.org/abs/1707.07592.

Shear, Michael D., Adam Goldman, and Emily Cochrane. 2017. "Steve Scalise Among 4 Shot at Baseball Field; Suspect Is Dead." *New York Times*, June 14, 2017. https://www.nytimes.com/2017/06/14/us/steve-scalise-congress-shot-alexandria-virginia.html.

Shrader-Frechette, Kristin. 2014. *Tainted: How Philosophy of Science Can Expose Bad Science*. Oxford: Oxford University Press.

Silver, Nate. 2012. *The Signal and the Noise: Why So Many Predictions Fail, But Some Don't*. London: Penguin.

Silverman, Craig. 2016a. "How the Bizarre Conspiracy Theory Behind 'Pizzagate' Was Spread." BuzzFeed News, November 4, 2016. https://www.buzzfeed.com/craigsilverman/fever-swamp-election.

———. 2016b. "This Analysis Shows How Viral Fake Election News Stories Outperformed Real News on Facebook." BuzzFeed News, November 16, 2016. https://www.buzzfeed.com/craigsilverman/viral-fake-election-news-outper formed-real-news-on-facebook.

Silverman, Craig, and Jeremy Singer-Vine. 2016. "The True Story Behind the Biggest Fake News Hit of the Election." BuzzFeed News, December 16, 2016. https://www.buzzfeed.com/craigsilverman/the-strangest-fake-news-empire.

Singer, Daniel J., Aaron Bramson, Patrick Grim, Bennett Holman, Jiin Jung, Karen Kovaka, Anika Ranginani, and William J. Berger. n.d. "Rational Political and Social Polarization." Unpublished manuscript.

Singer, S. Fred. 1970. "Global Effects of Environmental Pollution." *Eos: Earth and Space Science News* 51 (5): 476–478. https://doi.org/10.1029/EO051i005p00476.

———. 1984. "Acid Rain: A Billion-Dollar Solution to a Million-Dollar Problem?" *Policy Review* 27: 56–58.

———. 1990. "What to Do About Greenhouse Warming." *Environmental Science & Technology* 24 (8): 1138–1139. https://doi.org/10.1021/es00078a607.

———. 1996. "Swedish Academy's Choice of Honorees Signals That Ozone Politics Played a Role." *Scientist*, March 4, 1996.

———. 2003. "The Revelle-Gore Story: Attempted Political Suppression of Science." In *Politicizing Science: The Alchemy of Policymaking*, edited by Michael Gough, 283–297. Washington, DC: George C. Marshall Institute.

Singer, S. Fred, Roger Revelle, and Chauncey Starr. 1991. "What to Do About Greenhouse Warming: Look Before You Leap." *Cosmos* 1 (April): 28–33.

Singer-Vine, Jeremy, and Craig Silverman. 2016. "Most Americans Who See Fake News Believe It, New Survey Says." BuzzFeed News, December 6, 2016. https://www.buzzfeed.com/craigsilverman/fake-news-survey.

Sismondo, Sergio. 2013. "Key Opinion Leaders and the Corruption of Medical Knowledge: What the Sunshine Act Will and Won't Cast Light On." *Journal of Law, Medicine and Ethics* 41 (3): 635–643. https://doi.org/10.1111/jlme.12073.

Skyrms, Brian. 1984. *Pragmatics and Empiricism*. New Haven, CT: Yale University Press.

———. 1986. *Choice and Chance: An Introduction to Inductive Logic*. Belmont, CA: Wadsworth.

Smaldino, Paul E., and Richard McElreath. 2016. "The Natural Selection of Bad Science." *Open Science* 3 (9): 160384. https://doi.org/10.1098/rsos.160384.

Smith, Andrew F. 1994. *The Tomato in America: Early History, Culture, and Cookery*. Champaign: University of Illinois Press.

Smith, Philip J., Susan Y. Chu, and Lawrence E. Barker. 2004. "Children Who Have

Received No Vaccines: Who Are They and Where Do They Live?" *Pediatrics* 114 (1): 187–195. https://doi.org/10.1542/peds.114.1.187.

Smith-Spangler, Crystal, Margaret L. Brandeau, Grace E. Hunter, J. Clay Bavinger, Maren Pearson, Paul J. Eschbach, Vandana Sundaram, et al. 2012. "Are Organic Foods Safer or Healthier Than Conventional Alternatives?: A Systematic Review." *Annals of Internal Medicine* 157 (5): 348–366. https://doi.org/10.7326/0003-4819-157-5-201209040-00007.

Smythe, Ted Curtis. 2003. *The Gilded Age Press, 1865–1900*. Santa Barbara, CA: Praeger.

Soergel, Andrew. 2017. "European Union Taking on 'Almost Overwhelming' Fake News Reports." *US News & World Report*, November 13, 2017. https://www.usnews.com/news/best-countries/articles/2017-11-13/european-union-taking-on-almost-overwhelming-fake-news-reports.

Sokal, Alan D. 1996. "Transgressing the Boundaries: Toward a Transformative Hermeneutics of Quantum Gravity." *Social Text* 46/47: 217–252. https://doi.org/10.2307/466856.

Sokal, Alan, and Jean Bricmont. 1999. *Fashionable Nonsense: Postmodern Intellectuals' Abuse of Science*. New York: Macmillan.

Solon, Olivia, and Sabrina Siddiqui. 2017. "Russia-Backed Facebook Posts 'Reached 126m Americans' During US Election." *Guardian*, October 31, 2017. http://www.theguardian.com/technology/2017/oct/30/facebook-russia-fake-accounts-126-million.

Specter, Michael. 2013. "The Lyme Wars." *New Yorker*, July 1, 2013. https://www.newyorker.com/magazine/2013/07/01/the-lyme-wars.

Stanford, P. Kyle. 2001. "Refusing the Devil's Bargain: What Kind of Underdetermination Should We Take Seriously?" *Philosophy of Science* 68 (S3): S1–S12. https://doi.org/10.1086/392893.

———. 2010. *Exceeding Our Grasp: Science, History, and the Problem of Unconceived Alternatives*. New York: Oxford University Press.

State of Minnesota and Blue Cross Blue Shield of Minnesota v. Philip Morris, Inc. 1998. Transcript of Proceedings, April 15, 1998. http://www.putnampit.com/tobacco/april15transcript.html.

Steere, Allen C., S. E. Malawista, D. R. Snydman, R. E. Shope, W. A. Andiman, M. R. Ross, and F. M. Steele. 1977. "An Epidemic of Oligoarticular Arthritis in Children and Adults in Three Connecticut Communities." *Arthritis and Rheumatology* 20 (1): 7–17.

Stein, Sam. 2016. "The RNC Is Hosting Its Christmas Party This Year at Donald

Trump's Hotel." HuffPost, December 8, 2016. https://www.huffingtonpost.com
/entry/rnc-donald-trump-party_us_5848cf6ee4b0f9723d003c70.

Steingrímsson, Jón. 1998. *Fires of the Earth: The Laki Eruption, 1783–1784.* Reyk-
javik: Nordic Volcanological Institute.

Stevenson, D. S., C. E. Johnson, E. J. Highwood, V. Gauci, W. J. Collins, and R. G.
Derwent. 2003. "Atmospheric Impact of the 1783–1784 Laki Eruption: Part I
Chemistry Modelling." *Atmospheric Chemistry and Physics* 3 (3): 487–507.

Stokes, Leah, and Amanda Giang. 2017. "Existing Domestic Mercury Regulations."
Mercury Science and Policy at MIT. http://mercurypolicy.scripts.mit.edu/blog
/?p=106.

Stolarski, R. S., and R. J. Cicerone. 1974. "Stratospheric Chlorine: A Possible Sink
for Ozone." *Canadian Journal of Chemistry* 52 (8): 1610–1615. https://doi.org/10
.1139/v74-233.

Stoljar, Daniel, and Nic Damnjanovic. 1997 (rev. 2010). "The Deflationary Theory
of Truth." In *The Stanford Encyclopedia of Philosophy* (Fall 2014 edition), edited by
Edward N. Zalta. Metaphysics Research Lab, Stanford University. https://plato
.stanford.edu/entries/truth-deflationary/.

Strathern, Marilyn. 1997. "'Improving Ratings': Audit in the British University Sys-
tem." *European Review* 5 (3): 305–321.

Straubinger, Reinhard K. 2000. "PCR-Based Quantification of Borrelia Burgdor-
feri Organisms in Canine Tissues over a 500-Day Postinfection Period." *Jour-
nal of Clinical Microbiology* 38 (6): 2191–2199.

Straubinger, Reinhard K., Alix F. Straubinger, Brian A. Summers, and Richard H.
Jacobson. 2000. "Status of Borrelia Burgdorferi Infection After Antibiotic Treat-
ment and the Effects of Corticosteroids: An Experimental Study." *Journal of
Infectious Diseases* 181 (3): 1069–1081. https://doi.org/10.1086/315340.

Strevens, Michael. 2003. "The Role of the Priority Rule in Science." *Journal of
Philosophy* 100 (2): 55–79.

———. 2017. "Scientific Sharing: Communism and the Social Contract." In *Scien-
tific Collaboration and Collective Knowledge: New Essays*, edited by T. Boyer-Kassem,
C. Mayo-Wilson, and M. Weisberg. Cambridge: Oxford University Press.

Stricker, Raphael B. 2007. "Counterpoint: Long-Term Antibiotic Therapy Improves
Persistent Symptoms Associated with Lyme Disease." *Clinical Infectious Diseases*
45 (2): 149–157. https://doi.org/10.1086/518853.

Stuart, Tessa. 2017. "Seth Rich: What You Need to Know About Discredited Fox
News Story." *Rolling Stone*, August 1, 2017. http://www.rollingstone.com/culture
/what-you-need-to-know-about-fox-news-seth-rich-story-w495383.

Sun, Lena H. 2017a. "Anti-Vaccine Activists Spark a State's Worst Measles Out-

break in Decades." *Washington Post*, May 5, 2017. https://www.washingtonpost
.com/national/health-science/anti-vaccine-activists-spark-a-states-worst-mea
sles-outbreak-in-decades/2017/05/04/a1fac952-2f39-11e7-9dec-764dc78
1686f_story.html.

———. 2017b. "Despite Measles Outbreak, Anti-Vaccine Activists in Minnesota Re-
fuse to Back Down." *Washington Post*, August 21, 2017. https://www.washington
post.com/national/health-science/despite-measles-outbreak-anti-vaccine-ac
tivists-in-minnesota-refuse-to-back-down/2017/08/21/886cca3e-820a-11e7
-ab27-1a21a8e006ab_story.html.

Sun, Marjorie. 1984. "Acid Rain Report Allegedly Suppressed." *Science* 225 (4668):
1374. https://doi.org/10.1126/science.225.4668.1374.

Sunstein, Cass R. 2007. "Of Montreal and Kyoto: A Tale of Two Protocols." *Har-
vard Environmental Law Review* 31: 1–66.

Surowiecki, James. 2005. *The Wisdom of Crowds*. New York: Anchor Books.

Suskind, Ron. 2004. "Faith, Certainty and the Presidency of George W. Bush." *New
York Times Magazine*, October 17, 2004. https://www.nytimes.com/2004/10/17
/magazine/faith-certainty-and-the-presidency-of-george-w-bush.html.

Szucs, Denes, and John P. A. Ioannidis. 2017. "Empirical Assessment of Published
Effect Sizes and Power in the Recent Cognitive Neuroscience and Psychology
Literature." *PLOS Biology* 15 (3): e2000797. https://doi.org/10.1371/journal
.pbio.2000797.

Taber, Charles S., Damon Cann, and Simona Kucsova. 2009. "The Motivated Pro-
cessing of Political Arguments." *Political Behavior* 31 (2): 137–155. https://doi.
org/10.1007/s11109-008-9075-8.

Tacchini, Eugenio, Gabriele Ballarin, Marco L. Della Vedova, Stefano Moret, and
Luca de Alfaro. 2017. "Some Like It Hoax: Automated Fake News Detection in
Social Networks." Cornell University Library, arXiv.org. April 25, 2017. http://
arxiv.org/abs/1704.07506.

Thordarson, Th., and S. Self. 1993. "The Laki (Skaftár Fires) and Grímsvötn Erup-
tions in 1783–1785." *Bulletin of Volcanology* 55 (4): 233–263. https://doi.org/10
.1007/BF00624353.

Thordarson, Th., S. Self, N. Oskarsson, and T. Hulsebosch. 1996. "Sulfur, Chlorine,
and Fluorine Degassing and Atmospheric Loading by the 1783–1784 AD Laki
(Skaftár Fires) Eruption in Iceland." *Bulletin of Volcanology* 58 (2): 205–225.

Thordarson, Th. 2003. "Atmospheric and Environmental Effects of the 1783–1784
Laki Eruption: A Review and Reassessment." *Journal of Geophysical Research* 108
(D1). https://doi.org/10.1029/2001JD002042.

Thornton, Brian. 2000. "The Moon Hoax: Debates About Ethics in 1835 New

York Newspapers." *Journal of Mass Media Ethics* 15 (2): 89–100. https://doi.org /10.1207/S15327728JMME1502_3.

Time. 1953. "Medicine: Beyond Any Doubt." 1953. *Time*, November 30, 1953.

Tobacco Institute, Inc. 1958. *Tobacco and Health* 1 (4), September–October 1958. https://www.industrydocumentslibrary.ucsf.edu/tobacco/docs/#id=jfhg0009.

Tran, Mark. 2016. "WikiLeaks to Publish More Hillary Clinton Emails—Julian Assange." *Guardian*, June 12, 2016. http://www.theguardian.com/media/2016 /jun/12/wikileaks-to-publish-more-hillary-clinton-emails-julian-assange.

Trigo, Ricardo M., J. M. Vaquero, and R. B. Stothers. 2010. "Witnessing the Impact of the 1783–1784 Laki Eruption in the Southern Hemisphere." *Climatic Change* 99 (3–4): 535–546. https://doi.org/10.1007/s10584-009-9676-1.

Turner, Erick H., Annette M. Matthews, Eftihia Linardatos, Robert A. Tell, and Robert Rosenthal. 2008. "Selective Publication of Antidepressant Trials and Its Influence on Apparent Efficacy." *New England Journal of Medicine* 358 (3): 252–260. https://doi.org/10.1056/NEJMsa065779.

Tversky, Amos, and Daniel Kahneman. 1974. "Judgment Under Uncertainty: Heuristics and Biases." *Science* 185 (4157): 1124–1131. https://doi.org/10.1126 /science.185.4157.1124.

"2016 Election Results: President Live Map by State, Real-Time Voting Updates." 2016. Politico, updated December 13, 2016. https://www.politico.com/2016 -election/results/map/president.

"2016 Election Results: State Maps, Live Updates." 2016. CNN Politics. http:// www.cnn.com/election/results.

UCSF (University of California San Francisco) Library. n.d. "Tobacco Control Archives, UC San Francisco." OAC: Online Archive of California. Accessed February 6, 2018. http://www.oac.cdlib.org/institutions/UC+San+Francisco:: Tobacco+Control+Archives.

Urofsky, Melvin I., and Paul Finkelman. 2008. "Abrams v. United States (1919)." In *Documents of American Constitutional and Legal History*, 666–667. New York: Oxford University Press.

US Census Office. *Census Reports: Twelfth Census of the United States, Taken in the Year 1900.* 1902. Washington, DC: US Census Office.

US Department of Health and Human Services. 2012. "Laws/Policies." BeTobacco Free.gov, August 8, 2012. https://betobaccofree.hhs.gov/laws/index.html.

Vallinder, Aron, and Erik J. Olsson. 2014. "Trust and the Value of Overconfidence: A Bayesian Perspective on Social Network Communication." *Synthese* 191 (9): 1991–2007. https://doi.org/10.1007/s11229-013-0375-0.

Vann, Michael G. 2003. "Of Rats, Rice, and Race: The Great Hanoi Rat Massacre, an Episode in French Colonial History." *French Colonial History* 4 (1): 191–203. https://doi.org/10.1353/fch.2003.0027.

Vargo, Chris J., Lei Guo, and Michelle A. Amazeen. 2017. "The Agenda-Setting Power of Fake News: A Big Data Analysis of the Online Media Landscape from 2014 to 2016." *New Media and Society*, June 15, 2017. https://doi.org/10.1177/1461444817712086.

Verstraete, Mark, Derek Bambauer, and Jane Bambauer. 2017. "Identifying and Countering Fake News." August 1, 2017. Arizona Legal Studies Discussion Paper No. 17-15. https://ssrn.com/abstract=3007971.

Wagner, Claudia, Silvia Mitter, Christian Koerner, and Markus Strohmaier. 2012. "When Social Bots Attack: Modeling Susceptibility of Users in Online Social Networks." *CEUR Workshop Proceedings: Making Sense of Microposts*, 41–48. http://ceur-ws.org/Vol-838/paper_11.pdf

Wakefield, A. J., S. H. Murch, A. Anthony, J. Linnell, D. M. Casson, M. Malik, M. Berelowitz, et al. 1998. "Retracted: Ileal-Lymphoid-Nodular Hyperplasia, Non-Specific Colitis, and Pervasive Developmental Disorder in Children." *Lancet* 351 (9103): 637–641. https://doi.org/10.1016/S0140-6736(97)11096-0.

Wald, Robert M. 1984. *General Relativity*. Chicago: University of Chicago Press.

Walden, Eric, and Glenn Browne. 2009. "Sequential Adoption Theory: A Theory for Understanding Herding Behavior in Early Adoption of Novel Technologies." *Journal of the Association for Information Systems* 10 (1): 31–62.

Wallace, Tim. 2017. "Crowd Scientists Say Women's March in Washington Had 3 Times as Many People as Trump's Inauguration." *New York Times*, January 22, 2017. https://www.nytimes.com/interactive/2017/01/22/us/politics/womens-march-trump-crowd-estimates.html.

Wall Street Journal. 1982. "Study for EPA Says Acid Rain Primarily Due to Coal Burning." *Wall Street Journal*, November 2, 1982. http://global.factiva.com/redir/default.aspx?P=sa&an=j000000020020326deb2013nb&cat=a&ep=ASE.

Wang, Charmont. 1992. *Sense and Nonsense of Statistical Inference: Controversy: Misuse, and Subtlety*. Boca Raton, FL: CRC Press.

Warner, K. E. 1991. "Tobacco Industry Scientific Advisors: Serving Society or Selling Cigarettes?" *American Journal of Public Health* 81 (7): 839–842.

Warren, J. Robin, and Barry Marshall. 1983. "Unidentified Curved Bacilli on Gastric Epithelium in Active Chronic Gastritis." *Lancet* 321 (8336): 1273–1275.

Watson, James D. 2011. *The Double Helix: A Personal Account of the Discovery of the Structure of DNA*. New York: Simon and Schuster.

Watts, Duncan J., and Steven H. Strogatz. 1998. "Collective Dynamics of 'Small-World' Networks." *Nature* 393 (6684): 440–442. http://dx.doi.org/10.1038/30918.

Weatherall, James Owen. 2013. *The Physics of Wall Street: A Brief History of Predicting the Unpredictable.* Boston: Houghton Mifflin Harcourt.

———. 2016. *Void: The Strange Physics of Nothing.* New Haven, CT: Yale University Press.

Weatherall, James Owen, and Cailin O'Connor. 2018. "Conformity in Scientific Networks." Cornell University Library, arXiv.org. March 27, 2018. http://arxiv.org/abs/1803.09905.

Weatherall, James Owen, Cailin O'Connor, and Justin Bruner. 2018. "How to Beat Science and Influence People." Cornell University Library, arXiv.org. January 4, 2018. https://arxiv.org/abs/1801.01239.

Wegner, Dana. 2001. "New Interpretations of How the USS *Maine* Was Lost." In *Theodore Roosevelt, the U.S. Navy, and the Spanish-American War,* edited by E. J. Marolda, 7–17. The Franklin and Eleanor Roosevelt Institute Series on Diplomatic and Economic History. New York: Palgrave Macmillan.

Weiner, Rachel. 2016. "In Home Town of Alleged Pizzagate Gunman, Shock and Disappointment." *Washington Post,* December 7, 2016. https://www.washingtonpost.com/local/public-safety/in-home-town-of-alleged-pizzagate-shooter-shock-and-disappointment/2016/12/07/814d89ca-bc1a-11e6-94ac-3d324840106c_story.html.

Weisberg, Michael. 2012. *Simulation and Similarity: Using Models to Understand the World.* Oxford: Oxford University Press.

Weisbuch, Gérard, Guillaume Deffuant, Amblard Frédéric, and Jean-Pierre Nadal. 2002. "Meet, Discuss, and Segregate!" *Complexity* 7 (3): 55–63.

Wells, Georgia. 2017. "Twitter Overstated Number of Users for Three Years." *Wall Street Journal,* October 26, 2017. https://www.wsj.com/articles/twitter-overstated-number-of-users-for-three-years-1509015657.

Wells, Ida B. 2014. *Southern Horrors: Lynch Law in All Its Phases.* Auckland: Floating Press.

Wilcher, Marshall E. 1986. "The Acid Rain Debate in North America: 'Where You Stand Depends on Where You Sit.'" *Environmentalist* 6 (4): 289–298. https://doi.org/10.1007/BF02238061.

Will, George F. 1992. "Al Gore's Green Guilt." *Washington Post,* September 3, 1992, A23.

Wilson, Andy Abrahams, dir. 2008. *Under Our Skin: The Untold Story of Lyme Disease.* Open Eye Pictures. http://underourskin.com/film/.

Winkle, R. A. 1978. "Antiarrhythmic Drug Effect Mimicked by Spontaneous Variability of Ventricular Ectopy." *Circulation* 57 (6): 1116–1121. https://doi.org/10.1161/01.CIR.57.6.1116.

Winkler, Erhard M. 1976. "Natural Dust and Acid Rain." *Water, Air, and Soil Pollution* 6 (2): 295–302.

———. 2013. *Stone: Properties, Durability in Man's Environment*. Berlin: Springer Science & Business Media.

Wofsy, Steven C., and Michael B. McElroy. 1974. "HO_x, NO_x, and ClO_x: Their Role in Atmospheric Photochemistry." *Canadian Journal of Chemistry* 52 (8): 1582–1591. https://doi.org/10.1139/v74-230.

Wood, Gordon S. 1993. *The Radicalism of the American Revolution*. Reprint edition. New York: Vintage.

Woolf, Christopher. 2016. "Back in the 1890s, Fake News Helped Start a War." Public Radio International, December 8, 2016. https://www.pri.org/stories/2016-12-08/long-and-tawdry-history-yellow-journalism-america.

Wynder, Ernest L., Evarts A. Graham, and Adele B. Croninger. 1953. "Experimental Production of Carcinoma with Cigarette Tar." *Cancer Research* 13 (12): 855–864.

Yeung, Catherine W. M., and Robert S. Wyer. 2005. "Does Loving a Brand Mean Loving Its Products? The Role of Brand-Elicited Affect in Brand Extension Evaluations." *Journal of Marketing Research* 42 (4): 495–506. https://doi.org/10.1509/jmkr.2005.42.4.495.

Young, H. Peyton. 2001. *Individual Strategy and Social Structure: An Evolutionary Theory of Institutions*. Princeton, NJ: Princeton University Press.

———. 2006a. "The Diffusion of Innovations in Social Networks." In *The Economy as an Evolving Complex System, III: Current Perspectives and Future Directions*, edited by Lawrence E. Blume and Steven N. Durlauf, 267–282. New York: Oxford University Press.

———. 2006b. "Innovation Diffusion in Heterogeneous Populations." December 28, 2006. Center on Social and Economic Dynamics Working Paper No. 45. https://ssrn.com/abstract=1024811.

———. 2011. "The Dynamics of Social Innovation." *Proceedings of the National Academy of Sciences* 108 (Supplement 4): 21285–21291. https://doi.org/10.1073/pnas.1100973108.

Zadronsky, Brandy, Kelly Weill, Katie Zavadski, and Emma Kerr. 2017. "Congressional Shooter Loved Bernie, Hated 'Racist' Republicans, and Beat His Daughter." *Daily Beast*, June 14, 2017. https://www.thedailybeast.com/congressional-shooter-loved-bernie-sanders-hated-racist-and-sexist-republicans.

Zhao, Hai-Lu, Xun Zhu, and Yi Sui. 2006. "The Short-Lived Chinese Emperors." *Journal of the American Geriatrics Society* 54 (8): 1295–1296. https://doi.org/10 .1111/j.1532-5415.2006.00821.x.

Zhao, Laijun, Qin Wang, Jingjing Cheng, Yucheng Chen, Jiajia Wang, and Wei Huang. 2011. "Rumor Spreading Model with Consideration of Forgetting Mechanism: A Case of Online Blogging Livejournal." *Physica A: Statistical Mechanics and Its Applications* 390 (13): 2619–2625.

Zollman, Kevin J. S. 2007. "The Communication Structure of Epistemic Communities." *Philosophy of Science* 74 (5): 574–587. https://doi.org/10.1086/525605.

———. 2010a. "The Epistemic Benefit of Transient Diversity." *Erkenntnis* 72 (1): 17. https://doi.org/10.1007/s10670-009-9194-6.

———. 2010b. "Social Structure and the Effects of Conformity." *Synthese* 172 (3): 317–340. https://doi.org/10.1007/s11229-008-9393-8.

———. 2013. "Network Epistemology: Communication in Epistemic Communities." *Philosophy Compass* 8 (1): 15–27. https://doi.org/10.1111/j.1747-9991.2012 .00534.x.

———. 2015. "Modeling the Social Consequences of Testimonial Norms." *Philosophical Studies* 172 (9): 2371–2383. https://doi.org/10.1007/s11098-014-0416-7.

Zucker, Marty, Gaetan Chevalier, Clint Ober, Paul J. Mills, Deepak Chopra. 2017. "The Healing Benefits of Grounding the Human Body." HuffPost, May 29, 2017. https://www.huffingtonpost.com/entry/the-healing-benefits-of-ground ing-the-human-body_us_592c585be4b07d848fdc058a.

致谢

这本书的大部分内容是我们在澳大利亚国立大学哲学研究学院做访问学者时写的。我们感谢大学的支持,感谢澳大利亚国立大学的学术人员,尤其感谢凯蒂·斯蒂尔(Katie Steele)和拉切尔·布朗(Rachael Brown),我们与他们就本书的内容进行了有益的对话。这本书的一部分是在韦瑟罗尔访问周界理论物理研究所(the Perimeter Institute for Theoretical Physics)时起草的。他感谢研究所的支持,特别感谢罗布·斯佩肯斯(Rob Spekkens),与斯佩肯斯的对话于本书的写作有助益。本书的内容基于美国国家科学基金会资助编号为 No. 1535139 的研究项目。奥康纳感谢国家科学基金会的支持,并感谢研究生合作者,他们为她的项目做出了贡献,他们是汉娜·鲁宾(Hannah Rubin)、艾丁·莫塞尼(Aydin Mohseni)、萨丽塔·罗森斯托克(Sarita Rosenstock)、卡尔文·科克伦(Calvin Cochran)、迈克·施奈德和特拉维斯·拉克鲁瓦(Travis LaCroix)。特别感谢卡尔文·科克伦为本书查找文献。

本书的撰写得益于与朋友和同事的多次对话和有益的通信。我们特别感谢安娜·亚历山德罗娃(Anna Alexandrova)、杰弗里·巴雷特、阿格尼斯·博林斯卡（Agnes Bolinska）、比安卡·博斯克（Bianca Bosker）、西蒙·赫特格（Simon Huttegger）、戴维·马勒芒（David Malament）、艾登·穆赫辛尼、马特·阮（Matt Nguyen）、罗伯特·诺斯科特（Robert Northcott）、萨丽塔·罗森斯托克（Sarita Rosenstock）、汉娜·鲁宾、埃里克·施利瑟（Eric Schliesser）、迈克·施奈德、布莱恩·斯基尔姆斯、凯尔·斯坦福和凯文·措尔曼。本书的部分内容在澳大利亚国立大学、加州大学默塞德分校、加州大学圣迭戈分校和加州大学欧文分校做了展示；我们感谢听众提出的有益的意见和问题。维拉·韦瑟罗尔（Vera Weatherall）也就与这部分内容相关的展示提供了有用的反馈。总的来说，感谢加州大学欧文分校逻辑和哲学科学系的同事和学生的持续支持和启发。特别感谢妮可·布尔巴基（Nicole Bourbaki）一直以来的支持。

　　有许多学者、学者和记者的工作一直激励着我们，我们经常借鉴他们的观点。我们试图列举我们使用他们的想法和工作成果的具体实例，但他们对我们的影响也值得被普遍认可。感谢内奥米·奥利斯克斯、埃里克·康韦（Erik Conway）、凯文·措尔曼、本内特·霍尔曼、菲利普·基彻、杰弗里·巴雷特、凯尔·斯坦福和克雷格·西尔弗曼。几位朋友和同事非常友好地阅读了手稿倒数第二稿，并提出了宝贵的意见，大大改进了最终版本。我们感谢杰弗里·巴雷特、比安卡·博斯克、利亚·K.布赖特（Liam K. Bright）、克雷格·卡伦德（Craig Callender）、尼克·菲里昂（Nic Fillion）、内森·富尔顿（Nathan Fulton）、本内特·霍尔曼、马特·阮、蒂娜·里弗斯（Tina Rivers）、克里斯·斯米恩克（Chris Smeenk），以及耶鲁大学出版社的两位匿名读者。

贾斯汀·布鲁纳值得特别感谢：除了在我们起草这份手稿时提供了许多有用的想法和建议外，他还是论文《如何击败科学并影响人们》的合著者，该论文首先介绍和分析了有关宣传的模型。他之前与本内特·霍尔曼的合作也对我们如何看待行业宣传者产生了特别的影响。

我们感谢我们的代理人佐亚·帕格纳门塔（Zoë Pagnamenta）对这个项目的帮助，感谢艾利森·刘易斯（Allison Lewis）对原始提案的评论和她在整个过程中提供的帮助。耶鲁大学出版社的比尔·弗劳特（Bill Frucht）提供了许多有助于形成手稿的重要见解，我们非常感谢他的贡献和支持。我们要感谢杰西·多尔奇（Jessie Dolch），她为耶鲁大学出版社编辑了文稿，提出了许多更正意见和有益建议。

最后，我们感谢西尔维亚·奥康纳和丹尼斯·奥康纳的支持，感谢詹姆斯·韦瑟罗尔和莫林·韦瑟罗尔无数小时的育儿工作和支持，还要感谢伊芙·韦瑟罗尔和维拉·韦瑟罗尔的拥抱、亲吻、依偎，还有非常童稚的笑话。